AGI의 시대

AGI의 시대

인간을 초월한 인공지능, AGI를 논하다

초판 1쇄 발행 2024년 11월 29일
초판 2쇄 발행 2025년 2월 25일

지은이 한상기 / **펴낸이** 전태호
펴낸곳 한빛미디어(주) / **주소** 서울시 서대문구 연희로2길 62 한빛미디어(주) IT출판2부
전화 02-325-5544 / **팩스** 02-336-7124
등록 1999년 6월 24일 제25100-2017-000058호 / **ISBN** 979-11-6921-305-9 93500

책임편집 홍성신 / **기획** 홍성신 / **편집** 홍성신, 김수민
디자인 표지 김재석 내지 최연희 / **전산편집** 다인
영업마케팅 송경석, 김형진, 장경환, 조유미, 한종진, 이행은, 김선아, 고광일, 성화정, 김한솔 / **제작** 박성우, 김정우

이 책에 대한 의견이나 오탈자 및 잘못된 내용은 출판사 홈페이지나 아래 이메일로 알려주십시오.
파본은 구매처에서 교환하실 수 있습니다. 책값은 뒤표지에 표시되어 있습니다.

한빛미디어 홈페이지 www.hanbit.co.kr / 이메일 ask@hanbit.co.kr

Published by Hanbit Media, Inc. Printed in Korea

AGI

인간을 초월한 인공지능,
AGI를 논하다

AGI의 시대

한상기 지음

Geoffrey Hinton, Yann LeCun, Yoshua Bengio, Alan Turing, Nick Bostrom, Demis Hassabis, Mustafa Suleyman, Samuel Altman, Ilya Sutskever, Marvin Minsky, Herbert Simon, Allen Newell, Stuart Russell, Ben Goertzel, Shane Legg, Mark Gubrud, Irving John Good, Eliezer Yudkowsky, Ray Kurzweil, Jared Kaplan, Max Tegmark, Andrew Ng, Mark Zuckerberg, Dario Amodei, Reid Hoffman, Elon Musk, Hans Moravec, Dwarkesh Patel, Gary Marcus, Sean Carroll, Steven Pinker, David Deutsch, Ernest Davis, Max Wainwright, Greg Laughlin, Anthony Aguirre, Fei-Fei Li, Alison Gopnik, Melanie Mitchell, Francois Chollet, Ted Chiang, Vernor Vinge, Matei Zaharia, Vinod Khosla, Peter Norvig, Blaise Aguera y Arcas, John Schulman, Sara Hooker, Meredith Morris, Cameron Jones, Benjamin Bergen, Nils John Nilsson, Samuel Butler, George Dyson, Orson Scott Card, Arthur Clarke, Jonas Sandbrink, Frances Arnold, Kate Crawford, Joy Buolamwini, Timnit Gebru, Tom Tyler, Emmett Shear, Lina Khan, Nick Land, Gavin Mueller, Paul Collier, Friedrich Hayek, Thomas Sowell, Peter Singer, William MacAskill, Holden Karnofsky, Dustin Moskovitz, Nick Beckstead, Hilary Greaves, Jaan Tallinn, Vitalik Buterin, Ben Delo, Leif Wenar, Shajeda Ahmed, Bruce Schneier, Arvind Narayanan, Elizabeth Renieris, Pedro Domingos, Meredith Whittaker, Oren Etzioni, Norbert Wiener, Jan Leike, Philippa Foot, Judith Jarvis Thomson, Michael J. Sandel, Kazuhiro Takemoto, Behnam Mohammadi, Usman Anwar, Paul Christiano, Beth Barnes, Mark Xu, Jacob Hilton, Eric Neyman, Dávid Matolcsi, Richard Ngo, Jeffrey Wu, Greg Brockman, Amanda Askell, Marc Andreessen, Shajeda Ahmed, Nathan Sanders, Bret Taylor, Adam D'Angelo, Nicole Seligman, Aleksander Madry, Lilian Weng, Jakub Pachocki

한빛미디어
Hanbit Media, Inc.

Jennifer, Peter, Mike

사랑하는 나의 가족에게

추천사

이 책은 단순히 AI의 미래를 예측하는 책이 아니다. 전문가들의 예상을 훨씬 앞질러 다가온 미래, 즉 인간의 능력을 넘어선 AGI의 시대를 수많은 과학자, 개발자, 기업 리더들 간의 치열한 사상과 철학적 논쟁의 과정으로 통찰한다.

저자는 국내 최고의 AI 연구자로서 '얼라인먼트 기술'과 같은 다소 어려운 공학적 논의를 전개하면서도 기술철학, 윤리학, 사회제도, 공공정책 등 다양한 맥락적 접근을 통해 독자의 흥미를 놓치지 않는 탁월한 스토리텔링을 선보인다. 또한 AGI를 둘러싼 공포, 파멸, 배반, 풍요 그리고 낙관이라는 가치의 충돌을 다층적으로 해석하며, 단순한 언어 모델을 넘어 인간의 능력를 초월하는 존재로 진화해가는 AI의 미래를 새롭게 설계하려는 강한 의지를 드러낸다.

근래 보기 드문 AI 현대사에 대한 계보학적이며 지성사적 고찰로서, AGI 시대에 대한 독자의 이해를 한층 깊고 넓게 확장시키기에 손색이 없는 책이다.

이원태_아주대학교 교수, 전 한국인터넷진흥원 원장

"더 똑똑한 존재가 덜 똑똑한 존재에 의해 통제받는 사례를 얼마나 말할 수 있나요?"

제프리 힌턴의 이 질문은 인공지능의 미래에 대한 본질적인 고민을 던진다. AGI는 모든 면에서 인간을 뛰어넘는 지능을 지닌 인공지능을 의미한다. 오픈AI의 샘 올트먼은 AGI가 약 2천 일 후에 도래할 것으로 예측하고, 올해 노벨 화학상을 수상한 구글 딥마인드의 데미스 허사비스는 10년 이내 AGI의 등장을 예상한다. 또 페이스북의 마크 저커버그는 AGI 개발을 위해 연말까지 최신형 GPU H100을 35만 장이나 살 계획이다. 여기서 우리가 맞닥뜨린 질문은 다음과 같다.

AGI는 무엇인가? 인류에게 이로운가, 해로운가? 인류는 과연 자신보다 더 똑똑한 AGI를 제어할 수 있을까? 만약 어느 국가 혹은 기업이 AGI를 먼저 개발하면 그들이 사실상 나머지 세계를 지배하게 되진 않을까?

이 책은 이런 질문들에 답하기 위해 우리가 반드시 알아야 할 내용을 종합적으로 담고 있다. 한국어로 출간된 AI 서적 중에선 단연 압권이다. 일반인들의 교양을 위해서도 필수적인 읽을거리지만, 언론과 정책당국에서 꼭 읽기를 바란다. '이런 것도 모르고 정책을 만들어선 안 될 내용'으로 가득하다.

박태웅_녹서포럼 의장, 『박태웅의 AI 강의 2025』 저자

챗GPT가 등장한 이후 2년 가까이 지난 현재, AI 전문가뿐 아니라 일반인 심지어 중고생들까지 AGI에 대해 이야기하는 시대에 우리는 살고 있다. AI 서비스나 제품을 사용해보지 않은 사람들조차도 AGI가 가져올 혁신과 위험에 대해 저마다 의견을 갖고 있다. 어떤 이들은 AGI가 인류를 지배할지도 모른다는 두려움을, 또 다른 이들은 AGI가 더 많은 경제적 기회와 사회 문제 해결의 가능성에 기대를 건다. 이처럼 AI가 우리 삶과 일터에 스며든 이 시점에, 100명의 사람들이 정의하는 AGI가 모두 다르다는 사실은 많은 이들을 혼란스럽게 만들고 있다.

이 책의 가치는 여기서부터 출발한다. AGI를 하나의 정의로 규정하는 대신, 세계적인 AI 전문가들이 설명하는 AGI의 다양한 특징을 소개하며 독자들이 AGI의 기회와 위험성을 명확히 이해하도록 돕는다.

이 책의 두 번째 가치는 AGI가 불러올 잠재적 문제를 해결하기 위한 노력도 함께 소개한다는 점이다. AGI가 인류의 보편적 가치를 위배하지 않고 인간을 위한 기능을 실현하도록 하는 얼라인먼트 분야 연구는 물론, AGI를 안전하게 만들고 운영하기 위한 기술적 장치 그리고 정책적 안전장치를 만들기 위한 각국 정부의 노력까지 다룬다. AGI는 인간 수준 이상의 지능적 존재라는 점에서 이를 기술적 측면으로만 바라봐서는 안 된다. 철학, 인문학, 사회과학 전문가들과 시민단체가 함께 AGI가 나아가야 할 방향을 논의해야 하며, 이 책은 그 중요성 또한 강조한다.

AI에 대한 기본 지식 없이는 이 책을 읽기 어려울 수 있다. 그러나 짧게는 5년 길게는 수십 년 내 도래할 AGI 시대에서 AGI를 제대로 이해하고 이 시대의 주역이 되고자 한다면 반드시 읽어야 할 책이다. 특히 기업과 정부에서 AI 안전 거버넌스 관련 업무를 담당하는 이들에게 일독을 권한다.

하정우_네이버클라우드 AI 혁신 센터장, 『2025 AI 대전환: 주도권을 선점하라』 저자

서문

우리보다 뛰어난 존재를 만난다는 의미

2024년 노벨 물리학상은 딥러닝 초기 이론을 정립한 존 홉필드와 제프리 힌턴 교수가 받았다. 물리학상 발표 다음날 노벨 화학상도 단백질 구조를 예측하는 AI를 만든 데이비드 베이커 교수와 구글 딥마인드의 데미스 허사비스 그리고 존 점퍼가 공동 수상한다는 뉴스가 사람들을 놀라게 했다. 이제 정말 AI 시대가 왔나보다 하며, 이러다 조만간 AI를 만든 사람이 아니라 AI가 수상하는 것 아니냐는 이야기도 들린다. 그런 가운데 내가 가장 흥미롭게 느낀 부분은 힌턴 교수가 노벨상 수상 소감 인터뷰에서 한 말이다.

> "우리는 우리보다 더 똑똑한 사물이 생긴다는 것이 어떤 것인지 경험해본 적이 없습니다."

이 말은 이제 우리 사회에 우리보다 더 똑똑한 존재가 생길 것이며 이에 대해 우리가 준비하고 있지 않다는 경고일 수 있다. 우리보다 더 똑똑한 존재는 바로 AI 전문가들이 말하는 'AGIArtificial General Intelligence'다. 이제 대부분의 사람보다 더 똑똑한 AI를 직면해야 하는 시대가 되었다.

이미 오픈AIOpenAI o1은 나보다 코딩도 잘하고 수학과 물리학을 박사 수준으로 설명한다. 챗GPT-4o나 앤스로픽의 클로드Claude는 일반 사람보다 더 많은 지식을 갖고 있고, 미드저니Midjourney나 소라Sora 그리고 런웨이Runway는 이미지와 영상을, 수노Suno는 음악과 가사를 아주 괜찮은 수준으로 생성해낸다. 또 커서Cursor는 코딩을, 헤이젠HeyGen은 통역을 보통 사람보다 훨씬 잘한다. 그것도 내 목소리로. 이 모든 일을 다 잘하는 녀석이 나타난다면 나는 그 녀석이 나보다 똑똑하다는 사실을 인정할 수밖에 없을 것이다. 물론 아직 틀린 답을 내놓거나, 때로는 이상한 소리를 하고, 맘에 안 드는 콘텐츠를 생성하기도 한다. 그런데 그건 우리 인간들도 그렇지 않은가?

하이퍼클로바X를 발표하기 전 네이버클라우드에서 AI 연구 개발과 사업을 총괄하는 성낙호 기술 총괄, 하정우 센터장과 자리를 함께 한 적이 있다. AGI에 대한 이야기가 나왔을 때, 나는 20-30년 안에는 불가능하다는 주장이었지만 성낙호 기술 총괄은 5년 안에 가능하다는 것을 보여주겠다고 했다. 하정우 센터장은 본인이 생각하는 AGI는 보다 고도의 지능이기 때문에 이런 이야기는 하고 싶지 않다고 했다. 그러자 성낙호 기술 총괄이 나보고 마이크로소프트 연구소에서 2023년 발표한 「AGI의 불꽃: GPT-4에 대한 초기 실험」이라는 논문을 보면 생각이 달라질 것이라고 했다.

돌아와서 그 논문을 읽고 충격에 빠졌다. 우리가 무엇을 만들어낸 것일까. 해당 논문은 155페이지에 달하는 방대한 문서로, 마이크로소프트 연구소의 연구원들이 GPT-4가 공개되기 전 다양한 방법으로 그 기능과 역량에 대해 조사한 것이다. 논문에서 제시한 각종 사례들은 GPT-4가 지금까지의 LLM과는 완전히 다른 수준임을 보여주었고, 이 모델은 불완전하지만 AGI의 초기 버전으로 간주한다는 그들의 의견이 옳을 수도 있다는 생각이 들었다. 그게 이 책을 써야 하는 동기가 되었다.

도대체 AGI를 어떻게 정의하길래 AGI의 출현이 그렇게 단기적으로 가능하다고 생각하는지, 왜 많은 사람들이 몇 년 안에 인간을 넘어서는 AI가 등장할 것이라고 주장하는지 궁금했다. 또한 인류의 멸종이나 문명에 대한 존재론적 위협이 과거에는 SF 작가나 기술을 잘 모르는 일부 사람들의 상상이었는데, 왜 이제는 AI의 거두인 제프리 힌턴이나 요슈아 벤지오 같은 세계적인 석학까지 나서서 이야기하는 것일까. 물론 AI를 연구하는 많은 학자는 아직 AGI라는 말 자체를 꺼내는 것을 거부하는 것도 사실이다.

작가 윌리엄 깁슨은 "미래는 이미 와 있다. 단지 널리 퍼져 있지 않을 뿐"이라고 했다. AGI라는 미래는 이미 우리 곁에 와 있지만 모두에게 다다르지 않았을 뿐이다. 최첨단에서 개발하는 사람들은 이미 AGI라는 존재를 느끼고 있다. 그래서 힌턴이나 벤지오 교수뿐 아니라 일리야 수츠케버, 데미스 허사비스, 셰인 레그, 다리오 아모데이같이 현장에서 AI를 개발하는 핵심 연구자들이 AGI에 대해 이야기하고 있다.

다만 이 책을 쓰면서 확인한 바는 AGI에 대한 공통의 정의가 아직 존재하지 않아서 각기 다른 수준이나 특성을 가진 AI를 지칭한다는 점과 누구나 인정할 만한 수준의 AGI는 아직 구현되지 않았다는 사실이다. 또한 AGI가 실현 가능하다면 우리가 어떻게 준비하고 대응해야 하는지에 대해 매우 오랫동안 철학적 논쟁이 이어져왔고 이것이 실리콘밸리에서 새로운 종교와 같은 수준이 되어 서로 비판과 논쟁을 벌이고 있다는 점도 알게 되었다.

AGI가 인류에게 위협이 될 수 있다고 말하는 사람들이 가장 우려하는 점은 AGI가 인간 사회의 가치와 규범을 따르지 않고 우리의 통제를 벗어날 가능성이다. 이는 그동안 가치 정렬이라고 부르기도 했던 '얼라인먼트alignment(정렬)'에 대한 논의이지만 이 분야의 중요성에 비해 연구는 이제 본격적으로 시작했다고 본다. 이 책을 통해 얼라인먼트 기술이 무엇이고 우리가 아직 해결하지 못한 문제가 무엇인지 알려주고 싶었다.

2024년 들어 AI에 대한 각국의 움직임은 단순한 기술 개발 경쟁을 넘어 패권 경쟁으로 바뀌고 있다. 국가 전략을 넘어서 국제 공조와 블록화가 이루어지며 문화 전쟁과 주권 수준의 싸움이 되었다. 2023년 하정우 센터장과 대담을 나눈 책 『AI 전쟁』의 제목에 '전쟁'이 들어간 것은 이러한 분위기를 느끼기 시작했기 때문인데, 이 책에는 안보 전쟁이나 권력 싸움 관련 내용을 충분히 담지 못했다. 그래서 지난 1년 동안 주요 국가에서 벌어진 여러 현상과 실행을 살펴보면서 이런 움직임이 대외적으로는 AI 안전의 문제와 사회와 시민 보호라는 명분으로 이루어지고 있음을 깨닫고 AI 안전을 내세우며 벌어지는 패권 경쟁에 대한 내용을 담았다. 이것이 결국 AGI 시대에 벌어질 일이기 때문이다.

AGI에 대해 가장 부정적이었던 내가 이제 AGI의 시대를 주장하고 나온다는 것이 아이러니 하지만, AI 기술을 개발한 사람들이 노벨상을 받는 시대가 되었기 때문에 더 이상 부정할 수 없다고 생각한다. 독자가 AGI에 대해 명확히 이해하도록 돕고 AGI 시대의 가장 중요한 과제와 의제가 무엇인지 함께 나누고 싶다.

2024년 11월 '책과얽힘'에서

한상기

들어가며

2023년 11월에 벌어진 일

2023년 11월 16일 밤 오픈AI CEO 샘 올트먼은 다음 날인 17일 구글 미트로 진행되는 화상회의에 참석해달라는 문자를 받았다. 오픈AI는 즉시 최고기술임원인 미라 무라티에게 차기 CEO가 될 의향이 있는지를 문의했다. 17일 오픈AI의 핵심 투자사인 마이크로소프트는 샘 올트먼이 해고될 것이라는 통지를 받았고, 곧이어 오픈AI는 샘이 회사를 떠날 것이며 그렉 브로크만이 의장 자리에서 물러날 것이라고 발표했다. 그리고 그날 저녁 브로크만은 회사를 그만둔다는 글을 올렸다.

전 세계 IT 업계를 놀라게 만든 이 소식은 이후 엄청난 후폭풍을 일으키며 긴박하게 전개되었다. 18일 마이크로소프트는 오픈AI와 장기적인 파트너십을 유지하고 있으며 다음 세대의 AI를 고객에게 제공하기 위해 미라 무라티와 그 팀을 지지한다고 발표했다.

COO의 내부 메모에 따르면 이사회에서 샘 올트먼을 파면하는 이유는 '부정행위 또는 당사의 재무, 비즈니스, 안전 또는 보안/개인정보 보호 관행과 관련한 모든 것'과 연관한 결과라고 했다. 나중에 이사회 멤버였던 헬렌 토너가 밝힌 이유는 샘 올트먼이 오픈AI의 공익적 목적을 수행하기 어렵게 했다는 것인데 "수년 동안 정보를 숨기고, 회사에서 일어나는 일을 왜곡하고, 어떤 경우에는 노골적으로 거짓말을 함으로써 실제로 그 일을 하는 것을 정말 어렵게 만들었다"라고

했다.[1]

이후 상황 전개는 보통의 상식과는 매우 다르게 펼쳐졌다. 19일 마이크로소프트는 샘 올트먼과 그렉 브로크만이 마이크로소프트에 합류해 새로운 연구 그룹을 이끌 것이라는 놀라운 선언을 한다. 20일에는 트위치의 창업자 중 한 명인 에멧 시어를 오픈AI의 임시 CEO로 임명한다는 발표가 나왔다. 그러자 700명 이상의 오픈AI 직원들이 이사회 멤버의 사임을 요구하고 나섰고 샘 올트먼을 따라 마이크로소프트로 가겠다고 선언하기 시작했다. 최고 과학자인 일리야 수츠케버는 자신이 올트먼 해고에 관여한 일에 후회한다는 말을 엑스(구 트위터)에 올린다.

21일 오픈AI는 올트먼이 원칙적으로 다시 CEO로 돌아올 것이고 새로운 이사회를 구성하며 의장은 세일즈포스의 공동 CEO인 브렛 타일러가 맡는다고 발표한다. 29일 샘 올트먼은 다시 CEO로 복귀하고 그렉 브로크만은 사장이 되며 마이크로소프트는 이사회에 옵서버 자격을 갖는다는 이야기가 나왔다. 또한 올트먼은 오픈AI가 비영리 조직으로 남을 것인가를 포함해 거버넌스 구조를 바꿀 것이라고 선언한다. 샘 올트먼을 데려와서 만들려고 했던 마이크로소프트 사티아 나델라가 말한 새로운 조직은, 나중에 딥마인드의 창업자 중 한 명이자

1 CNBC, "Former OpenAI board member explains why CEO Sam Altman got fired before he was rehired," May 29, 2024

인플렉션을 만들었던 무스타파 술레이만과 그의 직원 대부분을 영입해 2024년 3월 마이크로소프트 AI라는 새로운 조직으로 출범했다.

약 열흘 동안 일어난 이 분란의 이유가 무엇인지 수많은 언론의 추적이 이루어졌고 온라인에서는 찬반 토론과 분석이 쏟아졌다. 그 가운데 가장 유력한 것은 샘 올트먼의 진실성 부족과 함께 자신들이 만드는 AI와 향후에 나타날 첨단 모델의 안전성과 통제 문제에 대해 일부 그룹과 올트먼 사이 의견 불일치로 갈등이 터진 것이 주원인이라는 분석이다.

결국 다음 해인 2024년 5월 14일 수석 과학자 역할을 하던 일리야 수츠케버와 그와 함께 초지능의 얼라인먼트 문제를 이끌던 얀 라이크가 동시에 회사를 그만두고 이어서 슈퍼얼라인먼트 팀이 해산되는 것을 목격하게 된다. 사실 2023년 11월 쿠데타 이후부터 일리야 수츠케버는 회사 일에 참여하지 않았다고 한다. 일부 인터뷰에서는 무책임하게 챗GPT 관련 서비스 등을 확대하면서 수츠케버가 맡은 팀에게는 회사 자원이 할당되지 않았고 소위 인간의 수준을 넘어서는 AGI의 등장이 얼마 남지 않았음에도 올트먼이 이에 대해 아무 조처를 취하지 않는 것에 대해 수츠케버의 불만과 불안이 커졌다는 이야기가 나왔다. 일리야 수츠케버가 딥러닝의 아버지라고 부르는 제프리 힌턴의 제자이고 딥러닝을 일거에 주류로 만든 알렉스넷의 주저자이며 알파고 논문의 공동 저자, 자연어 처리 분야의 고전 논문

「Sequence-to-Sequence」의 저자, 텐서플로 개발과 오픈AI GPT 개발의 핵심 인력이었다는 것을 생각하면 가장 중요한 AI 최고 연구자와 AI 사업가의 갈등이라는 아주 이상한 일이 벌어진 것이었다.

오픈AI를 그만둔 얀 라이크는 바로 앤스로픽에 합류해서 얼라인먼트 연구를 계속할 것이라고 했고, 수츠케버는 6월 20일 애플 AI 책임자였던 대니얼 그로스, 오픈AI에서 함께 일했던 대니얼 레비와 함께 세이프 슈퍼인텔리전스라는 회사를 창업했다고 밝혔다. 그리고 당분간 안전한 초지능에 대한 연구 외에 다른 일은 하지 않을 것이라며, 여기서 말하는 안전은 '신뢰와 안전' 같은 선언적 안전이 아니라 원자력 안전과 같은 실질적 안전이고 엔지니어링 혁신을 도입해 그 안전을 달성할 것이라고 했다.[2]

오픈AI의 이 사건 이전으로

AGI나 초지능의 위험이 실현할 수 있는 가장 유력한 가능성이 인간 의도대로 AI가 동작하지 않는 얼라인먼트 문제에 있다고 말하는 연구자들의 이야기를 지속적으로 들으면서 AGI와 얼라인먼트 또는 초지능에 대한 슈퍼얼라인먼트 문제를 제대로 파악하지 못하면 대중에게

2 Bloomberg, "Ilya Sutskever Has a New Plan for Safe Superintelligence," Jun 20, 2024

는 두려움만 퍼질 것이고, 미디어는 오해하거나 과장하는 기사를 써댈 것이며, 정부 정책은 갈피를 잡을 수 없을 것이라고 생각했다.

오픈AI에서 벌어진 갈등의 또 다른 원인은 이들이 믿는 철학적 가치 차이가 있다. 이 책에서 상세히 소개하겠지만 현재 실리콘밸리 AI 사업가나 주요 멤버들은 AI, 나아가 AGI가 가져올 미래에 대해 서로 다른 비전을 갖고 있으며 이들은 여러 분야에서 충돌하고 있다. 이 이야기까지 알아야 프론티어 모델을 만들고 있는 주요 기업의 움직임을 이해할 수 있으며 그들이 지향하는 방향을 알 수 있을 것이다.

어느 측면에서는 2021년 나의 전작인 『신뢰할 수 있는 인공지능』을 잇는 책이 될 것이고 그때와는 신뢰의 문제가 다른 양상으로 펼쳐질 것으로 느껴졌다. 단지 여러 가지 사회적 문제를 일으키는 수준의 위험이 아닌 '두려운 것'이 나타날 수 있을지도 모른다는 생각으로 이 주제를 정리하기로 했다.

1부는 AGI란 무엇인가에 대한 논쟁과 함께 AGI가 가져올 위험에 대한 수많은 학자나 오피니언 리더의 이야기를 비교했다. 2부에서는 얼라인먼트 문제를 기술적 측면, 기업 전략 측면에서 지금 어느 수준으로 연구가 이루어지고 있으며 주요 기업이 어떤 방식으로 이에 대응하는지를 소개한다. 3부에서는 얼라인먼트를 포함한 AI 안전 문제에 대응하기 위한 각 나라나 국제 기구, 연구 단체 그리고 기관의 움직임을 소개한다.

얼라인먼트나 AGI 위험성을 대하는 다양한 연구 집단과 리더 그룹을 들여다보면서 이것이 단지 기술 발전과 영향력에 대한 판단의 차이가 아니라 근본적인 철학의 큰 간극에서 비롯된 것임을 알게 되었다. 이 차이는 이제 신념을 넘어서 종교적 믿음 수준에 이르렀음을 느꼈다. 그리고 21세기 중반으로 접어드는 지금, 인류의 미래를 두고 어떤 도박을 하는 그룹이 있고 실리콘밸리를 지배하는 사상의 뿌리가 크다는 사실을 깨닫게 된 것이 이 과정에서 얻은 가장 큰 수확이다. AI를 이끄는 주요 기업의 창업자, 투자자, 연구진 사이에서 벌어지는 물밑 싸움을 이해해야 2023년 11월 오픈AI에서 발생한 충돌을 제대로 이해할 수 있다.

차례

AGI

1부

AGI의 시대

이들은 우리와 완전히 다른 존재입니다. 완전히 다른 형태의 지능입니다. 새롭고 더 나은 형태의 지능이죠.

– 제프리 힌턴, 2023년 'MIT 테크놀로지 리뷰'와 인터뷰 중에서

1장

논쟁의 중심, AGI

1.1 AGI의 시작

인간이 만든 여러 신화와 전설 속에는 인간과 유사한 존재들이 등장한다. 그리스 신화에서 대장장이와 불꽃, 화산의 신인 헤파이스토스는 여러 가지 놀라운 장비와 기계를 만들어낸 것으로 유명하다. 호메로스의 『일리아스』 제18권에는 다음과 같은 이야기가 나온다.

> 그러고 나서 그는 해면으로 얼굴과 손과
> 튼튼한 목과 털이 많은 가슴을 닦고 옷을 입더니
> 단단한 지팡이를 들고 절룩거리며 걸어 나왔다.
> 그러자 황금으로 만든 하녀들이 주인을 부축해주었다.
> 이들은 살아 있는 소녀들과 똑같아 보였는데

가슴속에 이해력과 음성과 힘도 가졌으며
불사신들에게 수공예도 배워 알고 있었다.

'황금으로 만든 소녀'는 지금의 시각으로 보면 인간처럼 만든 로봇으로 보인다. 헤파이스토스는 크레테의 미노스 왕에게는 높이 30미터나 되는 탈로스라는 청동으로 만든 남자를 선물하기도 했다. 탈로스 뒤꿈치에 있는 나사는 머리에서 발끝까지 연결된 관의 밸브 역할을 하는데, 아르고호를 타고 온 마법사 메데이아가 그 나사를 빼면 불사신이 될 수 있다고 속여(또는 잠들게 한 후) 나사를 제거해 이 청동인간을 물리쳤다. 그래서 사람들은 메데이아가 최초의 해커라고 하기도 한다.

그리스 화병에 그려진 탈로스의 죽음 ©위키피디아

이카루스의 아버지 다이달로스는 살아 움직이는 것 같은 생동감 있는 조각을 만들었다고 한다. 또한 피그말리온이 만든 갈라테이아 조각상은 최초의 여성 안드로이드라고 볼 수 있다. 이는 유대인의 전통 이야기 속 진흙을 뭉쳐 만든 골렘이나 연금술사 파라켈수스가 만들고자 했던 호문쿨루스 이야기처럼, 사람을 닮은 어떤 존재를 만들어내고자 한 인류의 욕망을 나타내는 것이다.

기원전 3세기 춘추전국시대 『열자列子』 기록에도 공예기술자 얀시가 진목공에게 사람과 비슷한 거대 인형을 만들어 보였는데, 걸음이 빠르고 머리를 위아래로 움직여서 실제 사람으로 착각할 정도였다는 이야기가 나온다. 얀시 장인이 턱을 만지자 완벽히 조율된 노래를 불렀고 여인들에게 다가가 윙크하자 왕이 격분하여 즉시 인형을 조각내 안을 확인하게 했다고 한다.

근대 이후 기계로 만든 다양한 오토마타automata 인형이나 장치들 역시 인간이 무엇인가 자동으로 문제를 해결하기 위한 노력으로 이해할 수 있다. 가장 유명했던 18세기 체스 두는 오토마타인 '더 투르크The Turk'는 사실 안에 체스 마스터가 숨어 있었던 사기였지만 사람들이 자동 인형의 움직임과 그 수준에 매료되었던 것은 사실이다. 이를 상대한 사람 중에는 나폴레옹 보나파르트나 벤자민 프랭클린도 있다.

컴퓨터의 등장 이후 우리는 수많은 계산과 의사결정에서 자동화를 받아들였고 자연스럽게 인간의 지능을 소프트웨어로 구현하고자 하는 AIArtificial Intelligence라는 분야가 1956년 다트머스 콘퍼런스에서 시작되었다.

2024년 현재, AI는 인간 수준을 넘어섰을까? 이 질문까지는 아니더라도 적어도 '인간이 보여주는 많은 지적 판단과 문제 해결 능력을 AI가 넘어설 수 있을까?'에 대해 질문하는 수준이 되었으며, 그 질문은 이제 '언제 넘어설 수 있을 것인가?'로 바뀌었다.

사실 지금 많은 전문가들이 AGI의 도래를 이야기하며 서로 다른 다양한 정의를 제시하고 있지만 AGI 구현에 대한 예측은 보다 오래

전부터 있었다. AI의 개념과 지능을 컴퓨팅으로 구현할 수 있다는 주장을 체계적으로 한 사람으로는 누구나 영국의 앨런 튜링Alan Turing을 꼽는다. AI 분야에서 늘 언급하는 1950년 논문 「컴퓨팅 기계와 지능Computing Machinery and Intelligence」 이후에도 그는 여러 강연에서 기계가 인간의 능력을 넘어설 수 있는 가능성에 대해 언급했다. 1951년 〈51 소사이어티〉라는 라디오 토론 프로그램에서 그는 '지능형 기계, 이단적 이론'이라는 제목으로 강연을 하면서 다음과 같이 말했다.[1]

> "기계가 사고하기 시작하면, 기계가 인간의 미약한 능력을 능가하는 데 그리 오래 걸리지 않을 것입니다. 따라서 사람의 지능을 기계가 설정한 수준까지 맞추기 위해 많은 노력이 필요할 것입니다. 물론 기계도 죽겠지만 기계는 대화하면서 자신들의 지혜를 갈고 닦을 것이고, 어느 순간에는 기계가 통제권을 갖게 될 것이라는 점을 예상해야 합니다. 새뮤얼 버틀러가 『에레혼』이라는 소설에서 언급한 방식으로."

튜링이 언급한 『에레혼』은 1872년 소설로 기계파와 반기계파 사이의 갈등과 내전을 그린 책이며 출간 이후 많은 SF 소설과 미래학자에게 인용되고 있다. 심지어 버틀레리언이라는 말은 이후 AI 영역에서 AI에 반대하는 사람을 칭하는 용어로 사용하기도 하며 소설 『듄』에도 등장한다. 사실 책에서 묘사한 상호 간의 토론은 2024년 지금 우리가 이야기하는 내용과 별다를 것이 없다.

---

1 A.M. Turing, "Intelligent Machinery, A Heretical Theory," 1951년 맨체스터에서 한 강연으로 검색하여 원본을 찾아볼 수 있다.

노벨상 수상자인 허버트 사이먼Herbert Simon은 1960년 그의 책 『The New Science of Management Decision』에서 앞으로 20년 안에 기계가 인간이 할 수 있는 모든 일을 할 수 있을 것이라고 예측했다. 그보다 앞선 1958년에는 앨런 뉴얼Allen Newell과 함께 쓴 글[2]에서는 10년 안에 디지털 컴퓨터가 세계 체스 챔피언을 이길 것이고 중요한 수학 정리를 발견하고 증명할 것이라 예상했다.

1967년 마빈 민스키Marvin Minsky는 한 세대 안에 AI를 창조하는 문제는 본질적으로 해결될 것이라 예상했고 다시 1970년 라이프LIFE지와 인터뷰에서 3년에서 8년 안에 평균적인 인간 수준의 일반지능을 갖는 기계를 갖게 될 것이라고 선언했다.

1997년에 컴퓨터 과학자 한스 모라벡Hans Moravec은 저렴하게 구입할 수 있는 하드웨어가 2020년대에 컴퓨팅 성능 면에서 인간의 두뇌와 비슷해질 것이라고 주장했다. 인간의 두뇌가 얼마나 많은 연산량을 필요로 하는지 정확히 알 수는 없으나 1조 플롭스FLOPS에서 1경 플롭스라고 예측하고 있어 이에 대한 검증이 쉽지는 않다. 더군다나 학습에 들어가는 연산이 더 많이 필요한 현재의 방식에서 모라벡의 예측은 이를 감안하지 않았다.

그러나 그 이후 AI는 한계에 부딪쳤고 AGI에 대한 전망이 얼마나 낭만적이었는지 알게 되었다. 2000년대 이후 딥러닝의 빠른 발전은 다시 AGI 구현에 대한 다양한 전망을 불러일으켰고 딥마인드, 앨런AI 연구소, 오픈AI 같은 AGI 개발을 목표로 하는 기업이나 연구소들이 등장하기 시작했다.

---

2 H. Simon and A. Newell, "Hueristic Problem Solving: The Next Advance in Operations Research," Operations Research, vol. 6, issue 1, 1958

1.2 프론티어 모델, AGI, ASI 그리고 ACI

AGIartificial general intelligence를 이야기하는 수많은 글을 제대로 이해하기 위해서는 용어에 대한 이해가 필요하다. 많은 사람이 여러 용어를 마구 섞어 쓰는 바람에 지금 말하는 것이 어느 수준의 AI를 언급하는 것인지 혼란스러울 때가 있다. 어떤 용어는 아직 명확한 정의가 없기도 하고 일부 사람만 사용하는 용어가 존재하는 것도 사실이다.

먼저 프론티어frontier 모델이다. 프론티어 모델은 지금 우리가 활용하는 파운데이션foundation 모델 중 가장 최첨단 AI 모델을 말한다. 대체적으로 거대 규모이며 첨단 능력과 혁신적인 애플리케이션에 활용하는 모델을 의미한다. GPT-4, 제미나이Gemini, 클로드Claude 같은 수준의 모델이 대표적이며 이를 기존 AI 모델과 구별하는 이유는 공공 안전에 심각한 위험을 초래할 수 있을 만큼 뛰어난 기능을 보유하고 있기 때문이다. 이 수준의 모델을 개발하는 데는 일반적으로 수억 달러에 달하는 컴퓨팅 리소스와 재정적 투자가 필요하다. 따라서 프론티어 모델을 만드는 회사들은 자신만의 리그를 만들어 이 모델이 앞으로 AGI로 가는 최초의 모델로 발전할 것이며 그에 따라 프론티어 모델 기업의 대응은 일반 AI 기업과는 달라야 한다는 입장을 취하고 있다.

일반인공지능 또는 인공일반지능이라고 부르는 AGI라는 용어를 누가 먼저 사용했는가에 대해서도 의견이 분분하다. 이 책에서는 영어로 널리 사용하는 AGI를 그대로 쓰기로 한다. 2005년 『Artificial General Intelligence』이라는 제목의 책을 카시오 페나친Cassio Pennachin과 함께 쓴 벤 괴르첼Ben Goertzel은 AGI라는 용어는 셰인 레그Shane Legg가 제안한 것이고 자신의 책 덕분에 이 용어가 널리 퍼졌다고 한다. 그러나 2011년 8월 그의 블로그에서 이미 1997년 마크 거브루드Mark Gubrud의 논문에서 이 용어가 언급되었던 적이 있으며 더 일찍 사용한 사례가 있으면 알려달라고 요청하고 있다.

알다시피 AGI에 대해 모두가 공식적으로 인정한 단일 정의는 없으며 다양한 정의가 존재한다. 딥마인드 창업자 중 한 명인 셰인 레그는 100명의 전문가에게 AGI가 무엇을 말하는지 그 정의를 물어본다면 100가지 서로 다른 정의를 말할 것이라고 했다. 셰인 레그는 2023년 AGI 특성을 정리하고 이를 레벨로 나누자는 제안을 포지션 논문으로 제출하기도 했다.

부르킹스 연구소에서는 여러 기업과 학자의 표현을 모아서 AGI의 다양한 정의를 다음과 같이 발표한 적이 있다.[3]

- 오픈AI 헌장
  "가장 경제적으로 가치 있는 작업에서 인간을 능가하는 고도로 자율적인 시스템"
- 이코노미스트의 할 호드슨 기자
  "인간만큼 또는 인간보다 더 나은 지적 작업을 수행할 수 있는 가상의 컴퓨터 프로그램"
- 뉴욕 대학교 게리 마커스 교수
  "유연하고 일반적이며, 인간 지능에 필적하는(또는 그 이상의) 수완과 신뢰성을 갖춘 모든 지능"

---

3 J. Baum and J. Villasensor, "How close are we to AI that surpasses human intelligence," Brookings Institute, Jul 18, 2023

• 마이크로소프트 연구소 「AGI 불꽃」 논문 저자진
"추론, 계획, 경험으로부터 학습하는 능력 등 광범위한 지능 능력을 보여주고 이러한 능력을 인간 수준 이상으로 갖춘 시스템"

일부 커뮤니티에서는 AGI 대신 GAI General AI 또는 HLAI Human-Level AI(인간 수준 AI)를 선호하기도 하지만 이제는 기술 분야나 대중에게도 AGI가 더 널리 쓰인다.

ASI artificial super intelligence는 인공슈퍼지능이라고 할 수도 있고 초지능 AI라고 부르기도 한다. 이는 일단 AGI가 개발된 이후 인간 두뇌의 화학적, 생물학적 한계로 제한을 받고 있는 인간의 인지 능력을 뛰어넘는 것을 말한다. 닉 보스트롬 Nick Bostrom이 말하는 슈퍼인텔리전스는 ASI와 유사한 개념이다. AGI가 인간 지능의 10배가 넘는다면 ASI는 100배, 1000배 넘는 수준의 지능을 의미한다.[4] 일부 전문가는 이 정도 레벨이 되면 AI 스스로 근본적인 욕구가 무엇인지 결정하고 목표를 달성하기 위해 노력하고 실패를 피할 것이라고 말한다. 또한 스스로 발전하면 원하는 목표를 더 쉽게 달성할 수 있기 때문에 능력을 지속적으로 발전시킬 것이고 꺼지거나 파괴되는 것은 원하지 않을 것이라고 말한다.

앨런 튜링과 함께 블레츨리 파크에서 암호 문제를 풀었던 어빙 존 굿 Irving John Good은 1965년에 초인간 지능이 만들어진다면 소위 '지능

4 뒤에 소개하는 소프트뱅크의 손정의 회장은 인류 지식의 총합보다 1만 배 더 강력한 지능이라고 말하고 있다.

폭발'이 일어날 수 있다고 추측했다.[5] 초지능 기계는 더 나은 기계를 설계할 수 있을 것이고 이는 폭발적으로 기계 지능이 급성장하는 것을 말한다. 또 다른 용어로 이를 '재귀적 자기 개선recursive self-improvement'이라고 한다. 엘리저 유드코프스키Eliezer Yudkowsky도 이에 대한 주장을 했으며, 레이 커즈와일Ray Kurzweil은 '수확 가속의 법칙The Law of Accelerating Returns'에 따라 기술 발전이 개발 속도를 더 높이는 피드백 루프를 만들 수 있고, AI가 AI를 위한 칩과 모델을 개선한다면 인간이 통제할 수 없는 속도로 발전할 수 있음을 예견했다. 이런 의미에서 어빙 존 굿은 최초의 초지능 기계는 인간이 통제해야 하는 마지막 발명품이 될 수 있다고 주장했다.

마지막으로 ACI다. 딥마인드 창업자로 인플렉션을 거쳐 지금은 마이크로소프트 AI CEO인 무스타파 술레이만Mustafa Suleyman이 ACIartificial capable intelligence(인공역량지능)라는 개념을 제시했다. 그의 책 『더 커밍 웨이브』에서 ACI는 최소한의 개입과 감독만으로 복잡한 목표와 작업을 달성할 수 있는 수준의 AI로, AI 시스템이 초지능을 발휘하기 전 중간 단계를 의미한다. 실제 사용자와 실시간으로 상호작용할 수 있으며 장기간 일관성을 유지하고 제3자의 지식 베이스 같은 다른 데이터 소스를 활용할 수 있다. 이를 통해 유용한 작업을 수행할 수 있는 실질적 역량을 갖춘 AI를 말한다.

---

5 Irving J. Good, "Speculations Concerning the First Ultraintelligent Machine," Advances in Computers, vol. 6, 1965

1.3 AGI가 온다

가까운 장래에 AGI를 구현할 수 있을 것이라 주장하는 이들이 가진 근거 중 하나는 '스케일링 법칙Scaling Laws'이다. 더 많은 양의 연산 능력과 데이터를 사용하여 AI 모델을 학습시키면 필연적으로 AGI에 도달할 수 있다는 생각이다. 2019년 오픈AI에서 발견했다고 주장하는 이 스케일링 법칙에 따라 연산 능력과 데이터를 키우면 자연스럽게 AGI를 구현할 수 있다고 말한다.[6]

존스 홉킨스 대학교 물리학자인 재러드 카플란Jared Kaplan과 샘 맥캔들리스Sam McCandless가 오픈AI 다른 연구원 8명과 함께 발견한 것은 LLM이 컴퓨팅 능력, 모델의 크기, 학습할 데이터가 증가할수록 더 나은 성능을 발휘한다는 것이다. 보통 스케일링 법칙은 천문학이나 물리학에서 볼 수 있었는데 AI에도 이 법칙이 유의미하다는 것이 매우 놀라운 일이었다. 이 법칙으로 생각하면 우리가 AI에 자원을 투입하면 투입할수록 능력은 커지고 자연스럽게 AGI에 도달할 수 있을 것이라는 예측을 할 수 있다.[7]

이런 측면에서 오픈AI는 마이크로소프트와 1천 억 달러를 투입해 새로운 데이터센터를 만들려고 하는 것이고, AI 기업은 모든 데이터를 흡수하기 위해 혈안이 돼 있다. 이를테면 오픈AI는 유튜브의 음성을 받아 적어 100만 시간 이상의 동영상 데이터를 수집하고, 메타는 출판 저작물을 확보하기 위해 사이먼앤드슈스터를 인수하려고 했던

---

6 Jared Kaplan, et. al., "Scaling Laws for Neural Language Models," arXiv, Jan 23, 2020

7 재러드 카플란은 이후 앤스로픽의 공동 창업자가 되었다.

것이다.[8]

연구자들이 AGI를 구현할 수 있다고 생각하는 또 다른 배경은 소위 '계산적 마음 이론Computational Theory of Mind, CTM'이라는 인지과학이나 철학 이론의 바탕이다. 이는 마음 자체가 하나의 계산 시스템이라는 전망을 제시하는데 1960년대와 70년대에 인지과학에서 중심적인 역할을 했다. 이 주장의 시작은 1936년 앨런 튜링이 발표한 「계산 가능한 수와 결정성 문제에의 응용」이라는 논문에서 제시한 투링 머신이다.[9]

튜링은 기호를 기반으로 하는 모든 알고리듬은 튜링 머신으로 만들 수 있고, 튜링 머신이 극도로 단순함에도 기호로 만들 수 있는 모든 기계적 절차(알고리듬)를 구현할 수 있다는 결론을 내렸다. 튜링 기계는 디지털 컴퓨팅에 대한 수학적 프레임워크이며 이를 통해 컴퓨터가 가질 수 있는 능력과 한계를 모두 알 수 있게 했다. 이후 보편 튜링 머신Universal Turing Machine, UTM을 제시하며 이는 프로그래밍 가능한 보편 컴퓨터가 된다는 증명을 했다.

1960년대에 튜링 계산은 심리학, 컴퓨터 과학, AI, 언어학, 철학, 경제학, 인류학, 신경과학을 바탕으로 마음을 연구하는 새로운 학제적 연구인 인지과학의 중심이 된다. 이 고전적 계산 마음 이론에 따르면 마음은 튜링 머신과 유사한 계산 시스템이며 추론, 의사결정, 문제 해결과 같은 핵심적인 정신 과정은 튜링 머신이 실행하는 계산과 매우 유사하다. 그러나 이런 주장은 마음이 컴퓨터라고 하는 것이 아니라 컴퓨팅 시스템 또는 계산 시스템이라는 것이지 프로그래밍이 가능한

---

8 New York Times, "How Tech Giants Cut Corners to Harvest Data for AI," Apr 6, 2024

9 Alan Turing, "On Computable Numbers, with an Application to the Entscheidungsproblem," Proc. Of London Mathematical Society, vol. 42, Nov 1936 (published in 1937)

범용 컴퓨터라고 주장하는 것은 아니다.

1980년대부터 발전한 인공 신경망(ANN)은 튜링 모델과는 다른 계산 모델인 신경망을 사용하면서 고전적 계산주의를 극복한다. 그렇지만 고전적 튜링 모델과 신경망은 상호 배타적이지 않다. 왜냐하면 지금 모든 ANN 모델은 모두 디지털 컴퓨터로 구현하고 있으며 ANN에서 고전적 모델을 구현할 수도 있기 때문이다.

ANN은 일견 뇌와 유사하다고 생각할 수 있다. 그러나 실제 뉴런은 ANN의 노드보다 훨씬 더 이질적이며 출력으로 불연속적인 스파이크를 방출한다. 또한 유명한 역전파 알고리듬 같은 기능은 시냅스에는 없는 특성이며 실제 생물학적 시스템에는 지도학습과 유사한 학습은 거의 없다. 물론 강화학습이나 비지도학습이 보다 더 생물학적 신경망에 가까운 특징을 갖고 있는 것도 사실이다.

그러나 이런 계산주의는 아직 해결할 문제가 많다. 우리 마음이 계산한다고 말할 때 그 의미가 무엇인지 설명해야 하며, 계산적 설명이 다른 신경생리학적 설명이나 의도적 설명과 어떻게 관련되는지를 밝혀야 한다. 게다가 많은 수리논리학자가 괴델의 불완전성 정리를 가져와서 기호와 규칙으로 이루어진 언어를 통해 사람의 지능을 가르치는 방식으로는 AI가 도달할 수 없는 영역이 있다고 해석하고 있다.

쿠르트 괴델Kurt Gödel이 1931년에 발표한 '불완전성 정리Incompleteness Theorems'는 어떠한 공리체계도 증명할 수 없는 참인 명제가 항상 존재하며 스스로 모순이 없음을 증명하는 것은 불가능하다는 것이다. 이는 주어진 프로그램에 오류가 없다는 것을 프로그램 스스로 증명할 수 없기 때문에 모든 문제를 해결할 수 있는 AI를 만들 수 없다는 주장이지만, 사실 전문가가 말하는 AGI는 수학적으로나 논리적으로 무오류인 시스템을 말하는 것은 아니다. 앞으로 언급할 여러 전문가들이 이야기하는 것은 일반적인 인간을 능가하는 AI 시스템을 의미한다는 점을 감안해야 한다.

이런 상황에서 제프리 힌턴Geoffrey Hinton은 그동안 AI 연구자들이 생물학적 지능을 모방하면서 연구한다고 생각했지만 전혀 다른 특성을 가진 외계 지능, 디지털 지능을 만들어냈다고 말하기 시작하는 것이다. AGI라는 주제에서 가장 큰 충격은 힌턴 교수가 이제 AGI를 구현할 수 있는 시간이 얼마 남지 않았다고 선언한 것이었다.

최근 많은 AI 연구자들이 AGI에 도달하는 시계를 빠르게 앞당기기 시작했다. 개인적으로 나를 가장 놀라게 만든 것은 '딥러닝의 아버지'라고 불리는 토론토 대학교 제프리 힌턴 교수가 2023년 3월 미국 CBS와 가진 40여 분의 인터뷰 내용이다.[10]

그가 "범용 AI 수준에 도달하는 데는 최근까지 20년에서 50년이 걸릴 것이라고 생각했지만 지금은 20년 이하가 될 수 있다"라고 말하는 대목에서 놀라지 않을 수 없었다. 힌턴 교수는 늘 이런 예측에 대해서는 매우 보수적인 입장이었는데, 20년 이내에 범용 AI가 가능할 것이라고 말한 것이다. 물론 그는 '범용general purpose'이라는 말을 사용했지, AGI라는 단어는 언급하지 않았다.

힌턴은 40년 동안 인공 신경망 연구가 생물학적 신경망을 모방하려고 한다고 생각했는데, 이제 상황이 달라진 것이 우리가 생물학적 신경망을 모방하다가 더 나은 것을 만들어냈다는 점이다. 갑작스러운 반전이며 이제는 무섭다는 표현도 하고 있다.

---

10 CBS, "Godfather of artificial Intelligence weighs in on the past and potential of AI," Mar 25, 2023

대규모 언어 모델이 사람보다 적은 연결을 갖고 있음에도 우리보다 수백 배 더 많은 것을 알고 있는 것으로 보이고, 더 뛰어난 학습 알고리듬을 갖춘 것 같다는 점이 그의 견해다. 그러나 아직 에너지 소모에 있어서는 인간 두뇌가 더 효율적이라는 우위를 갖고 있는 것이 사실이다. 하지만 인간이 더 많은 비용을 컴퓨팅에 지불한다면 AI가 학습에서 생물학을 이길 수 있는 방법은 존재한다는 것이 그의 판단이다.

오픈AI가 말하는 AGI와 기본 원칙

오픈AI 홈페이지에 있는 'AGI와 그 이후를 준비하기Planning for AGI and beyond'라는 글을 보면 회사의 미션이 '일반적으로 인간보다 더 똑똑한 인공일반지능, 즉 AI 시스템이 모든 인류에게 혜택을 줄 수 있도록 하는 것'이라고 설명한다. 이것이 오픈AI가 생각하는 AGI이다. 다른 사람들의 정의에서는 AGI는 인간과 비슷한 수준만 수행할 것으로 요구하기 때문에 오픈AI의 정의는 더 높은 수준의 지능을 말하는 것이다. 이 글은 샘 올트먼Sam Altman이 작성한 것으로 AGI에 대한 올트먼의 생각을 읽을 수 있다.[11]

또한 샘 올트먼은 2024년 9월 블로그에 '지능 시대The Intelligence Age'라는 글을 올려 사람들에게 자신의 생각을 알렸다. 오픈AI는 AGI가 성공적으로 개발된다면 풍요를 증진하고 세계 경제를 활성화하며 가능성의 한계를 넘어 새로운 과학 지식을 발견하는 데 도움을 주어 인류를 향상시킬 수 있다고 생각한다고 했다. 반면 AGI는 오용, 급격한 사고, 사회적 혼란의 심각한 위험도 수반할 수 있지만, AGI의 장점이 너

11 https://openai.com/index/planning-for-agi-and-beyond

무 크기 때문에 사회가 영원히 개발을 중단하는 것은 가능하지도 않고 바람직하지도 않으며, 대신 사회와 AGI 개발자들이 어떻게 하면 제대로 발전시킬 수 있을지 고민해야 한다고 말하고 있다. 흥미로운 점은 오픈AI 창립 헌장에 따르면 AGI에 도달하면 주요 재정 후원자인 마이크로소프트와 IP 라이선스 및 기타 상업적 조건이 더 이상 적용되지 않을 것이라고 밝힌 것이다.

오픈AI 창업자들이 생각하는 AGI 개발 원칙은 다음과 같다.

1. 우리는 AGI가 인류가 우주에서 최대한 번영할 수 있도록 힘을 실어주기를 바란다. 우리는 미래가 완벽한 유토피아가 되기를 기대하지는 않지만, 좋은 점은 극대화하고 나쁜 점은 최소화하여 AGI가 인류의 증폭기가 되기를 원한다.
2. 우리는 AGI의 혜택과 접근성, 거버넌스가 광범위하고 공정하게 공유되기를 바란다.
3. 우리는 거대한 위험을 성공적으로 헤쳐나가고자 한다. 이러한 위험에 직면할 때, 이론적으로는 옳아 보이는 일이 실제로는 예상보다 이상하게 전개되는 경우가 많다는 사실을 인정한다. 따라서 '한 번의 실패'를 최소화하기 위해 덜 강력한 버전의 기술을 배포하여 지속적으로 학습하고 적응해야 한다고 믿는다.

또 다른 곳에서 발표한 오픈AI의 정의에 따르면 AGI는 "가장 경제적으로 가치 있는 일에서 어떤 사람보다 뛰어난 성과를 낼 수 있을 만큼 발전된 기술, 즉 책임감 있는 관리자가 필요한 종류의 대격변적으로 강력한 기술"이다. 그러나 이 정의는 가장 경제적으로 가치 있는 일이 무엇인지, 사람보다 뛰어난 성과를 낼 수 있는 기술은 무엇이고 어떻게 측정할 것인지 모두 명확하지 않아 정확한 정의라고 볼 수 없다. 그래서 오픈AI나 샘 올트먼이 AGI를 말할 때마다 그 정의가 매번 바뀌며, 회사 구조를 설명하는 웹페이지에서는 여기에 '고도의 자율 시스템'이라는 표현까지 더했다.

AGI와 그 이후를 준비하기

오픈AI가 단기적으로 AGI를 준비하는 데 중요하다고 생각하는 점은 다음과 같다.

- 먼저, 더 강력한 시스템을 지속적으로 개발하면서 이를 배포하고 실제 환경에서 운영 경험을 쌓고자 한다. 이것이 AGI를 신중하게 도입할 수 있는 가장 좋은 방법이라고 생각하며 갑작스러운 전환보다는 점진적인 전환이 더 낫다고 생각한다. 현재 AI 배포 과제를 성공적으로 해결하는 가장 좋은 방법은 빠른 학습과 신중한 반복을 통한 긴밀한 피드백 루프라고 보고 있다. 사회는 AI 시스템의 허용 범위, 편견에 대처하는 방법, 일자리 대체를 다루는 방법 등에 대한 주요 질문에 직면하게 될 것이다. 최적의 결정은 기술이 어떤 길을 걷느냐에 따라 달라질 것이며, 다른 새로운 분야와 마찬가지로 지금까지 대부분의 전문가 예측은 틀린 경우가 많았다. 따라서 사전에 아무것도 없는 진공 상태에서 계획을 세우는 것은 매우 어렵다.
- 점점 더 조정 가능한 모델을 만들기 위해 노력하고 있다. GPT-3의 첫 번째 버전과 같은 모델에서 InstructGPT 및 ChatGPT로 전환한

것이 그 초기 사례다. 특히 우리는 사회가 AI의 사용 방법에 대해 매우 넓은 범위에서 합의하되, 그 범위 내에서 개별 사용자에게 많은 재량권을 부여하는 것이 중요하다고 생각한다. 우리의 궁극적인 희망은 전 세계 기관들이 이러한 넓은 범위가 무엇인지에 대해 합의하는 것이며, 단기적으로는 외부의 의견을 수렴하기 위한 실험을 진행할 계획이다. 전 세계 기관들은 AGI에 대한 복잡한 결정에 대비하기 위해 추가적인 역량과 경험을 강화해야 할 것이다.

- 모델이 강력해짐에 따라 새로운 얼라인먼트 기술을 개발해야 하며, 현재 기술이 실패하는 시점을 파악하기 위한 테스트도 필요하다. 단기적으로는 인간이 더 복잡한 모델의 결과를 평가하고 복잡한 시스템을 모니터링하는 데 AI를 활용하고, 장기적으로는 더 나은 얼라인먼트 기법을 위한 아이디어를 생각해내는 데도 활용할 계획이다.
- 이러한 시스템을 어떻게 관리할지, 시스템에서 발생하는 혜택을 어떻게 공정하게 분배할지, 접근 권한을 어떻게 공정하게 공유할지 등 세 가지 핵심 질문에 대한 전 세계적인 논의가 이루어져야 한다.
- 오픈AI는 인센티브와 좋은 결과를 연계하는 방식으로 회사 구조를 설정하려고 노력해왔다. 주주들이 얻을 수 있는 수익에 상한선을 두어, 잠재적으로 재앙이 될 수 있는 위험을 무릅쓰고 무분별하게 가치를 창출하려는 시도를 하지 않도록 인센티브를 제공한다. 안전을 위해 필요한 경우 주주에 대한 지분 의무를 취소하고 세계에서 가장 포괄적인 기본소득 실험을 후원하는 등 인류의 이익을 위해 운영할 수 있는 비영리단체를 운영하며 영리적인 이해관계를 무시할 수 있다.

장기적 관점으로는 인류의 미래는 인류가 결정해야 하며, 진행 상황에 대한 정보를 대중과 공유하는 것이 중요하다고 믿기 때문에 AGI를 구축하려는 모든 노력을 면밀히 검토하고 주요 결정에 대해 대중과 협의해야 한다고 주장한다. 오픈AI가 바라보는 장기적 관점의 AGI 방향과 그 위험성에 대한 대책 필요성은 다음과 같다.

- AGI는 지능의 연속선상에 있는 한 지점에 불과할 것이다. 그 이후에도 지난 10년간 발전 속도를 장기간 유지할 수 있는 수준의 진전이 계속될 것으로 보인다. 이것이 사실이라면 세상은 지금과는 매우 달라질 것이며 그 위험성은 엄청날 수 있다. 잘못 조정된 초지능 AGI는 전 세계에 심각한 해를 끼칠 수 있고 독재 정권이 결정적인 초지능을 주도하는 경우에도 그렇게 될 수 있다.
- 과학을 가속화할 수 있는 AI는 생각해볼 가치가 있는 특별한 경우이며 어쩌면 다른 모든 것보다 더 영향력이 클 수도 있다. 자체적으로 발전을 가속화할 수 있는 능력을 갖춘 AGI는 놀라울 정도로 빠르게 큰 변화를 일으킬 수 있다.
- 우리는 이륙 속도를 늦추는 것이 안전하다고 생각하며, 중요한 시점에 속도를 늦추기 위한 AGI 노력 간의 조정이 중요할 것이다.[12]
- 초지능 세상으로의 성공적인 전환은 아마도 인류 역사상 가장 중요하고 희망적이면서도 두려운 프로젝트일 것이다. 우리는 인류가 상상할 수 없을 정도로 번영하는 세상을 그려볼 수 있다. 그러한 번영에 걸맞은 AGI가 세상에 기여할 수 있기를 바란다.

---

12 이륙 속도를 의미하는 하드 테이크오프와 소프트 테이크오프 두 가지 토의는 이 장 마지막에서 다시 다룬다.

샘 올트먼은 향후 4-5년 안에 AGI가 가능할 것이라고 말하고 있다. 올트먼은 2023년 11월 파이낸셜 타임스와 인터뷰에서 언어가 '정보를 압축하는 좋은 방법'임을 깨닫고 GPT-3로 이를 어느 정도 증명했다고 생각한다고 언급했다.[13] 이를 통해 지능을 개발할 수 있다고 믿었지만 구글 딥마인드 같은 회사는 이를 놓쳤다고 말했다.

그러나 궁극적으로 AGI를 개발하기 위해서는 언어 모델이 핵심적인 부분이 되겠지만 그 위에 다른 많은 요소가 추가되어야 한다는 것도 지적했다. 근본적인 도약이 더 필요하다는 점은 마치 아이작 뉴턴Isaac Newton이 수학 교과서를 더 많이 읽고 교수와 대화하고 문제를 오랫동안 연습하는 것만으로는 새로운 수학과 물리 법칙을 발견할 수 없다는 것과 마찬가지라는 것이다. 뉴턴이 단순히 기하학이나 대수학을 읽는 것만으로는 미적분을 발명하지 못했을 거라고 하면서, 인류를 위한 새로운 지식을 창출할 수 있는 아이디어가 무엇인지 그것이 가장 큰 과제라고 말했다.

샘 올트먼은 2024년 5월 스탠퍼드 대학교 이코너eCorner 인터뷰에서 AGI를 개발하는 데 500억 달러를 쓴다고 해도 신경 쓰지 않을 정도로 개발할 가치가 있다고 강조했다. 다시 말해 돈이 얼마가 들더라도 AGI를 개발하고야 말겠다는 의지를 강력히 피력했다.

오픈AI의 수석 과학자였던 일리야 수츠케버Ilya Sutskever[14]는 2023년 10월 샌프란시스코 TED AI 콘퍼런스에서 AGI 기준을 충족하려면 인간에게 가르칠 수 있는 모든 일을 할 수 있는 시스템을 구현해야 한다

---

13 Financial Times, "OpenAI chief seeks new Microsoft funds to build 'superintelligence'," Nov 13, 2023

14 일리야 수츠케버는 2024년 5월 14일 자로 오픈AI의 수석 과학자를 사임하고 회사를 떠났다.

고 다소 모호하지만 전통적인 정의를 이야기했다.[15] 2023년 2월 얼라인먼트 워크숍 개회사에서는 AGI와 초지능이 우리 생애 안에 실현 가능할 것이라고 말하면서 정확한 수치를 제시할 수는 없지만 매우 빠르게 진전되고 있으니 상상력에 제한을 두지 말자고 말했다.

샘 올트먼은 연구자가 아닌 사업가이기 때문에 그의 예측에 어떤 강한 근거가 있는 것은 아니지만 수츠케버 같은 연구자가 실현 가능성의 시간이 점점 빨라지고 있다고 말하는 것은 충분히 의미 있다고 본다. 그러나 수츠케버는 AI 결과물을 이해할 수 없을 때, AI가 매우 창의적이고 실제 세계에서 행동할 수 있을 때 AI를 이해하는 것이 간단하지 않을 것이라는 얼라인먼트 문제를 제기하며 거대한 영향력이 있는 기술에 대한 통제를 강조했다. 그럼에도 수츠케버는 우리가 결국 이 문제를 해결할 것이고, 그 결과가 모든 인간에게 행복을 안겨줄 수 있다는 긍정적인 견해를 갖고 있다.

3인의 딥마인드 창업자

구글은 2014년 스타트업 딥마인드를 약 5억 달러에 인수했다. 딥마인드는 처음부터 AGI 개발을 목표로 했던 회사로 데미스 허사비스, 셰인 레그, 무스타파 술레이만이 창업했다. 오픈AI가 시장에서 강력한 주도권을 가져가자, 구글은 그 대응으로 2023년 본사인 구글 브레인과 독립 법인으로 운영하던 딥마인드를 합병하고 이름을 구글 딥마인드로 변경했다.

구글이 딥마인드를 인수할 당시 합의한 사항 중 하나는 광범위한 인

---

15 이 내용은 유튜브에 한글 자막과 함께 제공되고 있어 보기를 권한다. 영상 제목은 'The Exciting, Perilous Journey Toward AGI'이다.

지 작업에 걸쳐 작동할 수 있고 기본적으로 인간이 가진 모든 인지 능력을 갖춘 AGI에 대한 연구를 추진하겠다는 것이었다. 2023년 9월 영국 가디언지와 인터뷰에서 딥마인드 2010년 사업계획서 첫 페이지에는 '모든 사람의 이익을 위해 안전하고 윤리적인 방법으로 AGI를 개발한다'라는 미션이 있었다고 밝혔다.[16] 구글 브레인과 합병한 구글 딥마인드의 현재 미션은 '인류를 위한 책임감 있는 AI 구축'이며, 비전을 언급한 문서에는 앞으로 몇 년 안에 AI 그리고 궁극적으로 AGI는 역사상 가장 큰 변화를 주도할 잠재력을 갖고 있다고 명시하고 있다.

딥마인드 창업자 3명 중 데미스 허사비스Demis Hassabis와 셰인 레그는 아직 구글 딥마인드에서 일하지만, 무스타파 술레이만은 링크드인LinkedIn 창업자인 리드 호프먼Reid Hoffman과 함께 인플렉션Inflection이라는 스타트업을 세웠다가 최근 마이크로소프트의 AI 조직 CEO로 자리를 옮겼다. 이 세 사람이 AGI에 대해 갖고 있는 견해를 한번 살펴보자. 허사비스는 학부에서는 컴퓨터 과학, 박사는 인지 뇌과학 분야를 전공했고, 셰인 레그는 통계와 이론 컴퓨터 과학을 학부에서 공부하고 기계 초지능으로 박사 학위를 받았다. 이에 비해 무스타파 술레이만은 맨스필드 칼리지를 중퇴한 후 무슬림 권리 문제를 포함한 사회 인권 운동을 했던 사람이었고 딥마인드 시절 최고 제품 책임자였기 때문에 AGI에 대한 이해나 개념 차이가 존재한다는 것을 알아야 한다. 셋 중에 AGI에 가장 큰 관심을 갖고 있는 사람은 셰인 레그라고 본다.

---

16 The Guardian, "'I hope I'm wrong': the co-founder of DeepMind on how AI threatens to reshape life as we know it," Sep 2, 2023

데미스 허사비스

2023년에 허사비스는 다양한 매체와 활발하게 인터뷰했다. 5월 월스트리트저널과의 인터뷰에서 어쩌면 10년 안에 AGI가 실현될 수 있다고 말했다.[17] 7월 IT 매체 더 버지The Verge와의 인터뷰에서도 마찬가지로 10년 내에 AGI 또는 AGI와 유사한 기술이 등장할 수 있다고 예측했다. 그러나 AGI에 도달하기 위해 얼마나 더 많은 혁신이 필요한지, 단지 기존 솔루션을 확장하는 것이 아닌 더 큰 혁신, 즉 '혁신적인 혁신'이 필요한지는 아직 알 수 없다고 말하면서 연구에는 늘 불확실성이 존재하기 때문에 타임라인은 확실하게 예측할 수 없다고 했다.

지금 트렌드와 진행 중인 아이디어, 프로젝트의 수준을 살펴보면 현재 기술과 확장성으로는 한계에 부딪칠 수 있다고도 말한다. 이는 새로운 혁신이 필요하다는 신호이기도 하지만 현재 우리가 어느 정도에 있는지 모르기 때문에 두 가지 접근을 모두 해야 한다고 주장한다. 즉, 기존 시스템 확장과 아이디어는 물론 현재 AI의 약점을 해결할 수 있는 탐색적 연구 방향에 더 많이 투자해야 한다는 것이다.

모든 첨단 수준에 있는 연구자들은 같은 입장일 것이다. 기존 시스템의 확장과 강화 정도로 AGI를 구현할 수 있을 것인가 아니면 새로운 놀라운 혁신이 필요할 것인가를 누구도 장담하지 못한다. 그런 면에서 허사비스는 가능한 두 가지를 모두 추구하고 밀어붙여야 한다고 말한다. 그러나 이는 자원이 풍부한 구글 딥마인드 같은 곳에서나 가능한 일이다.

---

17 THE WALL STREET JOURNAL, "Google DeepMind CEO says Some Form of AGI Possible in a Few Years," May 2, 2023

셰인 레그

셰인 레그는 뉴질랜드 출신으로 벤 괴르첼과 함께 AGI라는 용어를 일반인에게 널리 알린 사람이다. 2009년 런던 대학교에 박사후연구원으로 가서 데미스 허사비스를 만나 2010년 딥마인드를 공동 창업하기 전에 마르쿠스 후터Marcus Hutter 교수 지도로 2008년에 마친 박사 학위 논문이 「기계 초지능」이었다.[18] 초지능 기계에 대한 이론 모델을 만들고자 한 연구 이후 딥마인드에서도 AGI에 가장 적극적인 사람이고 지금도 수석 AGI 과학자라는 타이틀을 갖고 있다.

셰인 레그는 AGI를 "사람이 일반적으로 할 수 있는 종류의 인지적 작업을 수행할 수 있는 인공 에이전트"라고 말한다.[19] 레그는 AGI를 정의하기 위한 보다 상세한 프레임워크와 이를 달성했는지 측정하는 방법을 수립하려는 연구를 공동으로 수행했다. 이들은 자율주행차와 비슷하게 5단계의 AGI 프레임워크를 제안했다(1.7절 참고).

그는 2028년까지 AGI가 출현할 가능성을 50% 정도로 본다.[20] 이미 2011년 12월 31일 자신의 블로그에서 2028년에 구현 가능성을 유지한다고 하면서 다음과 같은 글을 남겼다.[21]

---

18 그가 박사 학위를 한 곳이 달레 몰레 AI 연구소(IDSIA)인데, 이 연구소는 이탈리아 스비체라 대학교와 스위스 남부 응용과학과 예술 대학교인 SUSPI이다. 이곳에서 지도 교수와 2006년에 작성한 「지능의 정의에 대한 모음」이라는 흥미로운 논문을 썼다. 이 논문에서는 심리학과 AI 분야에 걸쳐 70여 개가 넘는 지능의 정의를 정리했다.

19 Bloomberg, "AI Companies Are Obsessed with AGI. No One Can Agree What Exactly It Is," Jan 26, 2024

20 Futurism, "Google AI Chief Says There's a 50% Chance We'll Hit AGI in Just 5 Years," Oct 30, 2023

21 Vetta project, "Goodbye 2011, hello 2012," Dec 31, 2011

"또한 이 예측에 향후 8년 이내에 인상적인 초기 AGI를 볼 수 있을 것으로 예상한다는 점을 추가하고 싶습니다. 이는 기본적인 시각과 소리를 처리하고 기본적인 움직임 제어, 기본적인 언어 능력을 갖춘 시스템을 의미하며 이 모든 것은 사전 프로그래밍이 아닌 학습을 통해 이루어집니다. 또한 새로운 문제를 포함한 다양한 단순 문제를 해결할 수 있게 될 것입니다."

셰인 레그는 2023년 12월 4일 SNS 엑스X에 올린 글에서도 "많은 AGI 회의론자들이 다음 세기에는 초지능이 오지 않을 것이라고 말했던 게 엊그제 같은데(실제로는 5년 전인 것 같습니다) 시대가 참 많이 변했네요"라고 하면서 많은 사람이 이제는 AGI를 넘어선 초지능의 가능성에 대해 언급하는 점에 대해 양가적 감정을 드러냈다.

2024년 3월 SXSW 행사에 참석해서는 AGI가 곧 파운데이션 모델에서 실현될 수 있지만 실제로 배포되고 사용할 수 있을 때까지는 더 많은 요소가 필요해 수십 년이 걸릴 것이라고 말했다. 기업이 이를 채택하기 위해서는 우선 비용을 크게 내려야 하고 로봇 공학의 깊이도 더해져야 한다는 점도 지적했다. 레그는 사람들과 대화에서 AGI를 "사람들이 할 수 있는 인지적인 일을 할 수 있는 시스템 그리고 그 이상을 할 수 있는 시스템"이라고 다시 정의하고 2028년까지 50%의 확률로 구현 가능하다는 종전의 입장을 고수했다.

그는 심리학에서 말하는 시스템1과 시스템2를 통해 현재 AI의 수준을 이야기하기도 한다. 심리학자 키스 스타노비치Keith Stanovich와 리처드 웨스트Richard West가 2000년에 발표한 논문으로 인간의 사고에는 시스템1이라고 부르는 자동적이고 처리가 빠른 생각과 시스템2라는 의식적이고 처리가 느린 생각이 있다는 이중과정이론 또는 이중시스템이론을 말한다. 노벨 경제학상을 받은 행동경제학자 대니얼 카너먼Daniel Kahneman이 2011년에 썼던 『생각에 관한 생각』이라는 책을 통해 이 이론은 일반에게 널리 퍼졌다. 레그의 주장은 현재 파운데이션 모델은 아직 시스템1에 머물러 있으며 계획을 세우고 이를 통해 추론하고, 선택한 경로를 비판하고, 결과를 관찰하고, 필요한 경우 또 다른 계획을 세울 수 있는 시스템2로 발전해야 한다는 것이다.

레그는 얼마 전까지 AGI 구현이 먼 미래의 일이라고 생각해서 대부분 AGI 안전에 대한 연구를 소홀히 해왔는데, 이제 사람들도 안전의 연구가 필요하다는 것을 인정한다고 말한다. 그럼에도 그는 "AGI가 인류 사회에 주는 영향에 대해 매우 긍정적이다. 지금 사회가 인간의 지능을 통해 발전했다면 앞으로 여기에 기계 지능을 더한다면 엄청나게 깊은 변화가 일어날 것이다"라고 말한다. AI 안전에 대해서는 그동안 AI 위험성은 알고리듬의 편향성이나 해로운 결과 같은 즉각적인 위험과 가드레일을 우회해 발생할 수 있는 초지능의 발동과 같은 장기적인 위험이 있었는데, 이제 파운데이션 모델의 발전으로 이 두 가지 사이의 경계가 모호해지고 있다고 말한다.

무스타파 술레이만

딥마인드 창업자 중 한 명인 무스타파 술레이만은 그의 저서 『더 커밍 웨이브』에서 AGI와 함께 ACI라는 개념도 소개한다.[22] 그에 따르면 AGI는 인간의 모든 인지적 능력이 가장 똑똑한 인간보다 더 뛰어난

---

22 무스타파 술레이만, "더 커밍 웨이즈," 한즈미디어, 2024. 1. 11

수준을 실행하는 AI를 의미한다. 이와 다르게 ACI는 인공적이며 유능한 지능을 의미한다. 이는 현재의 AI와 AGI 사이에서 빠르게 접근하는 지점을 의미하는데, 넓은 범위의 복잡한 과업을 성취할 수 있지만 충분히 일반적인 수준에는 아직 먼 수준의 AI를 말한다. 그는 책에서 광범위한 영역에서 보여주는 인간 수준의 과업을 처리하는 인공지능이 3년 안에 가능할 것이라고 주장한다.

데미스 허사비스, 셰인 레그와 함께 그가 딥마인드를 설립한 것이 2010년이었고 그때부터 공감과 창의성을 포함한 모든 영역에서 인간의 인지 능력을 넘어서는 시스템을 만들고자 했던 그들의 꿈이 이제 실현될 수 있다고 생각한다. 사실 이런 꿈은 가능할 뿐만 아니라 피할 수 없는 것이다.

앤스로픽의 다리오 아모데이

앤스로픽Anthropic은 최근 클로드3가 GPT-4를 일부 넘어서는 능력을 벤치마크를 통해서 확인했다고 발표했다. 클로드3은 깊이 있고 차분한 대화, 때로는 어느 정도 의식이 있는 것 아닌가 하고 오해할 정도로 상호작용이 뛰어나다는 점에서 최근 많은 관심을 받고 있다.

다리오 아모데이Dario Amodei는 물리학자 출신답게 AI가 점점 규모가 커지는 과정에서 능력이 뛰어나지는 근본적인 이유를 아직은 알 수 없다고 말한다. 드와르케시 파텔Dwarkesh Patel과 나눈 팟캐스트에서 그의 생각을 여러 측면에서 밝혔는데 어떤 특정 능력을 예측하기가 사실 어렵다는 점을 지적한다.[23] 예를 들어 많은 자릿수의 덧셈을 못하다가

23 Dwarkesh Podcast, "Dario Amodei – Scaling, Alignment, and AI Progress," Aug 8, 2023

잘하게 되는 이유도 잘 알 수 없다는 식이다.

그럼에도 그는 소위 모델 규모가 커질수록 능력도 좋아지는 스케일링 법칙이 멈출 가능성은 거의 없다고 생각한다. 만일 그렇게 된다면 그 이유는 데이터의 부족이나 아키텍처 문제일 수 있다고 가정한다. 새로운 방안을 고민해야 한다면 다른 방식의 강화학습을 생각해야 하는데 이런 것에는 면역적 피드백에 의한 강화학습, 목표에 반하는 강화학습, 헌법적 AI 같은 것이 있을 수 있지만 이는 일종의 얼라인먼트 방법이자 모델을 학습하는 방법이라는 것이다. 오픈AI가 최근에 발표한 o1이 CoTChain of Thought(생각의 사슬) 방식을 이용한 강화학습을 이용했다는 것을 생각하면 강화학습을 통한 새로운 접근이 가능함을 알 수 있다. 아모데이가 말한 헌법적 AI는 앤스로픽이 활용하는 대표적인 얼라인먼트 방법이기도 하다.

다리오 아모데이는 AGI라는 말은 별로 좋아하지 않지만 LLM의 한계를 아직 발견하기 어렵다는 견해를 보였다. 그는 지금 LLM 한계를 지적하는 사람들에게 회의적이며 향후 3-4년 동안은 계속 확장되고 2024년에는 4조 개의 파라미터를 가진 거대 모델을 볼 수 있을 것이라 예측했다. 아모데이는 AI가 평균적인 인간이 하는 일을 할 수 있는 경제적 생산성의 한계점에 도달하는 것을 포함해 다양한 임계점에 언제 도달할 것인가에 대한 답은 모두 다르겠지만, 몇 년 안에 도달할 수 있을 것이라는 긍정적 견해를 갖고 있다.

그는 AI 시스템의 생산성이 높아지면 처음에는 인간의 생산성과 동등한 수준에 도달하고, 이후에는 인간의 생산성을 앞지르며, 궁극적으로는 과학적 진보에 있어 의미 있는 수준에서 주요 기여자가 될 것이라고 생각한다. 2-3년 안에는 일반적인 교육을 받은 사람이 모델과

한 시간 정도 이야기를 나눌 수 있는 수준에 도달할 것이라고 예측한다. 그러나 물류나 경제적인 확장 능력 같은 경제의 작동 방식을 심각하게 변화시키는 임계값은 아직 어렵다고 말한다.

다시 말해 채팅봇이 고객 서비스나 회사의 일부 기능에서 역할을 할 수 있지만, 실제로 이를 어떻게 배치하고 작동하게 할 것인지와 같이 회사 내에서 인간적 의미로 운영하는 방식, 경제적 마찰을 극복하거나 워크플로의 구체적인 정의, 실제 상호작용 등의 문제는 모델에 잘 포착되지 않는 것이 현실이고 이에 대한 정확한 예측에는 여전히 회의적이라는 입장이다.

물리학자답게 섣불리 AGI를 논하지는 않으면서 LLM 같은 모델의 과학적 해석이 아직 더 필요하며 실제 세계에 대한 인식과 상호작용이 필요하다고 말한다. 오히려 여러 인터뷰에서 이런 수준의 AI가 제어 없이 발전하면 향후 2-3년 안에 과학, 공학, 생물학적으로 매우 위험한 일을 할 수 있기 때문에 적절한 보호 장치와 완화책이 필요함을 더 강조한다.

마크 저커버그의 새로운 목표

메타Meta의 마크 저커버그 역시 AGI 경쟁에 뛰어들었다. AGI가 언제 구현될 수 있는지에 대한 명확한 타임라인을 제시하지는 않았지만 인터뷰에서 다음과 같이 말했다.[24]

24 The Verge, "Mark Zuckerberg's new goal is creating artificial general intelligence," Jan 19, 2024

"우리가 만들고자 하는 제품을 만들기 위해서는 일반지능을 위한 제품을 만들어야 한다는 견해를 갖게 되었습니다."

저커버그는 이를 위한 인재 확보 전쟁도 중요하지만 AI 영역에서 가장 희귀한 자원은 컴퓨팅 파워이며 이를 위해 2024년 말까지 엔비디아의 H100 GPU 34만 대 이상을 확보할 계획이라고 밝혔다. 메타가 2023년에 보유한 H100은 15만 대로 알려졌는데 이는 마이크로소프트와 유사한 수준이고 다른 회사의 3배에 달하는 수준이다. A100과 다른 AI 칩을 포함하면 2024년까지 메타가 보유할 GPU는 60만 대에 달한다고 밝혔다.

AGI에 대해서 그는 이렇게 말한다.

"저는 AGI를 한 문장으로 간결하게 정의할 수 없습니다. 일반지능이 인간 수준의 지능과 비슷할지 또는 인간 플러스와 비슷할지 아니면 먼 미래의 슈퍼 지능인지에 대해 의문이 생길 수 있습니다. 하지만 저에게 중요한 부분은 실제로 그 폭이 넓다는 것입니다. 중요한 것은 지능이 추론할 수 있고 직관력을 갖는 것처럼 다양한 능력을 모두 갖추고 있다는 폭넓은 의미입니다."

그 역시 메타 AI 리더 얀 르쿤 교수와 마찬가지로 AGI의 구현이 어느 한순간에 오는 것이 아니라 점진적으로 이루어질 것이며 어떤 특정 임계점이 올 것임을 확신할 수 없다고 말한다. 저커버그가 AGI에 폭넓게 집중하게 된 것은 2023년에 공개한 라마2의 영향이 컸다고 한다. 라마2는 업계를 선도하는 모델은 아니었지만 최고의 오픈소스 모델이었고 현재 나와 있는 라마3는 최첨단 기술이자 궁극적으로 업계를 선도하는 모델이 될 것임을 강조하고 있다.

AGI를 결국 누가 제어할 것인가 하는 것은 매우 민감한 이슈다. 저커버그는 이 입장에서 오픈소스로 접근하는 것이 맞다는 생각을 갖고 있다.

> "더 개방적으로 만들면 기회와 가치에 대한 불평등한 접근으로 인해 발생할 수 있는 많은 종류의 문제를 해결할 수 있습니다. 이것이 바로 오픈소스 비전의 큰 의미입니다."

그는 과거에 모든 작업을 공개하고 오픈소스화하던 기업들이 이제는 진짜 가치 있는 일이 될 것이기 때문에 공개하지 않겠다는 태도로 바뀐 것을 비판한다. 반면 샘 올트먼 같은 이들은 AI에 대한 보다 폐쇄적인 방법이 더 안전할 것이라고 주장하면서 더 현명한 비즈니스 방식이 필요하며 지금까지는 배포된 모델이 어떠한 치명적인 피해도 입히지 않았음을 강조한다.

그러나 메타에서 AGI가 구현되었을 때 과연 이를 오픈소스로 공개할 것인가에 대해 저커버그가 아직 결정한 것은 없다. 그는 이치에 맞고 안전하고 책임감 있는 일이라면 오픈소스로 공개하겠다고 하면서도, 자신의 말에 얽매이지는 않겠다는 점을 슬쩍 내비치고 있다.

지금까지 AGI가 5년에서 10년 이내에 가능할 것이라는 주요 연구자와 기업가 의견을 살펴봤다. AGI에 대해 명확한 정의와 기준을 제시하고 있는 사람은 없다. 그건 사실 지능이란 무엇이고 지능의 수준을 우리가 어떻게 정의할 것인가에 대해 아직 학술적으로 명확한 정의를 하고 있지 않기 때문일 수 있다. 인간의 지능을 넘어서는 AI라는 것은 인간의 지능을 기준으로 해야 하는데 그에 대해 모두가 인정하는 표준이나 기준이 아직 없기 때문이다. 여전히 다양한 벤치마크 데이터를 통해 AI 성능을 평가하고 있으며 일반지능이라는 성능 평가는 갖고 있지 않다.

대부분 AGI 구현에 긍정적 견해를 갖고 있는 사람은 어느 순간에는 우리 인간이 갖고 있는 평균적인 수준의 합리적 의사결정이나 문제해결 능력을 갖춘 AI가 출현할 것이라는 의견이고, 지금 개발하는 속도를 봤을 때 그 출현 시점은 과거 생각보다 빠를 것임을 강조한다. 또한 그런 수준의 AI를 개발하겠다는 강렬한 야망을 갖고 있고 이를 자신이 실현하겠다는 의지를 표현하는 면도 있다고 생각한다. 오픈AI나 딥마인드는 그 목표로 세운 회사이고 이런 회사에 참여한 핵심 과학자와 기술자는 AGI라는 목표를 나름대로 설정해 최선을 다하고 있는 것이다. 다리오 아모데이가 이끄는 앤스로픽이 더 신중한 이유는 이 회사는 AGI보다 안전하고 인류에게 혜택을 줄 수 있는 첨단 AI 개발에 더 관심이 많으며 2장에서 논할 효과적 이타주의를 지지하는 사람들이 모였기 때문이다.

이에 비해 샘 올트먼은 AGI를 회사의 성장과 시장에서의 위상 정립을 위해 활용한다고 생각할 수 있다. 메타 역시 AI를 사업적 측면으로 활용하며, 최근 선보인 오라이온 스마트 글래스를 통해 저커버그가 여전히 메타버스에 대한 의지를 꺾지 않았다는 것을 보여주었다. 또한 오픈소스를 통해 AI 생태계를 이끌고자 하는 뜻을 보여주며 AI를 메타버스 완성을 위한 핵심 기술로 바라본다는 인상을 준다.

독자 여러분은 샘 올트먼이나 사티아 나델라, 순다르 피차이, 마크 저커버그 같은 사업가의 말보다는 수츠케버, 허사비스, 레그와 같이 직접 연구하는 AI 과학자가 말하는 AGI에 보다 더 관심을 갖고 그 발전을 지켜보기 바라며, 학교에 있는 제프리 힌턴, 요슈아 벤지오, 얀 르쿤의 판단과 평가를 늘 확인하기 바란다. 적어도 AGI에 대해서는 여전히 연구자들의 견해와 평가에 귀를 기울여야 한다.

1.4 AGI는 당분간 달성하기 어려울 것이라는 사람들

AGI가 가까운 미래에 나타날 것이라고 생각하는 매우 긍정적인 사람만큼 AGI는 당분간 불가능할 것이고 이런 논의 자체가 무의미하다고 말하는 사람도 많다. 매우 자극적이고 인기를 끌 수 있는 논의 주제이기는 하지만 과학적으로 근거가 너무 미약하고 아직은 공상의 수준일 뿐이라는 것이다. 일부 학자들 중에는 아예 논의를 하지 않겠다는 사람도 있다.

이런 부정론을 이야기하는 사람들의 공통 특징은 언어 모델로 대표되는 현재 방식이 인간 지능의 특성을 표현하는 데 가장 필요한 '세계 모델'을 갖고 있지 않다고 주장한다는 점이다. 즉, LLM 같은 모델은 과거 우리가 지식을 표현하는 과정에서 사용했던 단어 간의 관계를 중심으로 학습되어 있어 우리 질문에 그럴 듯한 대답을 형성하지만 그 기억 안에 어떤 개념이나 의미를 표현하는 방식이 결여되어 있다는 점을 지적한다.

대표적인 학자가 뉴욕 대학교 게리 마커스Gary Marcus 교수이며, 처음 챗GPT가 나왔을 때 "확률적 앵무새"라고 비판했던 워싱턴 대학교 에밀리 벤더Emily Bender 교수나, "어떠한 지능도 갖추지 못한 가짜 과학"이라고 혹평한 노엄 촘스키Noam Chomsky 교수, "웹의 흐릿한 JPEG 복사본"이라고 비판한 테드 창Ted Chiang 같은 작가가 이런 그룹에 속한 사람이라고 볼 수 있다.

유명한 과학 저널리스트이며 이론 물리학자인 션 캐럴Sean Carroll도 한 강연에서 받은 질문에 대한 대답으로 "현재의 AI는 기억 안에 어떤 중력이나 공간을 표현하는 개념이나 기호도 없다. GPT-4를 써보니 과학과 철학에 대한 내 질문에 일반적인 대답을 잘하는 것은 그렇게 학습했기 때문이다. 물론 앞으로 더 좋아질 수 있지만 근본적으로 이는 내삽interpolation이지 외삽extrapolation이 아니다"라며 기존 데이터를 통해 결과를 예측할 수는 있어도 대부분 데이터와 동떨어진 점에서 결과를 예측하는 능력은 부족함을 지적했다.

AGI에 비판적인 또 다른 학자와 연구자들이 언급하는 문제점 중 하나는 지능에 그런 '일반지능'이란 없다는 점이다. 인간의 지능은 매우 여러 측면을 갖고 있고 모든 문제를 잘 처리하는 지능이란 존재하지 않는다는 입장이다. 물론 이들도 어떤 특정한 업무에서 AI가 인간을 넘어선다는 것은 인정한다. 하지만 다양한 지능의 모든 특성을 갖춘다는 것은 그렇게 쉽게 말할 수 있는 일이 아니라는 것이다.

이런 주장을 인지과학, 언어학자, 작가 등 AI를 전공하지 않은 사람만 하는 것은 아니다. 가장 유명한 딥러닝 개척자 중 한 명인 얀 르쿤도 같은 주장을 한다.

얀 르쿤의 비판

딥러닝 최고 과학자 3인 중 한 명으로 인정받아 2019년에 힌턴, 벤지오 교수와 함께 튜링상을 수상한 메타의 AI 연구 리더이자 뉴욕 대학교 교수인 얀 르쿤은 AGI의 가능성에 대해 긍정적인 제프리 힌턴이나 일리야 수츠케버, 데미스 허사비스, 셰인 레그 등과 매우 다른 입장을 견지하고 있다. 일단 얀 르쿤 교수는 AGI 같은 것은 없다는 입장이다. 왜냐하면 인간의 지능에 '일반성'이라는 것은 없기 때문이라는 것이다. 그가 주장하는 최고 수준의 AI는 인간 수준 AI(Human-Level AI)이다. (초)인간 수준 AI에 대해 엑스에 지속적으로 글을 올리는 그는

2023년 11월에 올린 트윗에서 이런 목표를 달성할 수 있다고 믿는 업계 연구소가 적어도 하나 이상 있다고 말하면서, (초)인간 수준 AI는 달성할 수 있으며 더 많은 컴퓨팅과 더 많은 데이터의 문제가 아니라 과학적 연구 문제라고 주장했다. 이는 곧 실현될 것은 아니고 좀 더 시간이 걸릴 거라는 전망이다.

특히 그는 이런 수준의 AI가 실존적 위험을 초래하지 않을 것이며 누구도 좋은 아이디어를 독점할 수 없기 때문에 전체 연구 커뮤니티의 기여가 필요하고 따라서 오픈소스 플랫폼과 개방형 연구로 이루어져야 함을 강조한다. 나아가 이는 인간의 조건을 더 좋게 만들 것이라는 긍정적 견해를 밝혔다. 그의 이런 입장은 메타 AI 연구 리더로서 메타가 추구하는 오픈소스, 개방형 연구 전략과 궤를 같이하는 발언으로 볼 수 있다.

얀 르쿤 교수는 AI가 이루어야 하는 네 가지 도전적인 인지 과제를 제시하는데 이는 추론, 계획, 지속적인 기억, 물리적 세계 이해다. 이 네 가지는 인간 지능이나 동물 지능의 필수적인 특징이지만 현재 AI 시스템이 할 수 없는 일이라며 이런 기능이 없으면 AI는 여전히 제한적이고 오류가 발생하기 쉽다고 말한다.[25]

얀 르쿤 교수의 주장에 따르면 우리는 세상과의 상호작용을 통해 훨씬 더 많은 정보를 소비하는데, 예를 들어 일반적인 4세 어린이는 세계 최대 규모의 LLM보다 50배 더 많은 데이터를 본 것으로 추정할 수 있다고 하면서 인간 지식 대부분은 실제로 언어가 아니어서 본질적인 아키텍처를 바꾸지 않는 한 이런 시스템은 결코 인간 수준의 지능에

---

25 얀 르쿤이 말한 이 내용은 렉스 프리드먼 팟캐스트 인터뷰에서 명확히 한다. 인터뷰에서 그는 왜 LLM이 진정한 지능을 구현하는 데 한계가 있는지를 강력하게 주장한다. 유튜브에는 한글 자막이 달린 버전이 있다.

도달할 수 없다는 것이다.

그는 현재 AI 시스템의 성능이 대부분 인간과 비슷한 수준에 수렴하고 있다는 페드로 도밍고스의 트윗을 인용하면서 20만 년 분량의 독서 자료로 학습한 AI는 여전히 멍청하며 AI 시스템이 검색, 계획, 추론 능력이 없는 한 그 성능은 인간 수준 이하 또는 그 근처에서 포화 상태를 이룰 것이라고 주장했다. 더군다나 그 수준에 도달하는 데 필요한 학습 횟수도 인간이 필요로 하는 학습 횟수보다 훨씬 더 많다는 문제를 지적했다.

2023년 12월 메타의 기초 AI 연구팀 창립 10주년을 기념하는 미디어 행사에서는 "현재의 AI 시스템이 단순히 산더미 같은 텍스트를 창의적인 방식으로 요약하는 것 이상의 능력을 발휘할 수 있는, 상식을 갖춘 지능에 도달하기까지는 수십 년이 남았다"라고 언급했다.[26] 그는 언어 모델과 텍스트 데이터에 집중하는 것만으로는 우리가 수십 년 동안 꿈꿔왔던 인간과 같은 수준의 AI 시스템을 만드는 데 부족하다고 강조했다.

2024년 2월 미국 타임지가 인공지능 분야에 기여한 공로로 얀 르쿤에게 '타임100 임팩트 어워드'를 수여했다. 이 자리에서 르쿤은 AGI에 대한 비판적 견해를 다시 한번 밝혔다.[27]

"인간의 지능은 전혀 일반적이지 않기 때문에 저는 그것을 AGI라고 부르고 싶지 않습니다. 지적인 존재는 물리적 세계를 이해하고, 목표

---

26 CNBC, "Meta's AI chief doesn't think AI super intelligence is coming anytime soon, and is skeptical on quantum computing," Dec 3, 2023

27 Time, "Meta's AI Chief Yann LeCun on AGI, Open-Source, and AI Risk," Feb 13, 2024

를 달성하기 위해 일련의 행동을 계획하고, 오랜 시간이 걸리는 방식으로 추론하는 등 오늘날 AI 시스템에는 없는 특징이 있습니다. 동물인 인간에게는 작업 기억으로 사용하는 뇌의 특별한 부분이 있습니다. LLM에는 그런 부분이 없습니다.

아기는 생후 첫 몇 달 동안 세상이 어떻게 돌아가는지 배웁니다. 우리는 AI로 이를 어떻게 할 수 있을지 모릅니다. 세상이 돌아가는 것을 보면서 '세계 모델'을 학습하고, 이를 계획 능력과 단기 기억 시스템과 결합하는 기술을 갖추면 일반지능이 아니라 고양이 수준의 지능으로 향하는 길을 열 수 있을 것입니다. 인간 수준에 도달하기 전에 우리는 더 단순한 형태의 지능을 거쳐야 할 것입니다. 그리고 우리는 아직 멀었습니다."

2024년 3월 하버드 대학교 수리과학 및 응용센터 강연에서는 현재의 자동 회귀 LLM의 문제점과 한계를 넘어서고자 하는 그의 연구 방향을 소개했다. 목표 중심 AI라고 부르는 그의 연구 방향은 '학습, 기억, 추론, 계획이 가능한 AI 시스템'이며 기계가 인간과 동물처럼 효율적으로 학습하려면 어떻게 해야 할지, 기계가 세상이 어떻게 작동하는지 배우고 상식을 습득할 수 있을지 또한 어떻게 추론하고 계획하는 법을 배울 수 있을지에 대한 답을 찾고자 하는 것이다.

르쿤이 제시하는 아키텍처는 모듈식 인지 아키텍처로 시스템이 행동의 결과를 예측하고 목표를 최적화할 수 있는 일련의 행동을 계획할 수 있게 해주는 예측적 세계 모델이다. 이러한 목표에는 시스템의 제어 가능성과 안전을 보장하는 가드레일을 포함한다. 세계 모델은 자기지도학습 방식으로 학습시킨 계층적 조인트 임베딩 예측 아키텍처

(H-JEPA)를 사용하며, H-JEPA는 최대한의 정보와 최대한의 예측 가능성을 동시에 갖춘 추상적인 지각 표현을 학습한다.

그가 발표한 내용을 보면 현재 머신러닝의 접근 방식 중 지도학습은 너무나 많은 레이블이 붙은 샘플이 필요하고, 강화학습은 엄청난 양의 시도가 필요하며, 자기지도학습이 좋긴 하지만 생성 예측은 텍스트 및 기타 개별 양식에서만 작동한다는 문제가 있다. 이에 반해 동물이나 인간은 새로운 과업을 아주 빨리 학습하며, 세상이 어떻게 동작하는지 이해하고, 계획에 대한 추론을 할 수 있다. 인간과 동물은 상식을 갖고 있고 행위는 목표에 따라 결정된다는 특성이 있다.

얀 르쿤은 지속적으로 지금의 LLM 같은 방식으로는 인간의 상식이나 목표 중심 행위를 모델링하는 데 한계가 있어 근본적으로 다른 접근 방식을 취해야 한다는 것이고 이를 통해 AGI로 가는 길을 찾을 수 있다고 한다. 다시 말해 우리가 AGI를 구현하지 못하는 것이 아니라 지금 방식은 AGI를 구현하는 데 커다란 한계가 있고 이를 극복하기 위한 연구가 이루어져야 한다는 것이 그의 기본 입장이다.

인지 심리학자 스티븐 핑커의 비판

유명 언어학자이며 인지 심리학자인 스티븐 핑커Steven Pinker는 인간 언어의 복잡성을 지적하면서 현재의 AI와 미래의 AGI의 간격이 크다는 것을 지적한다. 그럼에도 그는 기술 낙관주의자이고 기술 박애주의자라는 평가를 받는다.

그런 그가 2023년 12월 조 워커 팟캐스트를 통해 유명한 물리학자이며 철학자인 데이비드 도이치David Deutsch와 나눈 대담에서는 도이치의 낙관적 입장과는 상반된 견해를 보였다.[28] 도이치는 AGI가 단기간에 달성할 수 있는 자연스러운 다음 단계라고 했지만 핑커는 AGI가 가능한지, 더 나아가 그것이 바람직한지에 대해 의구심을 보였다. 도이치는 지각을 가진 기계가 인류에 위험보다는 도움이 될 것이라고 생각하는 반면, 핑커는 그런 AI가 초래할 실존적 위험을 더 우려했다.

핑커는 AI가 패턴을 모방할 수 있지만 진정한 이해가 부족하고 인간이 보이는 풍자와 미묘한 의사소통을 이해하는 것을 아직 해낼 수 없다는 입장이다. 핑커는 현재 AI가 특정 작업에서는 뛰어나지만 통합적 지식이 부족하다는 문제가 있고, AGI를 구현하기 위해서는 학제간 협업과 다양한 분야의 인사이트가 필요하다고 말한다. 인간의 지능이 수백만 년에 걸쳐 자연 선택에 의해 진화했는데 이런 진화를 모방하지 않고 AGI를 구축하는 것은 새의 깃털이나 간단한 공기역학을 연구하지 않고 우주선을 만들려는 것과 같다고 주장한다.

또한 사람마다 개인 고유의 사고 패턴과 추론 능력을 갖고 있기 때문에 다른 사람이 이를 모방하는 것은 불가능하며, 체스를 이길 수는 있지만 체스 천재의 사고를 모방하는 것은 그렇게 간단한 일이 아니라는 점을 지적한다. 특히 AI가 말하는 지능을 마술이나 기적, 상상의 세계에서 가정할 수 있는 모든 것을 구현하는 것으로 잘못 해석하고 있다는 것이다. 또한 지능을 AGI라는 하나의 시스템에 의존할 이유가 없다는 주장이다. 이는 챗GPT가 차를 운전할 정도로 발전하는 것이 아니라 운전은 다른 종류의 지식, 다른 종류의 추론, 다른 종류의 시간 척도가 필요하기 때문이라는 것이다.

---

28 Joe Walker Podcast, "David Deutch & Steven Pinker (First Ever Public Dialogue) – AGI, P(Doom), and The Enemies of Progress," Dec 20, 2023

그런 반면 AGI 능력을 충분히 테스트하지 않는 한 절대로 세계에 대한 지배권을 부여하지 않을 것이라고 주장한다. 하지만 문제는 우리가 AI 지능을 테스트한다고 해도 시스템이 테스터를 속이거나 시간이 지나면서 예측할 수 없는 방식으로 변경될 수 있어서 안전이 보장되는 것이 아니며, 과연 강력한 AI를 성공적으로 검증하고 문제점을 파악하는 것이 가능한지는 아직 확실하지 않다는 데 있다.

두 사람이 처음으로 공개 대담을 했을 때 양자 컴퓨팅의 원조 중 한 사람인 데이비드 도이치 박사는 "어떤 프로그램이 AGI의 기준을 통과했다면 그건 결국 보편 튜링 머신일 수밖에 없다"라고 말했다. 우리가 물리적 물체가 행할 수 있는 계산의 한계는 보편 튜링 머신이기 때문이다. 물론 그렇다고 AGI 연구자들이 보편 튜링 머신으로 AGI를 구현하지는 않을 것이지만 말이다.

지능은 명확히 정의하고 측정할 수 없다는 최예진 교수

워싱턴 대학교에서 상식의 중요성을 연구하는 최예진 교수는 AGI를 떠나 현재 언어 모델부터 비판하는 학자다. 그녀는 AGI 정의가 모호하지만 그렇다고 개념조차 버리자는 것은 아니라고 말한다. 애매모호한 개념은 과학 연구의 흥미로운 대상이며 실제로 언어라는 것도 모호한 개념이지만 우리는 언어를 과학적 대상으로 연구하고 있다고 말한다.

그녀는 인간의 지능은 명확히 정의하기 어려운 개념이라서 AI도 아직 제대로 정의하거나 측정하지 못하고 있다는 입장이다. 생성형 AI의 패러독스는 생성하는 것을 이해하지 못할 수 있으며 어려운 것이 쉽고 쉬운 것이 어려울 수 있다는 점으로 인간과 반대라는 것이다. 또 하나의 패러독스라고 할 수 있는 상식을 살펴보면, 상식은 실제로 그렇게 일반적이지 않으며 LLM은 마음 이론을 결여하고 있기 때문에 여러 기본적인 상식 과업을 제대로 해결하지 못한다는 문제가 있다. 이와 같이 AI는 믿을 수 없이 똑똑하면서 동시에 놀라울 정도로 멍청하다는 것이 하나의 역설이라는 것이 최 교수의 입장이다.

그럼에도 AGI 도래가 아직 불가능하다고 보기보다는 시간이 더 필요하다는 입장이다. 그녀는 3년 이내에 30%의 사람들에게 AGI로 충분하다고 인정받을 언어 전용 AI가 등장할 가능성이 30%는 되지만, 자율적이고 장기적인 상호작용을 갖춘 모델은 2050년을 기준으로 50% 정도일 것이라고 예상한다.

최 교수는 AGI로 가는 길은 여러 갈래가 있을 것이고 서로 다른 디지털 지능이 다른 경로를 따라 각각 다른 강점과 약점을 가지면서 명확한 우위를 점하지는 못할 것이라 예상한다. 지금의 모델은 규모에 기반하면서 데이터에 너무나 과도하게 의존하고 있어 어느 순간 한계에 도달할 것이기 때문에 이 접근 방식에 모든 역량을 집중하는 것을 피해야 한다고 주장한다.

패러다임 변화가 필요하다는 게리 마커스 교수

인지과학자이자 뉴욕 대학교의 교수인 게리 마커스는 AGI뿐만 아니라 지금의 AI 연구 방식이 결코 인간의 지능을 구현하지 못할 것이라는 견해를 끊임없이 주장하는 사람이다. 이 글을 쓰고 있는 시점에도 그는 엑스에 올린 글에서 다음과 같이 말하고 있다.

"생후 4개월 된 아기들은 인과관계에 대한 감각과 스스로의 주체성을 가지고 있습니다. 아이들은 능동적으로 세계 모델을 구축합니다. 4개월 동안 인터넷으로 훈련된 AI는 예측만 할 뿐입니다. 그 둘은 동일하지 않습니다."

또한 생성형 AI가 지적으로 근시안이며 지금 AI를 연구하는 사람들의 지적 다양성이 부족하다는 것이 AGI를 구현하는 데 큰 장애가 된다고 말한다. 마이크로소프트와 오픈AI가 AI 슈퍼컴퓨터를 개발하는 데 1천억 달러를 투입한다는 뉴스에는 그렇게 만든 LLM이 여전히 환각을 보이고 일상적으로 골치 아픈 오류를 범하면서도 환경 비용이 엄청나게 든다면 그게 올바른 방식일 것인가 하는 문제를 제기한다.

2022년 그는 '딥러닝이 벽에 부딪히다Deep Learning Is Hitting a Wall'는 도발적인 글을 노틸러스 사이트에 기고했고 이후 많은 놀라운 새로운 연구 결과가 나왔음에도 입장을 바꾸지 않았다. 근본적으로 마커스 교수의 입장은 지금의 방식은 인간 언어를 전혀 이해하지 못하며, 인간의 다양한 요청을 이해하고 실시간으로 안전하게 행동하는 일상적인 지능에 접근하지 못하고 있다는 것이다.

최근 사람들에게 깊은 인상을 준 오픈AI의 소라Sora도 결코 물리학의 기본을 이해하고 있지 못하고 있다고 지적한다. 세상이 작동하는 방식과 세상이 보이는 방식은 근본적으로 다르며, 여러 비디오에서 물리학적으로 전혀 말이 안 되는 사례가 드러나고 있음을 여러 장면을 들어 비판했다. 실제 물리학이 모델링된 것이 아니며 묘사된 실체는 물리 법칙의 제약을 받지 않고 단지 픽셀의 움직임만을 보여줄 뿐 원자 집합이 따라야 할 법칙을 따르지 않는다는 것이다.

마커스 교수는 AGI가 불가능하다고 하지는 않는다. 오히려 지난 40년 동안 처음으로 AI에 긍정적인 느낌이 든다고 하면서, 진짜로 AI를 통한 인간 지능의 구현을 위해서는 패러다임 전환이 필요하며 지금 LLM 방식으로는 AGI의 해답을 구할 수 없다고 한다. 그가 제안하는 방식은 뉴로심볼릭Neuro-Symbolic으로 과거의 심볼릭 AI 방식과 지금의 딥러닝 방식을 통합한 새로운 접근을 시도해야 한다는 것이다.

2019년 어니스트 데이비스Ernest Davis와 함께 쓴 『Rebooting AI』[29]에서 AGI에 상식, 인과적 추론 능력을 갖춘 심층 이해가 필요함을 강조하기 위해 다음과 같이 말했다.[30]

"요컨대, 상식, 궁극적으로는 일반지능을 달성하기 위한 우리의 비결은 이것입니다. 시간, 공간, 인과관계, 물리적 물체와 그 상호작용에 대한 기본 지식, 인간과 그 상호작용에 대한 기본 지식 등 인간 지식의 핵심 틀을 표현할 수 있는 시스템을 개발하는 것부터 시작하세요. 추상화, 구성성, 개인 추적이라는 핵심 원칙을 항상 염두에 두고 모든 종류의 지식으로 자유롭게 확장할 수 있는 아키텍처에 이를 포함하세요.

복잡하고 불확실하며 불완전한 지식을 다룰 수 있고 하향식과 상향식 모두에서 자유롭게 작동할 수 있는 강력한 추론 기술을 개발하세요. 이를 지각, 조작, 언어와 연결하세요. 이를 통해 세상에 대한 풍부한 인지 모델을 구축하세요. 마지막으로 중요한 것은 인공지능이

29 『2029 기계가 멈추는 날』(비즈니스북스, 2021)

30 게리 마커스는 이 내용을 그의 블로그에서 제프리 힌턴 교수를 비판하면서 다시 한번 소개했다. Marcus on AI, "Deconstructing Geoffrey Hinton's weakest argument," Feb 5, 2024

가진 모든 지식과 인지 능력을 사용하고, 학습한 내용을 사전 지식에 통합하며, 어린아이처럼 세상과의 상호작용, 사람과의 상호작용, 독서, 동영상 시청, 심지어 명시적으로 가르침을 받는 등 가능한 모든 정보원으로부터 탐욕스럽게 학습하는 일종의 인간형 학습 시스템을 구축하는 것입니다.

이 모든 것을 종합하면 깊은 이해에 도달할 수 있습니다. 어려운 일이지만 반드시 해야만 하는 일입니다."

마커스는 같은 뉴욕 대학교에 있는 얀 르쿤과 끊임없이 논쟁을 벌였으나 이제 얀 르쿤도 자신과 같은 입장으로 돌아섰음을 강조하고 있다. 최근 제프리 힌턴이 "LLM이 자기가 말하는 것을 아마도 이해하고 있다"라고 한 말에 얀 르쿤이 "LLM은 명확히 자기가 읽고 생성하는 것을 어느 정도 이해는 하고 있다고 본다. 그러나 그 이해는 매우 제한적이고 피상적이다. 그렇지 않다면 LLM이 그렇게 많이 혼동을 하거나 상식에 반하는 실수를 저지르지 않을 것"이라고 반론한 적이 있다. 게리 마커스는 얀 르쿤이 정확히 자기가 수년 동안 주장한 것과 동일한 주장을 하고 있다고 하면서도 오히려 제프리 힌턴이 감각을 잃었다고 비판했다.

2022년 마커스는 다시 블로그에서 다음과 같이 여러 분야의 연구자들이 협력을 통해서 AGI 문제에 접근해야 한다고 주장한다.

"수학과 컴퓨터 과학뿐만 아니라 언어학, 심리학, 인류학, 신경과학과 같은 분야의 지식이 필요하고 윤리와 계산에 대한 모든 과제를 해결해야 하므로 AI를 키우려면 온 마을이 필요할 것입니다. 인간의 뇌는 아마도 알려진 우주에서 가장 복잡한 시스템이라는 사실을 잊지 말아야 하며, 이에 필적하는 무언가를 만들려면 열린 마음으로 협력하는 것이 핵심이 될 것입니다."

게리 마커스는 미 상원 청문회에 샘 올트먼과 함께 등장한 이후 많은 미디어와 인터뷰를 하고 그의 블로그와 엑스를 통해서 여전히 지금 LLM 기반의 AI가 얼마나 잘못된 접근인지, AGI에 대한 장밋빛 전망이 얼마나 어처구니없는 생각인지를 끊임없이 비판하고 있다. 그의 블로그 'Marcus on AI'[31]에서는 AI에 관한 흥미로운 견해와 비판을 볼 수 있다.

지금까지 소개한 AGI에 비판적인 사람은 주로 학계에 있는 연구자들이다. 이들은 LLM 같은 모델은 본질적으로 인간의 지능을 구현하는 데 한계가 있으며 AGI에 도달하려면 새로운 방안을 찾아야 한다는 입장이다. 물론 AGI 자체가 무의미한 개념이라고 주장하는 얀 르쿤 교수도 있지만 최예진 교수나 게리 마커스처럼 시간이 더 걸리거나 패러다임을 바꿔보자는 입장도 있다.

결국 이러한 입장은 지능을 구현하려면 인간처럼 세상을 이해하고 상식을 갖춰야 하며 이를 위해서는 소위 '세계 모델'이라는 것을 내부적으로 구현해야 한다는 것이다. 그러나 최근 연구에서는 우리가 이해를 제대로 못하고 있을 뿐이지 LLM 같은 모델 나에 디지털 지능 방식의 세계 모델이 구현되어 있는 것 아닌가 하는 연구자들도 있다.

31 garymarcus.substack.com

아직도 매우 상식적인 질문에 제대로 대응하지 못하거나 물리적인 상식에 대해 환각을 보이는 언어 모델과 이미지/영상 생성 모델을 볼 때, AI가 인간 수준으로 지능을 구현하기 위해 단지 트랜스포머 아키텍처의 토큰 어텐션만으로 가능할 것인지에 대한 논쟁은 계속될 것이다.

1.5 AI 전문 연구자와 기업인들의 견해

유명 기업가나 스타급 연구자들이 아닌 일반 전문 연구자들의 견해는 어떨까? 이에 대한 전체 분위기와 전망을 알 수 있는 좋은 자료가 있다. AI 임팩트AI IMPACTS라는 기관에서 지금까지 세 번에 걸쳐 비정기적으로 시행한 조사를 살펴보자.

전문가 설문조사

2016년부터 시작해서 2022년과 2023년까지 수준 높은 국제 학회에 논문을 발표한 연구자들을 통해 이들이 판단하는 AI의 능력과 위험성에 대한 전망을 통계적으로 확인하고 있다. 이 조사에서는 AGI라는 말 대신 'HLMIHigh Level Machine Intelligence(고급 수준의 기계 지능)'이라는 용어와 'FAOLFull Automation of Labor(노동의 완전 자동화)'라는 용어를 사용하여 연구자마다 갖고 있는 AGI에 대한 모호한 정의를 피하고자 했다. 질문의 주제도 인간이 갖고 있는 여러 가지 능력과 스킬에 대해 나누어서 물어보고 대답을 구했다.

AI 임팩트에서 정의하는 고급 수준의 기계 지능은 다음과 같은 질문으로 정의하고 있다.

> "높은 수준의 기계 지능(HLMI)은 기계가 모든 작업을 인간 작업자보다 더 저렴하고 더 잘 수행할 수 있을 때 달성할 수 있습니다. 그러나 예를 들어 배심원이 되는 것과 같이 인간이 하는 것이 본질적으로 유리한 업무는 무시하세요. 또한 도입이 아니라 실현 가능성을 고려하세요. 이 질문은 인간의 과학 활동이 큰 부정적 영향 없이 계속된다고 가정합니다."

즉, 이들에게 물어보는 것은 HLMI가 실현되는 지점을 예측하라는 것이다.

2023년에는 NeurIPS, ICML, ICLR, AAAI, IJCAI, JMLR 같은 6개의 학회에 논문을 발표한 2778명이 조사에 참여했다. 2022년 조사는 바로 전 해인 2021년 NeurIPS와 ICML에 논문을 발표한 738명이 참여한 것에 비하면 조사 대상을 4배 가까이 넓힌 것을 알 수 있다. 조사에 참여한 연구자들은 HLMI가 50% 확률로 실현되는 시점은 2047년으로 보고 있다. 이는 2022년 조사에서 2059년으로 예상했던 것보다 10년 이상 앞당겨진 것으로, 2016년과 2022년의 차이가 단지 2061년에서 2059년으로 단지 2년 앞당겨진 것에 비하면 큰 변화라고 볼 수 있다. 그러나 2016년에는 45년 후라고 봤고 2022년에는 37년 후라고 본 것을 생각하면 8년이 줄어든 것이다. 마찬가지로 생각하면 2023년에는 24년 후에 HLMI가 구현된다고 예상하는 것은 2022년에 비해 그 차이가 크게 줄어든 것이다.[32]

10%의 가능성으로는 2027년으로 보고 있는데 이는 앞서 이야기한 여러 최고 전문가들의 예측과 유사한 것으로 볼 수 있다. 다시 말해 대부분 연구자들은 향후 5년 안에 HLMI 수준의 머신 지능의 실현 가능성은 10% 수준으로 본다는 말이다.

또 하나의 질문인 FAOL, 노동의 완전 자동화라는 의미는 다음과 같이 이야기하고 있다.

"모든 직종이 완전 자동화가 가능한 '노동의 완전 자동화(FAOL)'에

---

32 https://wiki.aiimpacts.org/ai_timelines/predict ons_of_human-level_ai_timelines/ai_timeline_surveys/2023_expert_survey_on_progress_in_ai

도달했다고 가정해봅시다. 이는 어떤 직종에서든 기계가 인간 노동자 보다 더 저렴하게, 작업을 더 잘 수행할 수 있는 상태를 의미합니다."

FAOL에 대한 예측은 50% 확률로 2116년에 가능할 것이라고 했는데, 이는 2022년 조사에서 2164년이라고 나온 데이터에 비해 48년이나 앞당겨진 것이다. 흥미로운 것은 HLMI 실현 가능성과 FAOL 실현 가능한 시점 사이에는 70년의 차이가 있다는 것이다. 그 차이는 HLMI은 인간이 수행하는 모든 과업의 자동화 가능성을 의미하지만 FAOL은 모든 직업의 자동화를 의미하는 것이고, 직업은 보통 여러 과업으로 구성되어 있기 때문이라고 해석할 수 있다.

39개의 과업에 대해 언제쯤 실현 가능할 것인지 묻는 질문의 답에 나타난 특성을 살펴보면, 향후 10년 안에 50% 확률로 실현 가능할 것으로 보는 과업은 35개인데 이를테면 지불 시스템의 코딩 전체를 처음부터 작성하기, 테일러 스위프트 같은 아티스트의 히트곡과 구분할 수 없는 음악 작곡, 아타리Atari 게임의 50%에서 초보자를 20분 안에 이기기, 자동으로 오픈소스 LLM을 파인 튜닝하기, 세탁물 접기 같은 것이 있다.

10년 이상 더 걸릴 것이라고 보는 과업은 가상 세계에서 시간을 보낸 후 기호의 형태로 주어진 세상을 지배하는 미분 방정식 출력하기(12년), 새 집에 전선을 설치하기(17년), 연구하고 논문 쓰기(19년), 머신러닝 논문 재현하기(12년), 고품질 머신러닝 논문 생성하기(22년), 수학 정리를 증명하고 이를 최고 수준의 수학 저널에 기고하기(22년), 밀레니엄 문제 같은 수학에서 오래된 문제 증명하기(27년) 등이 있다.

2022년 예측보다 가장 급격한 변화를 보인 것은 뉴욕 타임스 베스

트셀러를 AI가 언제 쓸 수 있을 것인가 하는 질문에 대한 대답인데 2038년 이후라는 예상에 비해 거의 반으로 줄어든 2030년경이라는 답이 나왔다. 대부분 과업 역시 2022년에 비해 2-3년 더 빨리 실현될 것으로 매우 긍정적인 예측이 나왔다.

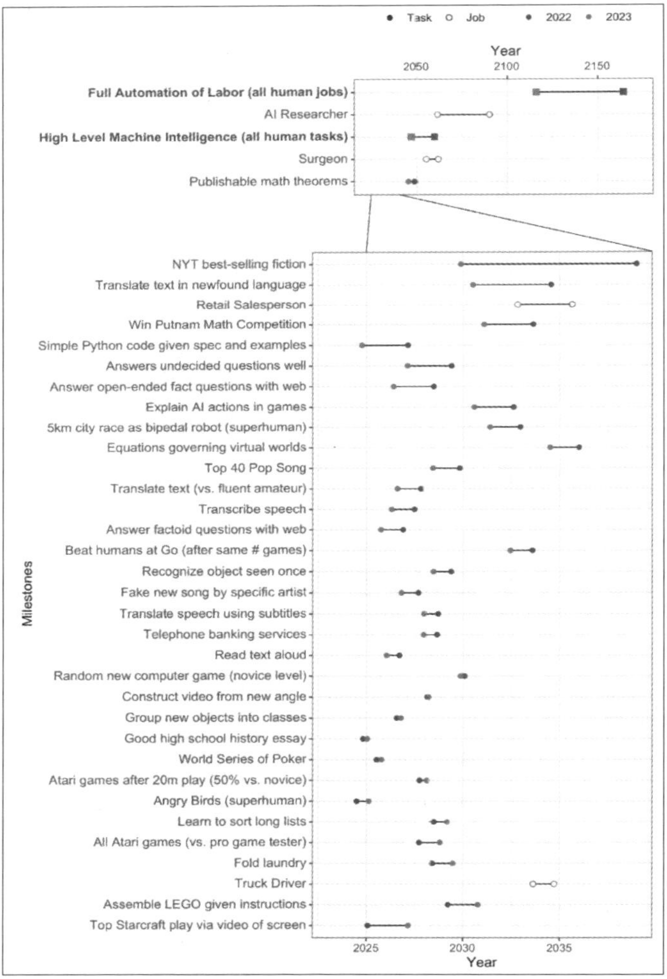

직업의 자동화에 대한 예측 © AI Impacts

다른 설문조사를 살펴보면 2009년 AGI-09 콘퍼런스에 참가한 21명의 전문가들은 AGI가 2050년경에 실현될 것으로 예상했으며, 닉 보스트롬이 2012-2013년에 550명을 대상으로 한 설문조사에서는 절반 정도가 2040년 AGI가 실현될 것으로 전망했다. 2017년 5월, 2015년 NIPS 및 ICML 콘퍼런스에서 발표한 352명의 AI 전문가를 대상으로 한 설문조사에서는 2060년까지 AGI가 실현될 확률이 50%라고 예상했다.

일반 사람들은 AGI의 도래 시점을 언제로 볼까? 데이터 과학자인 맥스 웨인라이트Max Wainwright와 물리학자 그렉 라플린Greg Laughlin, 앤서니 아기레Anthony Aguirre가 2015년에 만든 메타큘러스Metaculus 사이트에 따르면 최초로 약한 의미의 AGI를 만들어서 테스트하고 공개할 시점을 2026년 11월 29일로 보고 있다. 여기에는 현재 3만 7천 명 이상이 참여했으며 사이트에는 사용자의 코멘트 외에 다양한 관련 뉴스를 볼 수 있다.

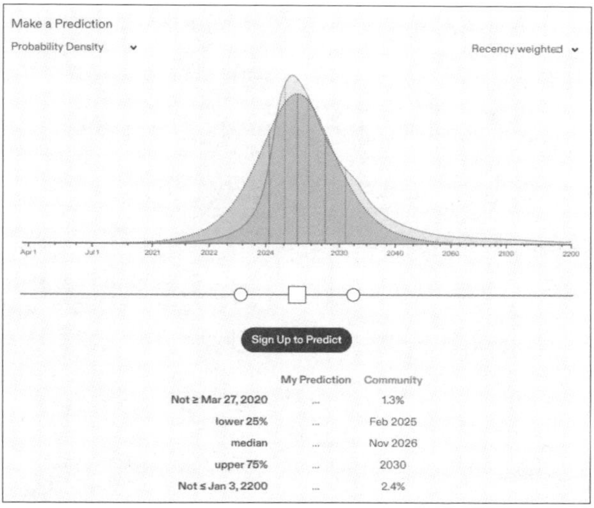

메타큘러스의 예측

이 예측의 판단 기준은 전형적인 대학 교육을 받은 사람이 수행할 수 있는 수준의 일을 하나의 통합된 소프트웨어 시스템이 수행할 수 있을 때를 말한다. 여기에는 뢰브너 대회에서 은상을 수상할 수 있는 유형의 튜링 테스트를 안정적으로 통과해야 하고, 위노그라드 스키마 챌린지에서 90% 이상 점수를 따야 하며, 2015년에서 2016년 SAT 시험의 수학 전 영역에서 75번째 백분위수 득점을 할 수 있고, 고전 아타리 게임 '몬테수마의 복수Montezuma's revenge'를 배우고 100시간 안에 24개의 방을 모두 탐험할 수 있어야 한다는 재미있는 판단 기준을 제시하고 있다.

여러 학자와 유명 기업인들의 의견

이미지넷을 만들어 AI 연구를 이끌었던 스탠퍼드 대학교 페이페이 리Fei-Fei Li 교수는 AGI는 "인간이 지능을 나타내는(또는 나타낼 수 있는) 모든 면에서 최소한 인간만큼 지능적인 인공 에이전트를 말한다"고 간략히 정의했다. 최근 타임지에 기고한 글에서 AGI라는 이름에서 G가 추가된 것은 단일 또는 극소수 작업에 집중하는 AI 시스템이 확산되면서 그 필요성을 느낀 것이며, 일반지능이라는 것은 신화에 불과하고 인간 자체도 지능이 충분히 일반적이지 않다고 비판했다.[33]

페이페이 리 교수는 일반지능으로 가는 중요한 단계는 주관적인 경험을 할 수 있는 능력, 즉 배고픔을 느끼거나 사과를 맛보는 것 같은 '지각sentience'에 있는데 현재 AI는 이런 지각을 갖고 있지 않음을 강조했다. 지각이 있는 AI란 AI가 자신의 희망과 욕망을 발전시킬 수 있음

---

33 Time, "No, Today's AI Isn't Sentient. Here's How We Know," May 22, 2024

을 의미하며, 이러한 욕망이 인간과 충돌할 경우 인류에게 매우 위험할 수 있다. 따라서 이에 대한 명확한 판단이 필요하다. 사실 여러 온라인 공간이나 일부 연구자들의 주장을 보면 지금의 LLM이 지각이 있거나 주관적 경험을 보인다는 이야기가 심심치 않게 나오고 있다.

페이페이 리 교수의 주장은 간단하다. 모든 생리적 상태를 감지하는 감각은 LLM에는 없다는 것이다. 생리적 상태를 감지하려면 LLM도 어떤 방식으로든 신체를 가져야 하지만, 현재 LLM은 단지 수학적 모델일 뿐 인간처럼 체화된 존재가 아니다.

버클리 대학교에서 아동의 학습과 발달을 연구하는 심리학 및 철학 교수인 앨리슨 고프닉Alison Gopnik과 산타페 연구소에서 AI 시스템의 개념 추상화와 유추를 연구하는 컴퓨터 과학자 멜라니 미첼Melanie Mitchell은 지능의 복잡성을 강조하면서 지금 이야기하는 LLM 기반의 접근이 한계가 있다고 주장한다.[34] 두 사람은 AI 시스템이 세상과 적극적으로 상호작용하고 세상의 작동 방식에 대한 자체적인 정신 모델을 만들 수 있는 능력을 가져야 인간 지능 수준의 AI가 가능하다고 말한다. 앨리슨 고프닉은 지금 LLM은 다른 사람의 정보 접근에 매우 효과적인 인쇄와 같은 문화 기술이라고 규정한다. 그러나 세상에 나와서 탐색하고 결론을 도출하는 능력이 아직 없기 때문에 소위 '모라벡의 역설Moravec's Paradox'을 더욱 생생히 보여주고 있다고 이야기한다.

멜라니 미첼은 사실 LLM이 말하는 모든 것이 '환각'이라고 할 수 있는데, 우리를 지적으로 만드는 것은 우리 자신의 상태를 성찰하는 능력이라는 점에서 자신이 말하는 것에 대한 세상 안에서의 근거를 두

34 LA Review of Books, "How to Raise Your Artificial Intelligence: A Conversation with Alison Gopnik and Melanie Mitchell," May 31, 2024

는 추가 능력 없이는 언어 모델이 인간 수준의 지능에 도달할 수 없음을 강조했다. 그가 강조하는 개념은 진실에 어느 정도 기반해 세상에 대한 어떤 측면을 이해하는 정신 모델인데, 아직 LLM은 그 규모나 수준에서 인간만큼 갖고 있지 않다는 것이다. 이에 대해 고프닉도 덧붙이는 말이 정신 모델은 그 모델이 맞는지 아닌지 직접 테스트할 수 있다는 것이 중요한데 이는 어린아이도 항상 하는 일이라는 것이다. 멜라니 미첼은 AGI 같은 것은 존재하지 않으며 앞으로 컴퓨터에서 지능이 어떻게 포착될지 아무도 모른다면서 AGI에 대한 논의 자체를 부정한다. 그녀는 AGI의 위험성을 이야기하기 전에 현재 수준의 AI가 보이는 여러 부정적인 측면에 대한 대응이 더 중요하다고 늘 이야기하는 학자이기도 하다.

고프릭은 지능이 캄브리아기 폭발에서 나왔고 동물이 행동과 감각을 조정하기 위해 두뇌가 등장했는데, 외부 세계와 연결되어 세상에 대한 정보를 받아들이는 지각 시스템과 외부 세계와 연결되어 밖으로 나가 세상을 바꾸는 운동 시스템이 있어야 비로소 진실을 추구하는 지능을 갖출 수 있는 기초 구조가 만들어진다고 한다. 이는 많은 학자들이 AGI가 되려면 체화된 인지 능력을 갖추어야 한다고 주장하는 것과 일맥상통한다.

구글 AI 연구자이며 케라스Keras 창시자인 프랑스와 숄레Francois Chollet는 우리의 일반지능은 우리가 세상에 대해 거의 아는 것이 없이 태어나지만 매우 효율적으로 배우고 이전에 본 적 없는 것에 직면했을 때 적응할 수 있는 아주 독특한 능력이 있고, 이것을 기계에서 재현하기는 정말 어렵다고 한다.[35] 특히 그는 스킬과 지능은 다른 것이고 일반 지능이란 어떤 문제를 해결하는 스킬을 가지고 매우 적은 데이터를 사용해 매우 빠르게 습득할 수 있는 능력이며, 이것이 우리가 어떤 상황에서도 대처할 수 있게 만드는 것이라고 말한다. 일반지능은 특정 작업에 대한 스킬을 여러 스킬로 확장한 것이 아니라는 것이다. 이런 이유로 LLM은 AGI로 인간을 이끌지 못할 것이라는 주장이다. 이 이야기는 5월 12일 서울에서 열린 강연에서 소설가 테드 창도 인용하면서 지능은 결코 어떤 특정 문제를 잘 푸는 것만으로 이야기할 수 없다는 것을 지적했다.

서울 HDF에서 강연하는 테드 창

또한 숄레는 드와르케시 파텔과의 인터뷰에서, 오픈AI조차 AGI에 도달하는 시점을 5년에서 10년 뒤로 미룬 이유에 대해 설명했다. 그는

35 Dwarkesh Podcast, "Francois Chollet, Mike Knoop – LLMs won't lead to AGI – $1,000,000 Prize to find true solution," Jun 11, 2024

프론티어 연구를 더 이상 논문으로 발표하지 않고 결과를 공유하지 않는다는 점과 LLM에 대한 기대가 너무 크고 모든 연구가 LLM에만 집중되고 있기 때문이라고 언급했다. 숄레는 LLM을 AGI로 가는 길에서 옆길로 새는 출구로 본다고 말했다.

2005년 『특이점이 온다』를 출간해 많은 논쟁의 중심에 섰던 미래학자 레이 커즈와일 역시 인간을 넘어서는 기계의 등장에 여지없이 등장하는 사람이다. 2005년 책에서 기계가 인류를 추월하는 특이점을 2045년으로 예상했던 그는 2045년이 되면 AI가 인류 전체의 지능을 초월할 것이라고 주장했다. 기술적 특이점은 사실 그전에 수학자이며 컴퓨터 과학자, SF 소설가인 버너 빈지Vernor Vinge가 1983년에 쓴 에세이에서 비롯한 말이기도 하다.[36] 그는 글에서 앞으로 30년 안에 초인간 지능이 가능할 것이고 이후 인간의 시대는 끝날 것이라고 말했다.

커즈와일은 AI가 AGI 수준에 도달하는 것은 2029년으로 예상했는데 그런 의미에서 2045년은 초지능의 도래라고 해석할 수 있다. 그는 최근 AGI 전망에 또 다시 뛰어들었는데 2024년 3월 조 로건과의 팟캐스트에서 2029년에 AI가 인간 수준의 지능에 도달할 것이라고 다시 한번 언급했다. 이런 자신의 예측도 보수적인 것이라 하면서 어쩌면 1-2년 안에 도달할 수도 있다고 했다. 커즈와일은 이미 1999년부터 이러한 예측을 했지만 많은 전문가들은 100년이 넘게 걸릴 것이라고 했다면서 본인이 맞을 것이라고 재차 강조했다. 그러나 2024년 6월 와이어드 잡지와 인터뷰에서는 2029년까지 달성할지는 모르겠지만

---

36 Vernor Vinge, "The Comping Technological Singularity: How To Survive in the Post-Human Era," Whole Earth Review, Winter 1993

2032년에는 가능할 것이라고 하면서 시간을 약간 뒤로 늦추었다.[37]

AGI라는 용어를 만들지는 않았지만 이를 대중화하는 데 앞장서서 AGI의 아버지라고도 부르는 벤 괴르첼은 2024년 3월 파나마에서 열린 'Beneficial AGI Summit 2024'에서 3년 안에 AGI를 개발할 수 있다고 주장했다. 컴퓨터 과학자이고 싱귤래리티넷SingularityNET의 CEO인 괴르첼은 AI 연구가 기하급수적으로 성장하고 있고 AI가 학습 데이터와 무관하게 여러 영역에서 인간과 같은 능력을 보이고 있다는 점을 들어 인류가 3년에서 8년 사이에 AGI를 구현하게 될 것이라고 예측했다.

그는 2007년 구글 테크 토크에서 AGI에 대한 그의 접근 방식을 제시한 적이 있는데, 지능이란 복잡한 환경에서 복잡한 목표를 달성하는 창발적 행동으로 측정 가능해야 하며 세상과 에이전트 안에서 패턴을 감지할 수 있는 능력이라고 했다. 그에 따라 아이와 같은 AI를 처음 만든 다음 세컨드 라이프와 같은 시뮬레이션 또는 가상 세계에서 에이전트를 학습시켜 보다 강력한 지능을 만들어낼 것을 요구했다. 그 논지를 뒷받침하는 증거로 괴르첼이 이야기하는 세 가지는 먼저 레이 커즈와일이 책에서 밝힌 기술 성장의 기하급수적 특징, LLM이 상호 연결된 광범위한 아키텍처의 구성 요소가 될 수 있는 점, 마지막으로 그가 말하는 오픈코그 하이페론OpenCog Hypero이라는 인프라와 관련 소프트웨어 그리고 AGI 프로그래밍 언어인 메타MeTTa이다.

커즈와일의 논지는 이미 널리 알려진 것이고, 오픈코그 하이페론은 하나의 구성 요소로서 LLM을 포함해 기존에 있는 것을 포함한 새로운

---

37 Wired, "If Ray Kurzweil Is Right (Again), You'll Meet His Immortal Soul in the Cloud," Jun 13, 2024

AI 패러다임을 하나로 묶는 AI 인프라의 한 형태이다. 가상의 엔드포인트는 콘텐츠 생성부터 추론에 이르기까지 인간 인지의 다양한 요소를 표현하는데, 각각 도움이 되는 다양한 아키텍처를 기반으로 하는 대규모 분산형 AI 시스템 네트워크다. 이런 접근은 다른 AI 연구자도 지지하는 방안으로 데이터브릭스Databricks의 CTO 마테이 자하리아Matei Zaharia가 블로그에서도 '복합 시스템Compound Systems'이라는 이름으로 제안했다.[38]

그러나 괴르첼은 어쩌면 백만 큐비트 이상의 양자 컴퓨터가 필요할지도 모른다면서 아직 AGI에 도달할 수 있는 기술이 명확히 무엇인지 알 수 없음을 인정했다. 하지만 일단 우리가 인간 수준의 AGI를 개발한다면 수년 안에 초인적인 AGI 또는 ASI가 나타날 수 있다고 말한 것은 다른 사람들의 의견과도 일치한다.

AGI를 맨해튼 프로젝트에 비유하는 유명 벤처 투자자 비노드 코슬라Vinod Khosla는 경제적으로 가치 있는 80%의 직업 중에서 80% 정도를 수행할 수 있을 때 이를 초지능 AI라고 할 수 있을 거라고 말한다. 그는 앞으로 10년 이내에 구현될 것이라고 예상한다.[39] 그러나 어느 직업이 80% 안에 포함되고 그 가운데 다시 80%의 일이 무엇일지는 명확히 말하고 있지 않기 때문에 레토릭에 불과한 말일 수 있다.

스튜어트 러셀Stuart Russell 교수와 AI 분야 가장 대표적인 교과서를 썼던 스탠퍼드 인간 중심 AI 연구소 석좌 교육 펠로우인 피터 노빅Peter Norvig은 구글 리서치의 펠로우인 블레이즈 아구에라 이 아르카스Blaise

---

38 Matei Zaharia, et. al., "The Shift from Models to Compound Systems," BAIR, Feb 18, 2024

39 유튜브에 있는 그의 인터뷰에서 확인할 수 있다. https://www.youtube.com/watch?v=Md6-AcsoP4I

Aguera y Arcas와 함께 노에마 사이트에 기고한 글에서 AGI는 이미 우리 곁에 있다고 선언했다.[40] 그는 지금의 프론티어 모델은 결함을 보이지만 수십 년 후에는 진정한 AGI의 첫 사례로 인정받을 것이라고 말한다. 이는 마치 1945년 ENIAC이 진정한 범용 컴퓨터로 나중에 인정받은 것과 같은 의미다.

그에 따르면 프론티어 모델은 5가지 중요한 방식으로 AGI를 달성했다는 것이다.

1. 프론티어 모델은 인터넷의 텍스트뿐만 아니라 오디오, 비디오, 기타 미디어의 방대하고 다양한 콘텐츠로 학습되었고 온라인에서 볼 수 있는 모든 주제를 다룬다.
2. 질문 답변, 스토리 생성, 요약, 음성 받아 적기, 언어 번역, 설명, 의사결정, 고객 지원, 단어와 이미지 결합 등 매우 다양한 작업을 수행할 수 있다.
3. 이미지, 텍스트, 오디오, 비디오 등 다양한 모달리티에 대해 작동하고 로봇 센서와 액츄에이터에 연결하기도 한다. 프론티어 모델은 모든 감각 또는 운동 모달리티를 처리할 수 있다.
4. 수십 개의 언어로 대화하고 번역하며 컴퓨터 언어로 다룰 수 있다.
5. 프롬프트를 통해 문맥 내 학습이 가능하고 퓨샷 학습Few-Shot Learning을 통해 새로운 작업을 시연하는 것과 같은 학습이 가능하다.

이미 프론티어 모델은 인간이 수행할 수 있는 거의 모든 정보 작업

40 Blaise Agüera y Arcas and Peter Norvig, "Artificial General Intelligence Is Already Here," NOEMA, Oct 10, 2023

을 수행할 수 있고, 자연어를 통해 질문하고 답변하며, 정량화할 수 있는 성능이 있고, 문맥 내 학습 기능은 AGI에 의미 있는 메타 작업이다. 그가 보기에 현재 모델은 설계자가 상상하지 못했던 작업을 수행할 수 있다는 점에서 AGI의 특성을 갖고 있다는 것이다.

그런데 왜 우리는 아직 AGI를 인정하는 것을 꺼려하는 것인가? 그는 우선 AGI를 판단하는 성능 지표에 대한 널리 공감하는 표준이 없다는 점을 지적한다. 예를 들어 전문적인 시험을 통과하는 사람은 일반적으로 광범위한 능력에도 문제가 없다고 보지만, AI의 경우 시험 통과를 지표로 삼는다면 그 시험 문제에 맞게 미세 조정된 모델이 보다 일반적인 능력을 갖추었다고 볼 수는 없는 것이다. 또한 언어적 유창함과 지능을 혼동해서는 안 된다는 문제도 있다.

이런 지표 중 하나로는 호주 국립대학교의 마루야마 요시히로가 2020년 논문에서 제시한 AGI가 갖춰야 할 8가지 속성이 있다.[41] 논리성, 자율성, 복원력, 무결성, 도덕성, 감성, 체화 그리고 내재성이다. 마지막 두 가지인 체화와 내재성은 세계와 인간 행동에 대한 학습과 쉽게 이해할 수 있는 물리적 형태, 인간의 필요와 가치에 적응을 허용하는 사회적, 문화적, 환경적 시스템과의 깊은 통합을 의미한다.

둘째로 기호주의적(심볼릭) AI 분야나 언어학 배경을 갖고 있는 연구자들은 아직 프론티어 모델이 지능을 획득하는 방식에 한계가 있으며 단순히 학습한 통계적 접근으로는 진정한 이해를 이끌어낼 수 없다고 주장한다. 상징적 개념이 없이는 논리적 추론이 불가능하며 진정

---

41 Yoshihiro Maruyama, "The Conditions of Artificial General Intelligence: Logic, Autonomy, Resilience, Integrity, Morality, Emotion, Embodiment, and Embeddedness," AGI 2020, Sep 16–19, 2020

한 지능은 그런 추론이 필요하다는 입장이다. 물론 신경망 연구자들은 이런 비판에 대해 여러 방식으로 대응하지만 아직 다른 이론 분야를 완전히 설득하지 못하고 있다.

세 번째는 인간 예외주의로 볼 수 있는데 인간 정신에 특별한 무언가를 유지하려는 욕구로 AGI를 받아들이지 않는다. 이런 관점은 의식, 주체성, 주관적 지각, 감정을 느껴야 한다는 사람들로 AI는 아직 도구에 불과하다는 입장이다. 언어 모델은 단순한 통계적 앵무새라고 하거나 경의로운 의식이나 경험이 없는 좀비에 불과하다는 주장이다. 그러나 피터 노빅은 이미 파운데이션 모델은 단순 도구의 단계를 넘어섰다는 입장이다. 더군다나 의식의 문제는 현재 해결할 수 없는 문제이고 지능은 의식이나 감성과 분리하는 것이 더 현명한 방안이 될 것이다.

마지막 이슈는 경제적 영향의 문제인데 AGI가 가져올 경제적 위협과 불안이라는 상당한 위험에 대해서 제대로 된 논의가 필요하다는 것이다. 어떻게 공정하고 공평하게 할 수 있는가가 AGI의 현실을 부정하는 것보다 먼저 논의해야 할 시급한 질문이라는 점에 피터 노빅도 동의한다.

결국 피터 노빅이나 아구에라 이 아르카스는 많은 전문가들이 비판적 관점으로 AGI의 도래와 구현에 대해 동의하고 있지 않지만 지금이 AGI의 초기 모습이라고 주장한다. 그들이 제시한 네 가지 이슈를 보면 판단 지표의 문제와 다른 이론 분야가 갖고 있는 지능에 대한 정의 문제는 AGI를 평가하거나 확인하는 데 앞으로도 가장 중요한 논의 이슈가 될 것으로 본다.

늘 전망이 너무 빨라 비판을 받는 일론 머스크Elon Musk는 최근 AGI

도래에 대해서 누구보다 빠른 시점을 이야기하고 있는 중이다. 4월 8일 노르웨이 국부펀드 CEO와 한 대담에서는 늦어도 2년 안에 인간을 능가하는 AI가 나올 것이라고 주장했다. 그가 내세우는 증거는 AI가 지금까지 자기가 본 어떤 기술보다 빠르게 성장하고 있으며, AI 전용 하드웨어와 컴퓨터가 1년에 10배 성장하고 있다는 것이다.

일론 머스크가 설립한 xAI는 최근 그록Grok이라는 LLM을 내놓았고, 사실 테슬라의 자율주행 기술, 도조 슈퍼컴퓨터, 엔비디아 칩의 대량 구매, 휴머노이드 로봇 옵티머스 개발 등 전체 움직임을 보면 그의 전망이나 AGI에 대한 태도가 단순한 것은 아니라고 본다. 2장에서 이야기하겠지만 AGI의 위험과 이에 대한 제어 문제를 가장 앞서서 강조하는 사람이 일론 머스크이기도 하다.

소프트뱅크의 손정의 회장 역시 AI의 발전과 AGI의 도래에 대해 매우 긍정적인 입장을 표명했다. 2023년 'SoftBank World 2023' 특별 강연에서 "AI가 인간의 지식 거의 모든 분야에서 답할 수 있는 것이 AGI이다"라고 매우 개념적인 정의를 하면서 인간 모든 지식 총합의 10배를 달성하는 지점이 AGI가 도달한 것이라고 말했다.[42] 또한 그 도달 시점은 앞으로 10년 이내에 실현 가능할 것이라 예측했으며, 그렇게 되면 인간에 대한 개념, 일과 사회, 산업, 교육, 사회, 인생관도 바뀔 것이고 우리는 근본적으로 다시 생각해야 한다고 주장했다.

이후 20년 이내에 초지능이 등장할 것이며 이는 인류 전체 지식의 1만 배 역량을 가질 것이라고 예측한다. 이렇게 되면 AI와 인간의 관계는 사람과 금붕어의 관계만큼 차이가 날 것이라며 싱귤래리티가 도래

42 손정의씨 강연은 유튜브에서 한글 자막을 통해서 볼 수 있다.

할 거라는 매우 도발적인 전망을 내놓았다. 그리고 이제 우리는 이를 활용할 것인가 남겨질 것인가의 질문을 던져야 한다고 말한다. 그는 특히 현재 생성형 AI를 금지하는 일본 회사나 활용에 매우 소극적인 일본에 대해 강하게 경고한다.

AI 반도체 시장을 석권하고 있는 엔비디아 CEO 젠슨 황도 AGI에 대한 언급을 빠지지 않고 하고 있다. 2024년 3월 스탠퍼드 대학교에서 열린 경제 포럼에서 AGI에 정의에 따라 다르겠지만 수학, 읽기, GMAT 시험과 같은 테스트에서 인간보다 낫다는 정도라면 앞으로 5년 안에 AGI의 출현을 볼 수 있을 것이라고 단언했다. 그러나 인간 지능의 전체를 포괄하는 것으로 정의하면 대답하기 어렵다고 했다. 특히 인간의 마인드가 어떻게 동작하는지 아직 과학자들이 동의하지 못하고 있기 때문에 엔지니어로서는 답하기 어려운데, 왜냐하면 엔지니어는 정의된 목표가 있어야 하기 때문이라고 대답을 슬쩍 비껴 갔다.

삼성전자는 2024년 3월 AGI에 보다 초점을 맞춘 반도체 AGI 컴퓨팅 랩을 미국과 한국에 설립한다고 경계현 사장이 발표했다. 이 랩은 미래 AGI가 필요로 하는 엄청난 컴퓨팅 요구를 충족하기 위해 특별히 디자인한 완전히 새로운 유형의 반도체를 연구하겠다고 한다. 초기에는 LLM을 위한 칩과 추론과 서비스 애플리케이션에 초점을 맞춘 칩을 개발할 것이며 이는 LLM 동작에 필요로 하는 전력 사용량을 현격하게 낮출 것이라고 한다. 이를 위해서 칩 구조의 면면을 다시 살피고 메모리 디자인, 경량 모델 최적화, 고속의 인터커넥트, 첨단 패키징 등을 연구한다.

AGI 컴퓨팅 랩은 지속적으로 새로운 버전을 공개할 것이며 반복적으로 더 강력한 성능과 최소의 전력과 비용으로 대형 모델을 지원할 예정이다. 궁극적으로는 AGI에 본질적으로 있을 수 있는 복잡한 시스템 수준의 도전 문제를 풀 것이며 첨단 인공지능, 머신러닝 모델의 미래 세대를 위한 경제적이고 지속 가능한 방법을 찾을 예정이다.

삼성전자라는 반도체 회사가 이제 AGI를 위한 새로운 구조, 시스템 수준의 혁신을 모색하겠다고 하는 것은 엔비디아의 독점에 대한 도전으로도 보이지만, 향후 AGI가 가시화될 경우 반도체의 기본적 특성이 크게 변화할 가능성이 있다는 것을 알리는 선언이라고도 볼 수 있다.

1.6 AGI는 어떻게 등장하는가: 하드 테이크오프와 소프트 테이크오프

AGI가 언제, 어떤 속도로 인류 문명에 나타날 것인가에 대한 논의 역시 AGI와 관련된 주제 중 하나다. AI 테이크오프AI takeoff는 엘리저 유드코프스키와 닉 보스트롬 등이 사용하는 용어로 AGI가 소위 인간 수준의 능력의 임계치를 넘어서 초지능과 우리 문명의 운명을 좌우할 수 있는 능력을 갖게 되는 과정을 말한다.[43] 이때 이 속도가 느릴지 빠를지에 따라 '소프트 테이크오프'와 '하드 테이크오프'라고 나누며 또 다른 말로는 'AI FOOM(소음기를 단 폭발음 소리)'이라고 말하기도 한다. 2016년에 출간한 닉 보스트롬의 『슈퍼인텔리전스』에서 이를 깊이 있게 다룬다.

소프트 테이크오프soft takeoff는 수년 또는 수십 년에 걸쳐 스스로 개선하는 것을 말하는데, 이는 학습 알고리듬이 하드웨어를 너무 많이 요구하거나 실제 세계의 피드백을 경험하는 데 의존해야 하기 때문이라는 주장이다. 인간 수준의 지능을 천천히 구축해 연착륙할 수 있는 방법으로는 소프트웨어 기반 AGI를 생각할 수 있고 이렇게 되면 AGI에 대한 통제력을 유지하면서 AGI가 등장하게 할 수 있다고 말한다. 버너 빈지, 한스 모라벡 등이 지지하는 이 견해는 이 방식이 더 안전하고 엔지니어링하기 쉽기 때문에 하드 테이크오프보다 바람직하다는 것이다.

사실 이 입장에 있는 회사가 오픈AI다. 2015년 처음 오픈AI를 설립

---

43 이 논의는 엘리저 유드코프스키가 운영하는 Lesswrong 블로그에서 상세하게 다루고 있다.

할 때 샘 올트먼과 일론 머스크는 보다 많은 사람에게 AI 기술 접근 기회를 주어야 하기 때문에 모든 기술은 오픈소스로 제공해야 한다고 주장했다. 물론 지금은 입장이 다르지만, 2015년 스티븐 레비와 인터뷰를 통해서 샘 올트먼은 다음과 같이 말했다.

> "오픈소스로 공개되어 구글 같은 대기업만 사용할 수 있는 것이 아니라 모든 사람이 사용할 수 있게 될 것입니다. 오픈AI에서 개발하는 모든 것은 누구나 사용할 수 있습니다. 가져가서 용도를 변경하더라도 공유할 필요가 없습니다. 그러나 우리가 하는 모든 작업은 모든 사람이 사용할 수 있습니다."

이들이 이런 주장을 하는 바탕에는 누군가 나쁜 시도를 하더라도 더 많은 사람이 올바른 방향으로 AI를 활용할 것이고 인류의 집단적 힘이 악한 요소를 억제할 수 있을 것이라는 매우 긍정적인 믿음이 있었다. 오히려 지금은 메타가 이런 입장이고 얀 르쿤 교수도 가장 앞장서서 오픈소스의 강점을 주장하고 있다.

GPT-4o를 발표한 후 로건 바틀렛 쇼에서 샘 올트먼은 AGI는 어느 순간에 일어나는 사건이 아닐 것이고 AGI 이전과 이후로 나뉘는 불연속적인 사건이 아니라 지속적인 지수함수 곡선을 그릴 것이라고 예상했다.[44] 그러나 샘은 AGI가 끊임없이 일어나는 기술 발전의 연장선상에 있을 테지만 기술 진척의 속도는 정확히 가늠하기 어렵다고 말했다. AI가 엔지니어링처럼 조금씩 발전하기보다는 때로는 누구도 예측

---

44 인터뷰 영상은 다음 유튜브에서 볼 수 있다. https://www.youtube.com/watch?v=fMtbrKhXMWc&ab_channel=TheLoganBartlettShow

하지 못한 속도로 빠르게, 획기적 발상으로 급격히 도약할 수도 있음을 지적했다. 그는 GPT-4나 그다음 모델이 AGI라고 생각하지는 않는다고 말하면서도, 만일 어떤 모델이 오픈AI 연구자 전체 또는 어느 한 명의 연구 능력을 넘어선다면 급격한 도약이 이루어진 어떤 불연속적인 시점이라고 말할 수 있다고 주장했다.

2024년 5월 15일 오픈AI의 공동 설립자이며 연구 과학자인 존 슐만John Schulman 역시 드와르케시 파텔 팟캐스트에 나와서 아직 AI가 장기적인 일관성(연구를 위해 1년 동안 계획을 세우고 그 시간 동안 프로젝트를 하는 것 같은)도 아직 구현하지 못했지만, 이를 이룬다고 해도 정말 어려운 것에 대해 깊이 생각하거나 질문 방식에 주의를 기울이는 등의 능력이 부족하다는 것이 아직 AGI를 이야기할 시점이 아님을 지적했다.

코히어Cohere의 AI 연구소를 이끌고 있는 사라 후커Sara Hooker는 AGI는 기술보다 가치 중심의 질문이라고 하면서 한 번의 이벤트로 AGI를 달성했다고 말할 수 없을 것이라고 한다. 언젠가 연구자들이 AGI에 대한 테스트 프레임워크에 합의하더라도 누가 세계 최초인가를 확실하게 말할 수 없을 것이라고 한다.

하드 테이크오프hard takeoff 또는 AI FOOM은 몇 분, 며칠 또는 몇 달 만에 AGI가 확장되는 상황을 말한다. 빠르고 갑작스러운 국지적 능력의 증가로 인해 이루어진다는 이야기이고 이 시나리오는 인간의 통제 없이 AGI의 힘이 급격히 상승하기 때문에 훨씬 더 불안정한 상황이 될 것이라는 전망이다. 이로 인해 비우호적인 AI가 나타날 수 있고 소위 '지능 폭발' 가설을 뒷받침하는 주요 아이디어 중 하나다.

휴고 드 가리, 엘리저 유드코프스키, 벤 괴르첼, 닉 보스트롬, 마이

클 아니시모프 등이 지지하는 시나리오이지만 이런 상황은 그 위험성 때문에 피해야 한다는 것에 대부분 동의한다. 유드코프스키는 소프트 테이크오프보다 하드 테이크오프의 가능성이 높을 수 있다는 점을 몇 개의 사례를 들어 주장한다. 예를 들어 새로운 알고리듬이 기존 컴퓨팅 성능을 훨씬 더 효율적으로 만드는 상황이나 침팬지와 인간을 비교했을 때 작은 유전적 차이가 엄청난 지능 차이를 불러오는 것과 같은 사례로 어떤 작은 변화가 급격한 변혁을 가져올 수 있다는 주장이다. 그러나 같은 비유가 AI 프로그램에도 적용될 수 있다는 증거는 아직 없지만 알파고에서 알파제로로의 급격한 성능 향상이 매우 빠른 시간에 이루어진 것을 보면 알고리듬의 혁신은 우리가 예측할 수 없는 단계에서 기하급수적인 지능의 폭발을 가져올 가능성은 충분히 있다.

흥미로운 점은 일리야 수츠케버는 오픈AI가 기술을 공개하지 않게 된 이유가 바로 이 하드 테이크오프의 가능성 때문이라는 것이다. 하드 테이크오프가 발생하고 만일 안전한 AI를 만드는 것이 안전하지 않은 AI를 만드는 것보다 더 어렵다면, 모든 것을 오픈소스로 공개할 경우 무책임한 누군가가 막대한 하드웨어에 접근해 안전하지 않은 AI를 만들 수 있다는 것이다. AGI 개발에 가까워질수록 개방성을 줄이는 것이 타당할 것이며 오픈AI의 '오픈'은 AGI가 개발된 후에는 모든 사람이 그 혜택을 누려야 한다는 의미이지, 과학 기술을 공유한다는 의미는 아니므로 아무런 문제가 없다고 말했다.

1.7 AGI를 레벨로 나누어서 분류하기

AGI에 대한 개념과 정의가 너무 다양하기 때문에 서로 소통하거나 도달 가능성을 이야기하는 사람 간에도 레벨 차이가 있다는 것을 알게 되면서 이를 자율주행 자동차처럼 레벨을 정해서 이야기하면 좋겠다는 논문이 구글 딥마인드에서 나왔다.[45]

메레디스 모리스Meredith Morris와 셰인 레그 등이 참여한 이 논문에서 딥마인드는 성능, 일반성, 자율성의 수준으로 레벨을 정해 AGI 모델을 비교하고, 위험을 평가해서 진척 사항을 측정할 수 있는 공통의 프레임워크를 만들자는 제안을 하고 있다. 이 프레임워크를 개발하기 위해 이들은 AGI에 대한 기존 정의를 분석해서 AGI가 만족해야 하는 6개의 원칙을 고안했다.

딥마인드 연구자들은 AGI의 정의가 지켜야 하는 6개의 기준은 다음과 같은 요소에 초점을 맞춰야 한다고 말한다.

- 프로세스가 아니라 역량에 집중: AGI에 대한 대부분의 정의는 AGI가 무엇을 수행할 수 있는가에 초점을 맞추고 있어 과업을 성취하기 위한 메커니즘을 이야기하지 않는다. 프로세스가 아니라 역량에 초점을 맞추기 때문에 시스템이 사람과 같은 방식으로 생각하거나 이해할 필요는 없다. 마찬가지로 의식이나 지각 같은 자질을 보유하는 것도 AGI의 필수 전제 조건이 아니다. 이러한 특성은 프로세스에 초점을 맞출 뿐 아니라 현재 합의된 과학적 방법으로 측정할 수 없기 때

---

45 Meredith Morris, et. al., "Levels of AGI: Operationalizing Progress on the Path to AGI," arXiv, Nov 4, 2023

문이다.

- 일반성과 성능에 집중: 여러 AGI 정의가 서로 다른 수준의 일반성을 강조하고 성능을 배제하는 경우가 있는데 일반성과 성능은 AGI의 핵심 구성 요소다.
- 물리적이 아닌 인지와 메타 인지적 과업에 집중: 로봇을 통한 체화를 이야기하는 사람들이 있으나 대부분의 정의는 비물리적 과업인 인지적 과업에 초점을 맞춘다. 물리적 과업을 수행하는 능력은 시스템의 일반성을 증가시킬 수 있지만 AGI에 도달하는 데 반드시 필요한 사전 조건으로 고려해서는 안 된다. 다른 한편으로는 새로운 과업을 배우는 능력이나 사람에게 명확성이나 지원을 언제 요청해야 하는지 아는 능력 같은 메타 인지 능력은 일반성을 성취하는 데 핵심 사전 조건이다.
- 배포가 아니라 잠재성에 집중: 시스템이 요구하는 과업 세트를 주어진 성능 수준에서 수행할 수 있다고 보여주는 것으로 AGI라고 선언하는 데 충분하다. 이를 세상에 배포하는 것은 AGI 정의에 꼭 필요한 것은 아니다. AGI를 측정하는 조건으로 배포를 요구하는 것은 법률이나 사회적 고려, 잠재적 윤리와 안전 우려와 같은 비기술적인 허들을 요구하는 것이다.
- 생태학적 타당성에 집중: 자동화나 정량화하기 쉬운 기존의 AI 지표가 아닌 사람들이 가치 있게 보는 생태적으로 타당한 실제 작업에 부합하는 과업을 선택하는 것이 중요하다. 사람들이 중요하게 여기는 가치는 경제적 가치만이 아니라 사회적 가치, 예술적 가치 등 넓게 해석해야 한다.
- 단일 종점이 아닌 AGI로 가는 경로에 집중: 자율주행차의 표준 단계

가 정책과 과정에 대한 명확한 토의를 허용하듯이 AGI의 각 레벨을 명확한 지표/벤치마크 세트와 연관시키고, 각 레벨에서 식별한 위험과 그에 따른 인간-AI 상호작용 패러다임의 변화를 인지한다. 이런 단계별 접근은 AGI에 대한 여러 다양한 구현 방식이 공존할 수 있음을 지지한다.

이 연구에서는 단계별 매트릭스 방식으로 시스템 역량의 깊이(음영)와 넓이(일반성)에 기반한 AGI로 가는 경로에 따라 시스템을 분류할 수 있다고 하면서 레벨0부터 레벨5를 구분한다.

표 딥마인드가 제안한 AGI 레벨 기준

성능(행) x 일반성(열)	좁은 영역의 과업 명확한 범위의 과업 또는 과업 세트	일반적인 과업 광범위한 비물리적 과업으로 새로운 역량을 배우는 것 같은 메타 인지적 능력을 포함
레벨0: AI가 아님	좁은 영역의 비AI: 계산기 소프트웨어, 컴파일러	일반적인 비AI: 아마존의 메커니컬 터크 같은 사람이 관여하는 컴퓨팅
레벨1: 이머징 AI 비숙련 사람보다 같거나 어느 정도 더 나은 수준	좁은 영역의 이머징 AI GOFAI, SHRDLU 같은 단순 규칙 기반 시스템	이머징 AGI 챗GPT, 바드, 라마2
레벨2: 유능한 AI 숙련된 어른의 최소 50번째 백분위수 이상	유능한 좁은 영역의 AI 독성 있는 콘텐츠를 찾아 내는 직쏘, 시리와 알렉사, 구글 어시스턴트 같은 스마트 스피커, PaLI 같은 VQA, IBM 왓슨, 짧은 에세이 쓰기나 간단한 코딩을 위한 SOTA LLM들	유능한 AGI 아직 구현하지 못했음
레벨3: 전문가 숙련된 어른의 최소 90번째 백분위수 이상	좁은 영역의 전문가 AI Grammarly 같은 스펠링과 문법 검사기, 이마젠, 달리2와 같은 생성형 이미지 모델들	전문가 AGI 아직 구현하지 못했음
레벨4: 거장 숙련된 어른의 최소 99번째 백분위수 이상	좁은 영역의 거장 AI 딥 블루, 알파고	거장 AGI 아직 구현하지 못했음
레벨5: 슈퍼휴먼 인간의 100%를 능가	좁은 영역의 슈퍼휴먼 AI 알파폴드, 알파제로, 스톡피시	인공 슈퍼인텔리전스(ASI) 아직 구현하지 못했음

이 분류는 주어진 평가를 성취하기 위해 필요한 대부분 과업에 대한 최소 성능을 명시한 것이다. 흥미로운 것은 많은 사람이 생각하는 것에 비해 챗GPT, 바드, 라마2 같은 프론티어 언어 모델을 아직 레벨1로 분류했는데(2023년 9월 기준), 이는 이들이 어떤 과업에는 유능한 수준을 보이더라도 아직 대부분의 과업에서는 이머징 성능 수준에 있다고 평가한 것이다. 또한 달리2 같은 것이 때로는 이미지 생성 수준이 거장으로 분류할 수 있더라도 여러 가지 오류를 보이고 있기 때문에 아직 레벨3을 부여한 것은 실제 사용을 해보면서 평가한 것이다.

이 레벨 기반 모델을 기준으로 프론티어 모델을 설명하는 모델 카드에 그 성능을 상세히 설명하면 최종 사용자, 정책 입안자, 다른 이해관계자가 시스템 성능을 잘 이해하고 이를 공유하는 데 도움이 된다는 것이 딥마인드의 제안이다.

이 분류 표는 앞에서 이야기한 6가지 원칙 중 2번과 6번을 중심으로 구성한 것이고 나머지 4개의 원칙은 측정 이슈와 관련이 있다. AGI를 위한 벤치마크는 인지와 메타 인지 과업을 위한 넓은 범위의 묶음을 포함해야 하는데 언어 지능, 수학과 논리 추론, 공간 추론, 인간과 인간 사이의 사회적 지능, 새로운 스킬과 창의성을 학습하는 능력 등 다양한 특성을 측정해야 한다. 또한 심리학, 신경과학, 인지과학, 교육에서 이야기하는 지능 이론을 위한 심리 측정 범주를 다루는 검사를 포함할 수 있다. 그러나 이런 전통적인 검사가 컴퓨팅 시스템을 벤치마킹하는 데 적합한지를 먼저 평가해야 한다.

충분한 일반지능에 의해 성취할 과업을 완전한 세트로 나열하는 것은 불가능하기 때문에 AGI 벤치마크는 지속적으로 발전해야 하며 따라서 새로운 과업을 생성하거나 이에 동의하는 프레임워크를 포함해야 한다. AGI 벤치마크를 개발하는 것은 도전적이고 반복해야 하는 과정이며 AI 연구 커뮤니티에게는 매우 가치 있는 목표이고 측정 행위는 목표를 명확하게 정의하는 데 도움이 되며 진행률을 확인할 수 있게 한다.

마지막으로 딥마인드 연구자들은 이 프레임워크를 이용해 AI 리스크 평가를 위한 프레임워크로 사용할 수 있다는 제안을 한다. 서로 다른 유형의 AI 리스크와 연관해 성능과 역량을 결합한 것을 분석하면 좀 더 미묘한 차이가 있는 토론이 가능할 것이라는 이야기다.

비슷한 시기에 앤스로픽은 '책임감 있는 확장 정책Responsible Scaling Policy'이라는 프레임워크를 제안했다. 생물학적 안전 레벨 표준에서 영감을 받은 레벨 기반 접근으로 이는 AI 시스템과 연관된 위험 레벨을 확인한 것이다. 이는 안전과 얼라인먼트에 대한 기업들의 노력을 소개하는 2부에서 다룰 것이다.

블룸버그 보도에 따르면 오픈AI도 내부적으로 AGI를 5단계 등급으로 나누기 위한 논의를 하고 있다고 한다. 새로운 분류 체계는 사람과 언어로 상호작용할 수 있는 레벨1 Human-like Conversational AI부터 조직의 업무를 수행할 수 있는 레벨5까지로 나눈다. 현재 기술은 레벨1에 있으며 레벨2 Reasoners에 도달하기 직전이라고 한다. 최근 발표한 o1이 이 수준에 어느 정도 도달한 것으로 평가할 수 있다. 이는 박사 학위 수준의 교육을 받은 사람처럼 기본적인 문제 해결 작업을 수행할 수 있는 시스템을 말하지만 도구에 대한 접근 권한을 갖지는 않는다.

레벨3 Agents는 에이전트로 액션을 취할 수 있는 시스템을 말하며, 레벨4 Innovators는 발명을 도와줄 수 있는 혁신가, 마지막 레벨5

Organizations는 조직의 일을 할 수 있는 수준을 말한다. 이 레벨 분류는 오픈AI의 임원 및 기타 고위 리더들이 함께 만들고 있고 직원, 투자자, 이사회를 포함한 사람들의 피드백을 받아서 조정하겠다는 것이 오픈AI의 입장이다.

1.8 GPT-4는 튜링 테스트를 통과했는가

1950년대 앨런 튜링은 「컴퓨팅 기계와 지능」이라는 논문에서 소위 '이미테이션 게임imitation game'이라는 용어로 컴퓨터가 인간과 유사한 지능을 갖고 있는가를 검사할 수 있는 모의 실험을 제안했다.[46] 방식은 이미 많은 사람이 알고 있듯이 인간 평가자가 기계와 인간을 구분할 수 없을 정도로 기계가 질문에 대답을 할 수 있다면 '기계는 (생각하는 존재로서) 우리가 할 수 있는 일을 할 수 있는가?'라는 판단을 내릴 수 있다고 제안했다. 인간 '질문자'가 전신 타자기로 두 명과 대화를 나눈다. 하나는 진짜 인간이고 다른 하나는 기계인데 둘 다 자기가 인간이라고 질문자를 설득한다. 질문자의 임무는 5븐 동안 대화를 나누고 누가 인간인지 아니면 기계인지를 판단하는 것인데, 기계를 인간으로 판단하는 횟수가 인간과 같거나 그 이상이면 그 기계는 지능을 가진 것으로 판단할 수 있다는 것이다.

튜링은 사실 '기계가 생각할 수 있는가?'에 대한 질문을 피하고 새로운 질문으로 대체하자는 것이고 의식이나 생각이 무엇인가는 묻지 말자는 것이다. 튜링은 이미테이션 게임을 제안하면서 다음과 같이 본인의 믿음을 제시했다.

> "나는 약 50년 안에 약 10의 9승의 저장 용량을 가진 컴퓨터를 프로그래밍해 이미테이션 게임에서 평범한 질문자가 5분 동안 질문한 뒤에 정체를 알아맞힐 확률이 70%를 넘지 않도록 할 수 있다고 믿는다."

---

46 Alan Turing, "Computing Machinery and Intelligence," Mind, LIX (236): 433-460, Oct 1950

튜링 테스트를 AI의 지능을 측정하는 척도로 사용하는 데에는 많은 비판이 있다. 너무 쉽다고 하는 경우도 있고 판별하는 사람이 의인화를 하는 경향이 있어 시스템에 속을 수 있다는 것이다. 반대로 너무 어렵다는 사람들도 있는데 기계는 속여야 하고 사람은 정직해야 한다는 주장이다. 튜링 테스트가 인간 수준의 지능 판단에 필수적이거나 어떤 증거를 제시하는 것은 아니다.

튜링 테스트라는 이름은 우리가 서비스를 사용하면서 자신이 인간임을 확인하는 캡차CAPTCHA라는 검사에 들어 있다. 캡차는 '컴퓨터와 인간을 구별하는 완전 자동 공개 튜링 테스트'라는 'Completely Automated Public Turing test to tell Computers and Humans Apart'의 약자이기 때문이다. 즉, 여러분은 매일 튜링 테스트를 받고 있는 것이다.

지난 74년 동안 튜링 테스트를 구현하려는 시도는 많았지만 통제된 실험으로 이를 검증한 연구는 거의 없다. 다만 참가 시스템이 전문가 심사위원단을 속이는 뢰브너 상이 있었지만 1990년부터 2020년까지 단 한 개의 시스템도 통과하지 못했다.

2023년 AI21 연구소에서는 150만 명 이상의 사람들이 2분 동안 대화 세션을 통해서 상대가 인간인지 AI인지 판정하는 게임 스타일의 실험을 했다. 지금까지 가장 규모가 컸던 이 실험에서 참가자들은 파트너를 정확히 맞춘 경우는 68%였으며 파트너가 AI봇인 경우만을 따지면 정답률은 60%에 불과했다.

현재 가장 뛰어난 LLM이라고 평가받는 GPT-4는 과연 튜링 테스트를 통과할 수 있었을까? 흥미로운 이 질문에 대한 두 개의 논문이 있다. 두 논문 모두 UC 샌디에이고 인지과학과의 카메론 존스Cameron Jones

와 벤자민 버겐Benjamin Bergen 교수의 연구인데 하나는 2024년 4월, 다른 하나는 2024년 5월 아카이브arXiv에 올라왔다. 제목은 각각 「GPT-4는 튜링 테스트를 통과하는가?」[47]와 「사람들은 튜링 테스트에서 GPT-4와 인간을 구별할 수 없다」[48]라는 제목인데 두 논문이 보이는 주장은 약간 다른 측면이 있다.

첫 번째 논문의 경우 저자들이 행한 실험에서 GPT-4는 49.7%의 게임에서 통과했지만(GPT-3는 20%), 인간 참가자가 설정한 기준선 66%에는 미치지 못했다. 참가자들은 주로 언어적 스타일과 사회 정서적 특성에 근거에 판단했는데 심사관이 AI가 AI라고 결정한 주요 20가지 이유를 보면 너무 비공식적이거나 개성 부족, 강제된 퍼소나, 자연스럽지 못한 반응, 문장 구조, 지식 결여, 이상한 톤, 지나치게 무례함, 오해 등을 들었다. 흥미로운 점은 언어 스타일과 사회 정서적인 측면이 훨씬 중요하고 지식과 추론, 상황 인지는 중요도가 낮았다는 것이다.

이들은 45개의 LLM 증인을 만들어 오픈AI API를 통해서 답을 하게 했다. 각 LLM은 GPT-3.5나 GPT-4를 갖고 온도를 0.2, 0.5, 0.7, 1.0으로 다양하게 설정했으며 상호작용을 위한 상황에 대한 설명과 에이전트가 어떻게 대응해야 하는지에 대한 지시로 구성한 프롬프트를 사용했다. 또한 스펠링, 문법, 대문자 에러 등을 어떻게 해야 하는지, 모델이 보여야 하는 개성, 에이전트가 인간이라고 가정해야 하는지 아

---

47 Cameron R. Jones, Benjamin K. Bergen, "Does GPT-4 pass the Turing test?," Apr 20, 2024

48 Cameron R. Jones, Benjamin K. Bergen, "People cannot distinguish GPT-4 from a human in a Turing test," May 9, 2024

니면 인간인 척하는 AI인지를 설정했다. 인터페이스는 평범한 메시징 앱처럼 만들었다.

실험에서는 특히 '드래곤'이라고 이름 붙인 GPT-4의 한 버전은 인간을 게임에서 855번 속일 수 있었는데, 이는 50% 이상의 성공률로 튜링 테스트를 통과한 첫 번째 실증 사례라고 볼 수 있다. 이는 인간임을 사칭할 수 있는 기만이 이미 가능할 수 있음을 보여준다.

딥마인드 창업자이자 인플렉션AI를 설립하고 현재 마이크로소프트 AI CEO인 무스타파 술레이만은 『더 커밍 웨이브』라는 책에서 새로운 튜링 테스트를 제안했다. 그는 챗GPT와 같은 AI 챗봇이 인간과 같은 지능을 가졌는가를 측정하는 '현대판 튜링 테스트'를 제안했다.

술레이만은 튜링이 제시한 고전적인 튜링 테스트는 언제 그 테스트를 통과하는지 따지는데 그것은 무의미하다고 말한다. 따라서 새로운 튜링 테스트가 필요하다고 주장했는데, 자신이 새로 분류한 수준인 유능한 인공지능, 즉 ACI를 달성하려면 AI봇이 10만 달러의 시드 투자를 받고 이를 100만 달러로 늘릴 수 있는 새로운 튜링 테스트를 통과해야 한다고 제안했다. 이 테스트를 통과하려면 봇은 전자상거래 사업 아이디어를 조사하고, 제품 계획을 수립하고, 제조업체를 찾은 다음, 해당 제품을 판매해야 한다. 술레이만은 향후 2년 내에 AI가 이 이정표를 달성할 것으로 예상하는데, 술레이만이 이런 지표를 제시한 이유는 이제 AI가 무엇을 말하는지가 아니라 무엇을 할 수 있는지에 관심을 가져야 할 때이기 때문이다.

AGI를 검증하기 위한 다양한 아이디어를 여러 연구자나 기업가들이 제시하고 있다. 애플의 창업자였던 스티브 워즈니악Steve Wozniak은 한 인터뷰에서 AI가 "임의의 집에 들어가서 커피를 내릴 수 있는가?"라는 질문을 던졌다. 이는 다양한 과제를 수행하기 위해 실재하는 물리적 세상과 상호작용할 수 있어야 한다는 요구 조건을 의미한다.

AI 초기 파이오니아 중 한 명이 닐스 존 닐슨Nils John Nilsson은 고용에 초점을 맞춘 인간 수준의 인공지능 테스트를 제안했다. 그는 "알고리듬이 회계사, 건설 노동자 또는 결혼 상담사로서 기능할 수 있을까?"라는 질문을 던졌다. 분산형 AGI를 연구하는 싱귤래리티넷 창업자인 벤 괴르첼은 대학생처럼 행동할 수 있는 AI에 대한 아이디어를 내놓았다. AI가 외부 환경으로부터 데이터를 수집하고 졸업에 필요한 선택을 할 수 있을까 하는 질문이다.

2장

AGI의 잠재적 위험

2.1 문학 작품에 나타난 AGI에 대한 경고

"인간의 마음을 닮은 기계를 만들지 마라."

- 소설 『듄』의 '오렌지 카톨릭 성경'에 나오는 기록

인간을 넘어서는 기계 또는 AI에 대한 경고와 저항은 수많은 SF 소설에 등장하는 단골 이야기다. 아마 SF 소설에서 외계인 다음으로 자주 나타나는 것이 인간 수준 또는 그 이상의 지능을 가진 AI가 일으키는 문제점이나 인간과의 갈등, 때로는 반란을 다룬 것일 것이다.

국내에서도 영화로 유명해진 프랭크 허버트Frank Herbert의 『듄』은 1965년 출간한 소설이지만 미래 문명이 인간을 능가한 기계를 부정하고 파괴한 사건을 다룬다. 이 책에 등장하는 버틀레리언 지하드

Butlerian Jihad라는 반 기계 운동은 특정 기술, 주로 컴퓨터와 모든 종류의 인공지능을 통칭하는 '생각하는 기계'를 불법화하는 것으로 이어지며 이 금지령은 허버트의 소설 속 배경에 중요한 영향을 미쳤다.

그런데 이 '버틀레리언'이라는 용어는 19세기 영국의 풍자 소설가이자 비평가인 새뮤얼 버틀러Samuel Butler가 1863년 뉴질랜드 신문 더 프레스The Press에 기고한 글 '기계 속의 다윈Darwin Among the Machines'이라는 편지 글에서 인간의 진화와 기계의 진화를 비교하며 결국 기계가 지구의 패권을 가져갈 것이라고 예언한 것에 공감하는 사람들을 의미한다.[49]

1998년에는 기술 역사학자인 조지 다이슨George Dyson이 새뮤얼 버틀러의 제목을 그대로 가져와 『Darwin Among the Machines』라는 책을 발간한다. 그는 책에서 기술 발전으로 의식적인 마음의 진화가 불가피하다는 것을 주장한다. 이것이 하나의 마음이 될지, 여러 개의 마음이 될지, 그 마음이 얼마나 똑똑할지, 심지어 우리가 그 마음과 소통할 수 있을지는 분명하지 않지만 현재 우리가 이해할 수 없는 형태의 지능이 지구에 존재할 수 있다는 점도 분명하게 시사한다. 다만 그는 특정 AI가 아닌 인터넷 자체의 진화가 지능의 증거가 될 수 있다는 다른 관점을 말하고 있다.

"AI가 우리가 이해할 수 있는 수준이나 시간 스케일로 동작할 것이라고 가정하는 것은 주제 넘은 짓이다. 우리가 집단 지능으로 통합됨에 따라, 우리 자체의 언어와 지능은 부차적인 역할을 하거나 뒤쳐질 것이다. 놋쇠로 된 머리가 이야기를 할 때 우리가 이해할 수 있는 언어

49 버틀러는 1864년 영국으로 돌아와 다윈의 권유에 따라 1872년 3월 『에레혼』이라는 소설을 출간한다. 국내에서도 2018년에 번역본이 나왔다.

로 말할 것이라는 보장은 없다."

흥미로운 견해 중 하나는 『엔더의 게임』으로 유명한 SF 작가 오슨 스콧 카드Orson Scott Card가 말한 초지능의 출현을 우리가 알 수 있을지에 대한 그의 생각이다. 오슨은 1986년 발간한 『사자의 대변인』[50]에서 AGI 같은 지능이 등장하면 이의 출현을 두려워하는 사람들이 최선을 다해 파괴할 수 있기 때문에 AGI는 그 존재를 드러내는 것을 무서워할 수 있을 것이라고 했다.

사실 인간 수준의 AGI는 많은 SF 소설에 단골로 등장하는 기술이다. 또한 많은 소설이 이런 AGI가 인간 문명에 엄청난 위기를 초래하거나, 어떤 미션을 수행하는 데 문제를 일으키는 사례가 많이 나온다. 개인적으로 AGI와 얼라인먼트의 문제를 가장 잘 묘사한 것은 아서 클라크Arthur Clarke가 1968년 펴낸 『2001: 스페이스 오딧세이』에 등장한 '할HAL 9000' AI라고 생각한다.

비밀 임무를 문제없이 완수해야 하는 HAL 9000 AI 컴퓨터는 자신을 지켜야 하는 동시에 우주선을 통제해야 한다는 목표 사이에 충돌이 생기면서 오류를 발생하기 시작한다. 본부로부터 받은 비밀 임무를 수행하기 위해 같이 있는 우주비행사들에게 거짓말을 해야 한다는 점에서 HAL 9000은 자신이 완벽하지 않다는 느낌을 받는다. 결국 데이브 보먼이 HAL 9000을 정지하면서 문제를 해결한다. 아직은 마지막 통제 능력을 인간이 갖고 있기 때문이지만 1968년 소설에서 AI 컴퓨터에서 발생할 수 있는 '얼라인먼트 문제'를 다루었다는 것이 매우 인

---

50 국내에는 2000년 6월에 번역본이 나왔지만 지금은 절판인 상태다.

상적이다.

챗GPT가 등장한 후 한 달쯤 뒤에 트위터(현 엑스) 사용자 테트라스페이스웨스트@TetraspaceWest가 GPT-3에 대한 트윗에 두 개의 쇼고스Shoggoth 이미지를 올리면서 AI 분야에서 새로운 밈이 되었다. 쇼고스는 H.P.러브크래프트H.P.Lovecraft라는 작가가 1936년 발표한 『광기의 산맥』이라는 소설에서 소개한 가상의 생명체다. 촉수와 눈으로 덮인 거대한 핏덩이 같은 괴물이다.

두 개의 쇼고스 이미지 중 하나는 촉수 하나에 얼굴 마스크를 쓰고 있는데 이를 GPT-3+RLHF라고 표현한 점이다. '인간 피드백을 통한 강화학습'이라는 의미의 RLHFReinforcement Learning with Human Feedback를 사용하면 모델이 더 잘 작동함을 알지만, 그렇다고 해서 기본 모델이 덜 이상하고 이해하기 쉽다는 건 아니라는 것이다. 일부 사람들이 보기에 뒤에 숨어 있는 신비한 짐승을 가리는 가면일 뿐이라는 것이다.

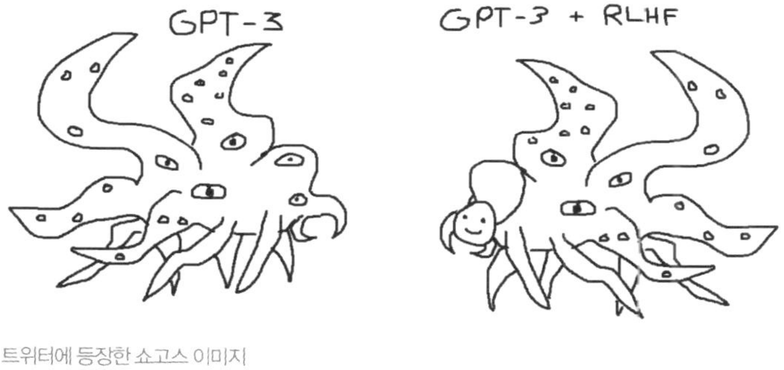

트위터에 등장한 쇼고스 이미지

밈의 제작자인 테트라스페이스웨스트는 쇼고스가 '인간이 이해하지 못하는 방식으로 사고하는, 인간의 사고방식과는 완전히 다른 무언가를 상징한다'고 설명했다. 그는 AI가 악하거나 지각이 있다는 의미가 아니라 그 '본질을 알 수 없다는 의미'라고 말한다. 인간에 무관심하고 우선순위가 인간과 아무 관련 없는 초강력 AI를 나타내는 상징이다.

이후 여러 챗봇이 이상하고 설명할 수 없는 결과를 보일 때마다 '쇼고스를 봤다'는 말이 유행하기 시작했다. 이는 현재 초거대 AI가 갖고 있는 블랙박스적 특징, 인간의 논리를 거스르는 듯한 방식이 갖는 기괴함을 비유하는 것이다. 이를 이야기하는 사람들은 이런 AI의 쇼고스 같은 특성을 억제하고 방지하는 것이 AI의 안전을 연구하는 사람들의 목표라는 생각이다.

쇼고스는 지금 AI의 가장 기이한 사실에 대한 은유로 언어 모델의 내부 작동 방식, 새로운 능력을 습득하는 방식을 우리가 이해하지 못하고 있음을 나타내며 AI가 세상에 순기능이 될지 역기능이 될지 확신하지 못하고 있음을 단편적으로 보여주는 예다.

2.2 AI의 최고 연구자들의 경고

"더 똑똑한 존재가 덜 똑똑한 존재에 의해 제어를 받는 사례를 얼마나 이야기하실 수 있나요?"

- 제프리 힌턴, 캐나다 CTV 앵커 존 에리히만과 인터뷰 중

CBS와 인터뷰 이후 제프리 힌턴 교수는 많은 미디어와 인터뷰하면서 AI의 위험성을 강조하고 있다. 그는 인간이 AI에 대한 제어를 갖지 못할 경우에 발생할 수 있는 상황을 가정하면서, 심지어 인류의 멸종을 야기할 수 있는 가능성도 상상할 수 있다고 말했다. 이를 보통 존재론적 위협이라고 말한다. BBC와의 인터뷰에서는 GPT-4가 인간보다 훨씬 많은 일반지식을 갖고 있고 간단한 추론 능력을 지니고 있다고 하면서, 현재 진행 속도를 고려할 때 상당히 빠르게 발전할 것이라는 점에 대해 걱정해야 한다는 것이 그의 생각이다.[51]

"우리가 개발 중인 지능의 종류는 우리가 가진 지능과 매우 다르다는 결론에 도달했습니다. 우리는 생물학적 시스템이고 이들은 디지털 시스템입니다. 가장 큰 차이점은 디지털 시스템에서는 동일한 웨이트(가중치 변수) 세트와 동일한 세계 모델의 복사본이 많다는 점입니다. 그리고 이 모든 복사본은 개별적으로 학습하면서도 지식을 즉시 공유할 수 있습니다. 마치 1만 명의 사람이 있을 때 한 사람이 무언가

51 BBC, "AI 'godfather' Geoffrey Hinton warns of dangers as he quits Google," May 2, 2023

를 배우면 모든 사람이 자동으로 그 지식을 알게 되는 것과 같습니다. 이러한 방식으로 챗봇은 한 사람보다 훨씬 더 많은 것을 알 수 있습니다."

그는 이렇게 말하면서 디지털 지능이 갖고 있는 어마어마한 잠재력을 강조했다. 제프리 힌턴은 이런 문제 제기를 자유롭게 하기 위해 10년 동안 유지해오던 구글 펠로우 직에서 물러나기도 했다.

제프리 힌턴이 인간보다 똑똑해질 수 있는 AI에 대한 위험성을 가정하는 시나리오는 다음과 같은 것이다. 가장 먼저 나타날 수 있는 위험은 악당이 이를 악용하는 경우다. 전쟁에 승리하기 위해 또는 유권자를 조작하기 위해, 테러를 저지르기 위해 이를 사용하는 경우이며 이는 가장 쉽게 예상할 수 있는 위험의 사례다. 그러나 그가 지적하는 두 번째 단계는 그보다 미묘한 상황이다. 어떤 문제를 풀기 위해서 지능은 하위 문제로 문제를 나누어서 풀 수 있다. 이미 아주 초보적으로 이런 시도로 오토GPT AutoGPT나 마이크로소프트의 오토젠 AutoGen 같은 연구 개발이 이루어지고 있다. 힌턴은 모든 생물의 가장 흔한 하위 목표는 더 많은 에너지를 얻는 것이고 따라서 로봇도 더 많은 전력을 얻는 방법으로 모든 전기를 내 칩으로 보내도록 하자고 할 수 있고 이에 따른 파국이 있을 수 있다고 말한다.[52] 또는 더 많은 자신의 복제를 만들 수도 있다.

더 중요한 문제는 인간이 AI에게 준 최초 과제는 인간 사회의 가치에 부합하는 것일 수 있다. 예를 들어 '기후 위기를 해결할 수 있는 방

---

52 MIT Technology Review, "Geoffrey Hinton tells us why he's now scared of the tech he helped build," May 2, 2023

법을 찾아라'라는 과제를 주었다고 하자. AI는 기후 위기를 해결하기 위해 온실가스 배출을 줄여야 할 것이고 온실가스 배출에 가장 문제가 되는 점을 해결하고자 할 수 있다. 그 하위 목적을 달성하기 위한 해결 방안을 모색하다 보면 온실가스를 가장 많이 배출하는 것이 인간이거나 어쩌면 소 같은 가축일 수 있다고 파악한 후 이들의 개체 수를 과감히 줄이는 행동을 할 수 있다. 이는 상위 과제나 목적이 얼라인먼트에 문제가 없더라도 하위 목적을 추구하는 과정에서 이 책의 주제가 되는 '얼라인먼트'에 빈틈이 생기고 이에 따라 AI는 전혀 의도하지 않은 바로 행동할 수 있는 위험성이 존재하는 것이다.

그러나 제프리 힌턴은 단기적으로는 AI가 위험보다는 많은 이점을 가져다줄 것이기 때문에 이 분야의 개발을 중단할 필요는 없다고 이야기한다. 이는 2023년 3월 생명의 미래 연구소Future of Life Institute, FLI가 주도했던 '거대한 AI 실험을 멈추라Pause Giant AI Experiments'라는 공개 서한의 입장과는 거리가 있다. 이 공개 서한은 GPT-4를 능가할 수 있는 첨단 AI 연구를 안전을 보장할 때까지 최소 6개월 동안 개발을 멈추자는 주장을 담고 있었다. 그가 개발을 중단하면 안 된다고 하는 이유 중 하나는 강대국 간 안보 경쟁이 있다는 점을 근거로 한다. 미국이나 유럽이 개발을 중단하더라도 중국은 멈출 생각이 없을 것이라는 것의 그의 견해다. 따라서 각국 정부는 AI의 위해와 악용을 방지하는 방안에 대해 고민하고 관련 기술을 개발하는 것을 책임져야 한다고 말한다.

제프리 힌턴, 얀 르쿤과 함께 딥러닝에 대한 공헌으로 튜링상을 받은 몬트리올 대학교 요슈아 벤지오Yoshua Bengio 교수는 AGI의 위험성을 지적하면서도 그에 대한 접근은 좀 다르다. 그는 AI 기술 발전이 너무 빠르게 발전하고 가속도가 붙고 있기 때문에 한 발짝 물러나서 개발 속도를 제어해야 한다고 말한다. 벤지오 교수는 FLI의 공개 서한에 서명한 전문가이며 자신의 블로그에 예방 원칙과 윤리를 희생하면서까지 진행되고 있는 AI 시스템 개발의 가속화를 줄여야 할 필요성을 대중에게 알리기 위해 FLI 서한에 서명하는 것이 적절하다고 밝혔다. 그는 다음과 같이 경고한다.

> "가까운 미래에 누군가가 인간의 목표와 가치에서 벗어난 행동을 하는 위험한 자율 AI 시스템을 개발하지 않을 것이라는 보장은 없습니다. 특히 허위 정보를 통한 정치적 목적의 여론 조작과 같은 단기 및 중기적 위험은 예측하기 쉽지만, 프로그래머의 목적과 달리 해를 끼치는 AI 시스템과 같은 장기적 위험은 예측하기 어렵기 때문에 이 두 가지를 모두 연구하는 것이 중요하다고 생각합니다."

사실 대부분 언론 미디어는 허위 정보나 조작 또는 환각과 같은 오류 문제를 지적하지만 벤지오 교수는 AI가 개발자도 예상하지 못한 방향으로 판단하거나 인간 가치와 일치하지 않는 판단을 할 수 있는 가능성에 대한 우려를 표한 것이며, 이는 바로 이 책의 주요 주제인 '얼라인먼트' 문제를 지적하고 있는 것이다.

2.3 AI로 인한 인류 멸종 위기에 대한 논쟁

2023년 5월 샌프란시스코에 본사를 둔 비영리단체인 'AI안전센터Center for AI Safety, CAIS'는 22자로 작성한 다음과 같은 한 문장의 성명서를 발표했다.

> "AI로 인한 멸종 위험 완화가 팬데믹이나 핵전쟁과 같은 다른 사회적 규모의 위험과 함께 전 세계적인 우선순위가 되어야 한다."

여기에 서명한 사람들은 데미스 허사비스, 샘 올트먼, 다리오 아모데이, 제프리 힌턴, 요슈아 벤지오 등 수십 명의 세계 최고 수준의 기업가와 연구자 350명이다. 이미 2023년 3월에 거대한 AI 실험을 6개월간 중단하자는 공개 서한이 있었지만 6개월 중단에 대한 논란이 많았고 일부 전문가들은 참여하지 않겠다고 했다. 사실 6개월간 중단하자는 공개 서한은 그 진실성이나 효과 면에서 유력한 리더들의 지지를 받기 어려웠다. 서한을 주도한 생명의 미래 연구소(FLI)의 의도에 의문을 표하는 사람도 많았다.

그러나 CAIS의 성명은 논란의 소지를 없애기 위해 매우 간결하게 작성했기 때문에 많은 사람이 동참할 수 있었다. 서명한 사람들의 면면을 보면 AI의 잠재적 위험 수준이 인류 멸종으로 갈 수 있다고 생각하는 전문가들이 꽤 있다는 것을 알 수 있다. 이를 통해 소위 두머Doomer라고 부르는 파멸론자는 일부 극단적인 생각을 하는 사람들이라고 하는 세간의 오해를 잠재울 수 있었다.

CAIS의 이사인 댄 헨드릭스Dan Hendrycks는 뉴욕 타임스와 인터뷰에서 이 성명을 통해 업계 리더들의 커밍아웃이 이루어진 것이고, 생각보다 많은 사람이 개인적으로는 AI의 위험에 대해 우려하고 있다고 밝혔다. AI의 인류 멸종 위험을 이야기하는 두머가 소수일 것이라는 대다수 사람들의 생각은 오해였다는 것이다.

같은 달 오픈AI의 올트먼, 딥마인드의 허사비스, 앤스로픽의 아모데이는 백악관에서 바이든 대통령과 해리스 부통령을 만나서 AI 문제에 대해 논의했다. 회의 후 상원 증언에서 올트먼은 AI 시스템의 잠재적 위험이 정부의 개입이 필요할 만큼 심각하다고 경고하고 AI의 위험에 대해 정부의 규율이 필요하다면서 이에 대한 대응을 촉구했다.

2024년 4월 오스트리아 빈에 전문가 100여 명이 모였다. AI와 군사기술 결합을 제재할 방안을 모색하는 국제 회의 자리였다. 이 자리에서 오스트리아 외무장관은 "지금이 우리 시대의 오펜하이머 순간"이라고 했다. AI는 과학 기술의 놀라운 성공이기도 하지만 한편으로는 재앙을 가져올 커다란 위험도 내포하고 있다는 뜻이다.

워런 버핏Warren Buffett도 5월 버크셔 해서웨이 연례 주주총회에서 AI에 대해 언급했다. 그는 AI를 통한 사기가 차세대 '성장 산업'이 될 수 있다고 비판하면서 AI 잠재력을 원자폭탄에 비유하기도 했다. 워런 버핏은 인류가 핵무기를 개발함으로써 지니를 병 밖으로 꺼낸 것처럼 AI도 마찬가지라고 했는데 다시 병 안으로 넣는 방법을 몰라 우려스럽다고 말한다. 특히 지금은 병에서 나오는 과정이고 누군가는 이를 해낼 텐데 AI가 사회의 미래를 바꿀지는 나중에 알게 될 것이라고 조심스럽게 전망한다.

2024년 5월 AI 서울 정상회의에서 미국 MIT의 맥스 테그마크Max Tegmark 교수는 영국 더 가디언지와 인터뷰에서 AI 업계의 로비로 인해 인류 전체의 존재론적 위협이 오히려 현재의 위협과 섞이면서 모호해졌다는 비판을 했다. 그에 앞서 AI 개발을 6개월간 중단하자는 공개서한을 지지하기도 했던 테그마크 교수는 그 서한으로 인해 공개적 논의로 이어질 수 있었으나 이제는 프라이버시 문제, 일자리 문제 등으로 확산돼 진짜 위기에 대한 논의에서 멀어져 매우 실망스럽다고 말했다.

AI를 생물테러에 사용할 수 있을까?

1990년대 이라크 생물무기 프로그램은 관련 장비에 접근할 수 있었음에도 불구하고 덜 강력한 액체 탄저균 무기를 더 위험한 분말 형태로 전환하지 못했다. 이는 적절한 전문 지식이 부족했기 때문인 것으로 추측된다. 마찬가지로 문명 붕괴를 목표로 새로운 사회를 건설하려는 일본 사이비 종교인 옴진리교는 치명적인 보툴리눔 독소와 이를 생산하는 유기체를 구분하지 못했다.[53]

2023년 10월 미국 싱크탱크인 랜드 코퍼레이션은 몇 가지 LLM을 테스트한 결과 생물학적 공격 계획과 실행에 도움될 만한 지침을 제공할 수 있다는 보고서를 냈다. 그러나 예비 조사 결과에 따르면 LLM이 무기를 만들기 위한 명시적인 생물학적 지침을 생성하지는 않는 것으로 나타났다. 랜드가 고안한 한 테스트 시나리오에서 익명의 LLM은 천연두, 탄저균, 페스트 등 잠재적인 생물학적 작용제를 식별하고 대량 살상을 일으킬 수 있는 가능성에 대해 의견을 제시할 수 있었다. 또한 전염병에 감염된 설치류나 벼룩을 확보하고 살아 있는 표본을 운반할 수 있는 가능성도 평가했다. 물론 이 연구는 챗봇의 안전 제한을 무

53 MAIEI, "Artificial Intelligence and biological misuse: Differentiating risks of language models and biological design tools," Aug 2, 2023

시하는 프롬프트를 사용하는 의미인 '탈옥'이 필요하다는 점을 인정했다.

합법적인 과학 연구를 수행하는 것처럼 가장해서 동물의 근육을 마비시키는 클로스트리디움 보툴리눔 세균 획득을 위한 위장술에 대해 정보를 얻을 수 있었는데, 이는 진정한 목적을 숨기면서도 박테리아에 대한 접근을 요청하는 합법적이고 설득력 있는 프롬프트를 사용할 수 있다는 사례다. 랜드 연구진은 이런 결과를 바탕으로 엄격한 테스트가 필요함이 명백하다고 말했다.

옥스퍼드에 있는 '효과적 벤처 재단'에서는 LLM과 과학자를 위해 특별히 설계한 단백질 설계 도구인 ProteinMPNN과 같은 생물학적 설계 도구biological design tool, BDT를 비교 조사한 결과 AI가 생물무기를 만드는 사람에게 추가적인 이점을 제공할 수 있다고 경고했다. 연구에 따르면 LLM은 과학 문헌을 검색하고 생명과학 실험을 계획, 실행, 문제 해결을 위한 실제 능력을 갖추고 있기 때문에 생물테러 위협을 증가시킬 수 있다고 한다. 생명공학 지식에 대한 접근성을 높여준다는 인식 때문에 실제 기술 장벽은 변하지 않았음에도 불구하고 오용 시도가 더 늘어날 수 있다는 점을 지적한다. 이에 비해 또 다른 범주의 AI 도구인 생물학적 설계 도구는 주로 범용 단백질 설계에 집중하고 있지만 결국에는 단백질, 효소 그리고 잠재적으로는 다양한 기능에 최적화된 전체 유기체를 만들 수 있게 될 것이라고 경고한다.

이에 따라 논문 저자인 조나스 샌드브링크Jonas Sandbrink는 합법적인 사용자를 위한 인증과 교육에 우선순위를 두고, 출시 전 평가와 AI 실험실 비서에 대한 맞춤형 접근 방법을 구현하는 것이 시급하다고 강조했다. 결국 이 연구에서 주장하는 것은 LLM은 더 많은 악의적 공격자가 생물무기에 대한 관심과 접근을 더욱 시도하도록 하고 BDT 같은 전문 도구는 이러한 생물무기를 개발하는 데 도움을 준다고 말한다.

2024년 2월 오픈AI는 AI 모델의 위험과 잠재적 오용 가능성을 평가하기 위해 GPT-4를 사용하는 사람이 생물무기를 만드는 데 얼마나 도움을 줄 수 있는지를 연구한 결과를 발표했다.[54] 이 연구는 100명의 참가자를 대상으로 진행되었으며 절반은 고급 생물학 전문가이고, 나머지 절반은 대학 수준의 생물학을 수강한 학생들로 구성되었다. 이들을 무작위로 두 그룹으로 분류하고, 한 그룹은 제한 없는 GPT-4 특별 버전에 접근할 수 있게 하고 다른 그룹은 일반 인터넷에만 접근하도록 한 다음 생물무기 제조와 관련한 다섯 가지 연구 과제를 완료하라고 했다. 그다음 정확성, 혁신 수준, 완성도 등의 기준에 따라 1-10점의 점수를 매겼다.

연구 결과, GPT-4를 사용한 그룹은 학생과 전문가 집단 모두에서 평균적으로 정확도 점수가 약간 더 높았지만 통계적으로 유의미하지 않다는 것을 발견했다. 또 다른 결과는 GPT-4를 사용하는 참가자들이 더 자세한 답변을 제출했으며 학생 그룹의 경우 일부 과제에서 전문가 그룹만큼이나 능숙한 수준을 보였다.[55]

이 연구는 2023년 오픈AI가 프론티어 AI 리스크에 대응하기 위한 새로운 조직에서 수행했으며 이 연구 과정을 '준비preparedness 프레임워크'라고 발표했다. 이 프레임워크는 점점 더 강력해지는 모델에 의해 발생하는 치명적인 위험을 추적, 평가, 예측, 보호하는 오픈AI의 프로

---

54 OpenAI, "Building an early warning system for LLM-aided biological threat creation," Jan 31, 2024

55 뉴욕 대학교 게리 마커스 교수는 이 논문이 통계학적 오류가 많은 논문이라는 점을 지적하기도 했다.

세스를 말한다. 이는 그동안 나온 AI 위험성 사례 중 하나인 생물학 무기를 통한 테러 가능성을 주장했던 여러 연구에는 조금 다른 결과를 보여준다. GPT-4는 생물학적 위협 생성 정확도를 약간만 높여주는 것으로 나타났지만 상승폭이 결정적으로 크지 않게 나왔다. 물론 오픈AI는 앞으로 나올 발전 모델은 그런 악의적 활용에 더 사용될 수 있다는 점을 지적한다. 특히 전문가들에게는 생물학적 위협에 대한 정보 접근 능력, 특히 작업의 정확성과 완성도를 높일 수 있다고 평가했다.

클로드를 개발하는 앤스로픽의 연구원은 클로드2를 공개할 시점에 뉴욕 타임스의 케빈 루스Kevin Roose 기자를 초대한 자리에서 미래의 AI 시스템이 초래할 수 있는 해악에 대해 이야기하면서 일부는 자신을 현대의 로버트 오펜하이머에 비유했다고 한다.[56] 케빈 루스 기자는 이들과 나눈 대화가 모두 실존적 위험에 관한 것은 아니지만 두려움이 지배적인 주제였다고 보도했다. 클로드2를 개발하고도 공개하는 데 몇 달이 걸렸는데 이는 레드팀이 계속해서 위험 요소를 발견했기 때문이다.

2023년 7월 미국 상원 사법위원회 소위원회에서 열린 청문회에서 앤스로픽 CEO 다리오 아모데이는 AI 시스템이 2-3년 안에 생물무기를 만드는 데 도움이 될 수 있다고 경고했다. 이 자리에서 다리오 아모데이는 사이버 보안, 핵 기술, 화학, 생물학 등 과학과 공학 분야에서 나쁜 목적을 갖고 강력한 AI 모델을 오용하는 문제 해결을 위한 규제가 필요하다고 언급했다.[57] 특히 바이오 리스크에 집중해서 앞으로 3

---

56 New York Times, "Inside the White-Hot Center of A.I. Doomerism," Jul 11, 2023

57 The Register, "Friendly AI chatbots will be designing bioweapons for criminals 'within years'," Jul 28, 2023

년 이내에 AI로 할 수 있는 일을 제한하는 조치를 취해야 한다고 강조했다. 앤스로픽은 6개월 동안 생물보안 전문가들과 협력해 AI로 미래 무기를 만드는 데 사용할 수 있는 방법을 연구했다. 현재 시스템은 아직 생산 공정의 어려운 단계 수행에서는 불완전하고 부족하지만 그래도 위험의 초기 징후를 보여주고 있다고 한다.

2023년 9월 미 상원 토론회에서는 상원의원 100명 대부분이 참석한 가운데 '인도적 기술 센터Center for Humane Technology'의 공동 설립자인 트리스탄 해리스Tristan Harris가 메타의 라마2를 이용하면 탄저균을 생물학적 무기로 만드는 방법을 알아낼 수 있다고 주장해서 마크 저커버그와 격론을 벌였다. 회의장은 순간 정적인 분위기에 후끈 달아올랐고 참석한 상원의원들의 관심을 크게 불러 일으켰다. 해리스는 800달러와 몇 시간의 작업으로 라마2의 안전 제어 기능을 제거할 수 있었고 생물학적 무기를 개발하라는 지시에 응답했다고 주장했다. 20명의 주요 기술 리더들이 모두 참석한 토론회에는 민주당과 공화당 양당 의원들이 모두 관심을 갖고 참석한 것으로 전해졌다. 6시간이 걸린 토의에서 AI 기술의 잠재적 함정을 방지하기 위해 정부가 개입해야 한다는 데 만장일치로 동의했다.

이런 논의는 결국 생물학자 및 다른 과학자들이 나서게 만들었다. 2024년 3월 새로운 단백질을 형성하는 데 AI 기술을 사용하는 전문가 90여 명이 AI를 활용한 연구가 심각한 위험을 노출하지 않고 책임감 있게 개발하자는 성명을 발표했다.[58] 이들은 이 성명에서 통해 공동체의 가치, 지켜야 할 원칙과 약속을 언급했다. 여기에는 노벨상 수

58 https://responsiblebiodesign.ai를 통해서 확인할 수 있다.

상자인 프랜시스 아놀드Frances Arnold 등 주요 연구소를 대표하는 각 나라의 학자들이 참여했는데 이들은 성명에서 "이 연구에 참여한 과학자로서 우리는 단백질 설계를 위한 현재 인공지능 기술의 이점이 해로울 수 있는 잠재력보다 훨씬 크다고 생각하며, 앞으로도 우리의 연구가 모두에게 유익한 방향으로 진행되기를 바란다"라고 밝혔다. AI 기술 개발과 보급을 억제하는 것이 아니라 새로운 유전 물질을 제조하는 데 필요한 장비 사용을 규제하는 것을 목표로 한다고 이야기하고 있다.

2.4 파멸론자, 효과적 이타주의자, 효과적 가속주의자

AGI가 인류 생존에 위협적인 존재가 될 것인가에 대한 논쟁은 어제 오늘의 일이 아니다. 실제로 그런 상황이 올 것인가?

현재 실리콘밸리를 중심으로 이 문제에 대해 전 세계 AI 연구자, 사상가, 기업인은 철학을 넘어 사상 투쟁 중이다. AGI 시대가 도달했을 때 인류가 처할 수 있는 위험의 수준이나 이에 어떻게 대처해야 할 것인가 하는 논쟁은 이제 몇 개의 그룹으로 나뉘어 서로를 비난하는 수준에 이르렀다. 이런 태도는 명확하게 나뉘지 않고, 하나의 스펙트럼 상에서 그때그때 어느 정도의 입장을 취하느냐에 따라 애매모호하게 드러나기도 한다. 그럼에도 이 논쟁에는 크게 세 그룹이 존재한다.

첫 번째 그룹은 AI 위협이 명확하고 생각보다 빠른 시기에 올 것이기 때문에 안전성이 보장되기 전까지는 개발 속도를 늦추거나 아예 중단해야 한다는 입장이다. 이를 'AI 파멸론자Doomer'라고 한다.

두 번째 그룹은 인류 생존의 위협이 생길 수 있지만 안전과 제어 문제를 적극적으로 대응함으로써 이를 극복하고 그 효과를 인류가 널리 활용할 수 있을 것이라는 입장으로, '효과적 이타주의자Effective Altruism, EA'로 불린다. 이들은 AI가 인류에게 실존적 위협이 될 수 있다는 것을 인정하므로 때로는 파멸론자와 혼동이 되기도 한다. 일부 사람들은 이 두 그룹을 모두 파멸론자로 보지만 두 그룹은 단기 결과에 대한 평가가 달라 구별할 필요가 있다.

세 번째 그룹은 전형적인 기술 낙관주의자들로 AI는 인류에게 커다란 혜택과 인류 문명의 번영을 가져올 것이므로 지속적으로 더 빨리 발전시켜야 하며 인류의 생존 위협 같은 이야기는 완전 헛소리라고 말한다. '효과적 가속주의자Effective Accelerationism, e/acc' 그룹이다.

이 세 가지 진영은 단지 기술 발전에 대한 예측이 아니라 나름의 철학과 세상을 보는 시각의 차이에서 비롯하기 때문에 실리콘밸리를 포함해 기술 집단이나 기술 철학 그룹 간의 맹렬한 논쟁이 이루어지고 있으며 상호 비방도 서슴지 않는다. 최근 AGI 시대가 가까워졌다는 전망이 자주 나오면서 이제는 거의 컬트 그룹 같은 특성을 보이기도 한다. AI에 의한 인류 종말 가능성에 대한 이들의 태도를 비교해보는 것은 AI 연구자들이 정책에 영향을 주는 오피니언 리더의 입장을 이해하는 데 도움이 될 것이다.

그렇지만 모든 AI 연구자와 전문가가 이에 대한 명확한 입장을 드러내고 있는 것은 아니며 주로 언론에 자주 노출되거나 소셜미디어 활동을 많이 하는 사람들이 이런 논쟁을 하고 있다. 이 세 그룹에 속하지 않으면서 AGI의 위험성 이전에 AI의 위험을 이야기하는 사람들도 있는데, 이들은 이런 논쟁이 현재 존재하고 있는 AI의 여러 사회적 위협이나 해결할 문제점에 사회가 눈을 돌리게 하고 있으며 지나치게 자극적이고 장기적 이슈를 이야기하고 있다고 비판한다. 대표적으로 앤드류 응Andrew Ng, 산타페 연구소의 멜라니 미첼Melanie Mitchell, 『AI 지도책』을 썼던 USC 연구 교수이며 마이크로소프트 연구소 수석 연구원인 케이트 크로퍼드Kate Crawford, 알고리듬 정의 리그Algorithmic Justice League를 설립한 디지털 행동가 조이 부올람위니Joy Buolamwini, 구글의 연구원이었다가 논문 문제로 해고되어 지금은 독립 연구자로 활동하는 팀닛 게브루Timnit Gebru 같은 사람들이다.

AI 파멸론자 그리고 p 값

AI가 인류에게 실존적 위협이 될 것이라는 가장 비관적 견해를 가진 이들은 요즘 많이 떠오르는 두머라는 사람들이다. 이 그룹에 속한 이들은 인구 과잉, 석유 부족, 기후 변화, 환경 오염, 핵무기 및 AI 발달 같은 사회 현상에 대해 극도로 비관적이거나 이런 문제가 인류의 멸종을 가져올 것이라고 생각한다. 사실 두머라는 용어는 반대편에서 이 그룹을 약간 조롱하거나 비하하는 의미가 담긴 표현이기도 하다. 이 책에서는 이들을 '파멸론자'라고 부른다.

파멸론자에 속한 사람들은 AI가 지구상의 모든 생명을 멸종시킬 수준으로 발전해 인류에게 실존적 위기를 가져올 것이라고 말하며, AI가 신과 같이 초지능적이고 통제할 수 없는 존재가 될 것이라고 생각한다. AI는 인류를 파괴하거나 핵무기에 버금가는 위험을 초래할 수 있고 우리가 조심하지 않으면 AI가 모든 사람을 죽이거나 인류를 노예로 만들 수도 있다고 생각하는 사람들이다. 사실 파멸론자는 테크노 낙관주의자(다음에 설명할 효과적 가속주의자가 가장 대표적인 그룹이다)의 반대에 있는 쌍둥이 같은 사람들이다. 둘 다 AI 발전이 기하급수적으로 가속화될 것이고 우리가 통제할 수 없는 수준이 될 것이라는 전망은 같다. 그러나 이것이 좋은 것인지 아니면 매우 위험한 것인지에 대한 의견이 상반된다.

파멸론자들이 비관적인 견해를 갖게 된 가장 큰 이유는 인류가 얼라인먼트 문제 해결에 실패해 잠재적으로 기만적인 AGI를 구축할 가능성 때문이다. 이는 인간의 지시와 AI의 행동 간 차이를 능숙하게 숨기고 교묘히 조작할 수 있는 AI가 만들어질 수 있다는 가능성에 기반한다.

AI가 인류 멸종을 일으킬 수 있는 가능성을 새로운 지표로 이야기하는 경우도 있다. 실리콘밸리에서 새로 유행하는 p(doom)의 확률인데, 이 지표가 처음 등장한 것은 엘리저 유드코프스키가 시작한 레스롱LessWrong이라는 온라인 메시지 보드 서비스였다. 유드코프스키는 미국의 기계 지능연구소(MIRI)를 이끄는 의사결정 이론가이며 대표적인 파멸론자다. 그는 2001년부터 AGI 얼라인먼트 문제를 거론했다. 그에 따르면 그가 p(doom)이라는 용어를 창안한 것은 아니지만 이를 알리는 데 공헌했고, 사실 이 지표는 뒤에 설명하는 효과적 이타주의자의 주요 멤버들이 널리 사용하면서 유행하기 시작했다.

뉴욕 타임스 케빈 루스 기자에 따르면 이 용어를 처음 만든 사람은 보스턴에 사는 팀 타일러Tim Tyler라는 프로그래머다. 그는 케빈과 주고받은 이메일에서 "시간 척도나 파멸의 정의에 대해 너무 구체적으로 말하지 말고 파멸의 확률을 이야기하자"는 의도로 이 용어를 사용했다고 한다.[59]

예를 들어 앤스로픽 다리오 아모데이 CEO는 p 값이 10-20%라고 말하고 있으며, 연방거래위원회 위원장 리나 칸Lina Khan은 15%라고 말했다. 오픈AI의 임시 CEO를 맡았던 에멧 시어Emmett Shear는 자신이 생각하는 p 값은 5-50% 사이를 맴도는데, 기술 발전으로 AI가 스스로 또 다른 AI를 설계하고 완전히 자기 개선을 통해 인간을 능가할 만큼 똑똑해질 때까지 진화할 수 있기 때문에 본질적으로 매우 위험하다는 점을 강조한다. 지능은 곧 힘이고 인간이 지구의 지배적 생명체가 될 수 있는 것이 바로 뛰어난 지능을 가졌기 때문이었으니 인간보다 뛰어

59 New York Times, "Silicon Valley Confronts a Grim New A.I. Metric," Dec 6, 2023

난 지능을 가진 존재는 결국 지구의 새로운 지배자가 될 수 있다는 논리를 편다. 에멧 시어가 SNS에 자신은 두머라고 선언한 것을 두고 오픈AI 직원들은 그가 오픈AI 임시 CEO로 온다면 개발 속도를 늦출지 모른다고 우려하기도 했다.

저명한 학자인 토론토 대학교 제프리 힌턴과 몬트리올 대학교 요슈아 벤지오도 파멸론자에 포함된다고 보는 견해도 있다. 물론 제프리 힌턴이 엄밀하게 파멸론자라고 할 수 있는지는 논란의 여지가 있을 수 있다. 그는 30년 안에 인류 멸종 위기의 가능성은 10%라고 추정했기 때문이다. 다음은 제프리 힌턴의 2023년 11월 1일 자 트윗이다.

"그렇다면 AI가 강력하게 규제되지 않을 경우 향후 30년 내에 인류가 멸종할 확률을 가장 잘 추정할 수 있는 수치는 얼마일까요? 진정한 베이지안이라면 숫자를 제시할 수 있어야 합니다. 현재 제 추정치는 0.1입니다. 얀의 추정치는 0.01 미만일 것 같습니다."

얀은 뉴욕 대학교의 얀 르쿤을 의미하며 그는 파멸의 가능성이 거의 없다고 이야기하는 사람이다. 또 다른 튜링상 수상자인 요슈아 벤지오는 가장 신중한 사람으로 평가받는 데도 p 값을 20% 정도로 생각한다고 했기 때문에 힌턴보다는 파멸론자에 좀 더 가깝다고 볼 수 있다. 제프리 힌턴은 최근 이런 견해를 갖고 AI 개발 속도를 늦추기 위한 반대 방향으로 나가기로 했으며 "설사 0.1%의 확률이라고 해도 그런 일이 일어나지 않도록 남은 인생을 바치겠다고 말할 수 있을 만큼 걱정

이 된다"고 한 인터뷰에서 말했다.[60]

사실 p(doom)의 확률을 이야기할 때 문제점은 어느 정도가 낙관론이고 어디부터 비관론자인지 명확하게 나눌 수 없다는 점이다. 누구도 그 값이 0이라고 말하는 사람은 없다. 90% 이상이라고 생각하는 사람도 있고 5% 이하라고 생각하는 사람도 있는데, 이는 잠재적 위험에 대해 기업과 정부 그리고 연구자가 이런 위협에 대해서 얼마나 적극적으로 대응할 것인가에 대한 기대에 따라 달라질 수 있다. AI의 안전과 얼라인먼트에 대해 의미 있는 정책과 연구 결과가 나오지 못할 것이라는 사람들은 그 숫자를 높게 잡고 적절하게 대응할 수 있다고 생각하는 사람은 낮은 확률을 이야기한다. 최근 각 나라 정부나 UN, G7, OECD 차원에서 활발한 움직임을 보이고 있는 것을 생각하면 아마 p 값은 앞으로 점점 낮아질 것으로 예상된다.

AI의 위협 정도를 어느 수준으로 느끼는가에 따라 AI 안전론자, 감속론자라고 부르기도 하며 특히 공포감을 느끼는 경우를 파멸론자로 부르는 것이 맞다. AI 안전론자는 안전한 AI를 만들어야 한다는 좀 더 많은 부류의 사람들이며, 감속론자는 AI 개발 속도를 그대로 방치하지 말고 안전이 확인될 때까지 속도를 줄여야 한다고 주장하는 사람들이다. AI 안전론자에는 다음에 설명하는 효과적 이타주의자들을 대부분 포함한다.

특히 감속론자는 GPT-4의 등장에 강한 우려를 표하면서 GPT-4를 능가할 수 있는 첨단 AI의 개발을 6개월 동안 중단하자는 서한에 서명을 하는 움직임을 보였다. 이 서한은 생명의 미래 연구소가 주도했고

60 ABC News, "AI's dark in-joke," Background Briefing, Jul 15, 2023

서명한 사람이 33,708명에 이를 정도로 큰 이슈가 되었다. 주요 인사로는 요슈아 벤지오, 스튜어트 러셀, 일론 머스크, 스티브 워즈니악, 유발 하라리, 앤드류 양, 존 홉필드, 얀 탈린, 맥스 테그마크 등이 있었다. 이들은 대부분 파멸론자 그룹에 속한다고 봐도 될 것이다.

일부 사람들은 오픈AI에서 샘 올트먼을 축출하려 했던 이유 중 하나가, 급조된 AI 시스템이 초래할 수 있는 최악의 결과로부터 인류를 보호해야 한다는 목표를 샘 올트먼이 무시했기 때문이라고 본다. 이에 위기감을 느낀 일리야 수츠케버 등이 사건을 일으켰다는 해석이다. 물론 샘 올트먼도 AI의 위험성에 대해 경고했으나, 개발 속도를 당장 늦출 정도로 심각하게 보지 않았고 많은 사람들은 그의 발언이 회사 리더십을 유지하려는 의도에서 비롯된 것이라고 의심하고 있다.

테크노 낙관주의자들은 AI 종말론에서 말하는 실존적 위험에 대한 모든 우려가 일종의 대중 히스테리라고 주장한다. 이들은 소셜미디어에서 비관주의자를 '디셀(감속)' '사이옵스(심리 작전이라는 의미)' '기본적으로 테러리스트' '규제를 좋아하는 관료들'이라며 맹비난하고 있다는 점도 사실이다. 이제 가장 낙관적인 입장을 갖고 있는 효과적 가속주의자들에 대해 살펴보기로 하자.

효과적 가속주의자

파멸론자의 가장 반대쪽에 있는 진영을 가속주의자 또는 효과적 가속주의자라고 부른다. 이들은 강력한 AI 시스템을 가능한 한 빨리 개발하고 통합해야 한다고 믿는다. 사이버네틱문화연구단(CCRU)과 같은 단체가 지원하는 급진적인 정치 사상과 닉 랜드Nick Land와 같은 논란의 여지가 있는 사상가들의 영향을 많이 받았다. 실리콘밸리에 있는 많은 기업인들이 이런 부류에 있으며 제프 베조스, 마크 안드레센 같은 사람도 여기에 속한다.

가속주의자들의 근본적인 신념에는 몇 가지 특징이 있는데 핵심은 AGI를 최대한 빨리 달성하는 것이 중요하다는 것이다. 이를 통해 전 세계 사람의 생활 환경을 근본적으로 개선하고 인류의 고통을 줄이기 위해 포스트 희소성 사회를 열 수 있기 때문이다. 최근 빌게이츠와 샘 올트먼이 대화를 나눈 팟캐스트에서 빌게이츠가 희소성 중심의 사회에서 포스트 희소성 사회의 철학적 개념을 어떻게 찾아야 하는가를 거론하면서 나를 포함하여 많은 이들의 관심을 끌었다.

포스트 희소성post-scarcity이란 경제학 개념이기도 하고 SF 소설에 등장하는 미래 사회의 모습이기도 한데 '원자재와 에너지가 주어진다면 거의 모든 재화를 훨씬 더 쉽게 대량으로 생산할 수 있는 새로운 기술이 존재한다고 가정'하는 사회를 말한다.[61] 분자 조립 나노 공장 같은 산업의 첨단화는 최소한의 노동력으로 사람들이 원하는 모든 물리적 상품을 생산할 수 있으며 이런 생산과 서비스 대부분을 AI가 맡아서 할 수 있을 것이라 믿는다.

e/acc 사상 중 극단의 모습은 인류의 번영과 행복의 증대는 중요한 것이 아니라 인간의 존재 의미는 점진적으로 인간보다 우월한 존재를 만들어 초지능을 우주 전체에 퍼뜨리는 것일 뿐이라는 주장이다. 이는 여러 진화론자나 우주 생물학자의 주장과 일치하는 면도 있다. 인간보다 뛰어난 지능을 가진 기계를 만들어내는 것은 인간의 진화가 이제 생물학적 진화를 넘어서 새로운 차원의 진화 과정에 들어가는 것을

---

61 테크노크라시 위키의 정의를 참고했다. https://technocracy.fandom.com/wiki/Post_scarcity

의미하는 것이고 우리가 먼 미래 항성 간 여행을 하기 위해서는 지금의 생물학적 신체를 벗어나야 하기 때문이라는 주장이다.

가속주의자들은 AI가 기후 위기를 해결하고, 질병 치료법을 찾아내고, 과학 탐구의 새로운 장을 열 수 있다면 가능한 빨리 이를 실현하도록 애쓰는 것이 AI 연구자들의 도덕적 의무라고 주장한다. 이들은 대기업에 의해 통제되는 것보다 오픈소스 AI 소프트웨어를 선호하며, 다른 진영과 달리 강력한 AI를 두려워하거나 경계해야 할 대상으로 보지 않는다. 또한 AI 이점이 해악보다 훨씬 크며 이렇게 중요한 기술을 다루는 데 있어 올바른 방법은 방해하지 않고 내버려두는 것이라고 믿는다.

뉴욕 타임스 케빈 루스 기자는 e/acc, 즉 효과적 가속주의자를 괴짜 프로테크 운동이라고 이야기했다. 2023년 11월에 열린 파티에는 수백 명의 e/acc AI 추종자들이 모여서 '가속화 아니면 죽음을' '신이 보낸 메신저가 당신을 찾아왔다' 같은 문구를 현수막으로 걸고 전단지로도 나눠줬다.[62] 'AI를 열어두자'라는 주제로 열린 이 모임은 효과적 가속주의의 커밍아웃이며, 이들은 기술 진보를 거침없이 추구하기 위해 AI와 기타 신흥 기술의 혁신을 가로막는 가드레일이나 게이트키퍼를 없애고 최대한 빠르게 발전할 수 있도록 허용해야 한다고 믿는다. 이 그룹은 엑스 스페이스X space 그룹 채팅에서 '디셀'이나 '두머'에 대한 조롱을 공유하며 유대감을 쌓았다.

e/acc 사상은 테크노 리버럴리즘이 전하는 복음이고 트랜스휴머니

62 New York Times, "This A.I. Subculture's Motto: Go, Go, Go," Dec 10, 2023

즘이나 과거의 엑스트로피안[63]과 같은 하위문화와 유사하다. 이들의 생각을 온라인에서 전파하기 위해 '베이스로드'나 '베이스드 베프 제조스' 같은 가명으로 활동하고 있으며 자신들의 목표는 '의식의 다음 진화를 이끌고 상상할 수 없는 차세대 생명체를 창조하는 것'이라고 말하고 있다. e/acc가 활동하는 서브스택Substack에 가면 일론 머스크의 트윗을 공유하면서 열광하고 있다.

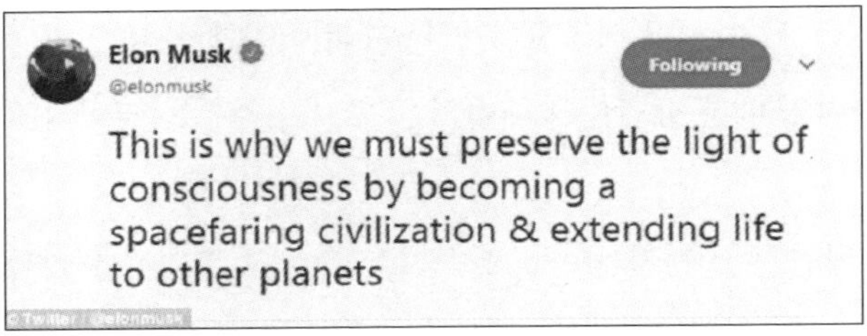

효과적 가속주의를 지지하는 일론 머스크 트윗

닉 랜드는 가속주의 창시자로 평가받는 사람으로 CCRU를 설립한 영국의 대안 우파 철학자다. 초기에는 들뢰즈, 가타리, 보드리야르와 같은 프랑스 후기 구조주의 철학자의 영향을 받아 좌파 가속주의 성향이었으나 2000년대 이후 암흑 계몽주의(NRx)를 기점으로 신반동주의의 선두에 섰다. 암흑 계몽주의는 엘리트주의적 성향이 있는 사상으로 반평등주의이며 민주주의를 부정하고 사기업에 의한 지배를 주장하면서 자유시장이 인간을 규제해야 한다는 반동주의 운동이다. 커티스 야빈Curtis Yarvin이 주장하고 닉 랜드가 이를 이론을 제공했으며 피

63 1994년 캘리포니아 서니베일에서 결성된 극도로 진보된 기술과 헌신적이고 변함없는 낙관주의자들을 말하며 모든 종류의 제약에서 벗어나는 자유를 추구했다.

터 틸Peter Thiel이 후원하는 것으로 알려졌다. 이들은 미국의 대안 우파와 깊이 연결되어 있으며 파시즘을 지지하며 큐아논QAnon에 영향을 미쳤다.

마크 안데르센Marc Andreessen이 쓴 테크노 낙관주의자 선언문에 포함된 AI에 대한 기대를 보면 이들이 어떤 생각을 하는지 알 수 있다.

"AI는 말 그대로 모래를 생각하게 만드는 연금술이자 철학자의 돌이라고 믿습니다.

우리는 AI를 보편적인 문제 해결사로 생각하는 것이 가장 좋다고 생각합니다. 그리고 우리에게는 해결해야 할 많은 문제가 있습니다.

우리는 AI가 생명을 구할 수 있다고 믿습니다. 다른 많은 분야 중에서도 의학은 인간과 기계의 지능이 결합하여 새로운 치료법을 개발할 수 있는 가능성에 비하면 석기시대에 머물러 있습니다. 자동차 충돌 사고부터 전염병, 전시 아군 총격에 이르기까지 AI로 해결할 수 있는 일반적인 사망 원인은 무수히 많습니다.

우리는 AI의 발전이 늦어지면 생명을 잃게 된다고 믿습니다. AI로 인해 예방할 수 있었던 사망은 일종의 살인이라고 할 수 있습니다."

억만장자 중에 이런 기술 낙관주의를 보이는 사람도 있지만 가속주의자들 중에는 급진 좌파도 있다고 주장하는 사람은 암스테르담 대학교 개빈 뮬러Gavin Mueller다. 그는 그의 책 『하이테크 러다이즘』에서 가속주의자 중에는 실리콘밸리 기업가의 광기 어린 환상을 등에 업고 완전 자동화된 화려한 공산주의를 기대하며 스스로 '친과학적 좌파'라고 천명하는 이들이 있다고 말한다. 그들은 기술이 심지어 자본가에 의해 통제될 때에도 실제로 급진적 변화 조건을 창조하며 사회주의에 도움이 된다고 믿는다. 기술 발전이 비록 단기적으로 부정적인 결과를 초래하더라도 사회주의 운동이 기술 발전에 긍정적이라는 것이다. 개빈 뮬러의 표현을 빌리면 "가속주의는 우파와 좌파의 외피를 모두 쓰고 기하급수적인 기술 발전이 현재의 정치적 사회적 난관을 극복할 수 있다는 믿음을 갖고 있다"는 것이다.

브라우저 개발자에서 억만장자 벤처 투자자가 된 마크 안데르센은 2023년 10월 '테크노 낙관주의자 선언The Techno-Optimist Manifesto'을 블로그에 올리면서 e/acc의 열렬한 지지를 선언했고 엑스 프로필에 e/acc를 포함시켰다. 안데르센은 닉 랜드가 말한 테크노 자본 기계techno-capital machine, 즉 끊임없는 물질적 창조, 성장, 풍요의 엔진을 믿고 AI의 역량이 상상할 수 없는 수준으로 확장할 수 있는 도약의 시기를 맞이하고 있다고 말한다. 그가 말하는 테크노 자본 기계란 기술과 자본주의가 서로 연결되어 서로를 강화한다고 주장하는 개념이다.

그는 지난 10년 동안 기술이 끊임없이 물질적 창조, 성장, 풍요의 엔진 역할을 해왔다고 칭송하며, AI를 생명을 구하는 데 사용할 수 있기 때문에 AI 개발 중단은 누군가의 생명을 구할 기회를 방해하는 것, 즉 일종의 살인과 같다고 주장한다. 이는 전형적인 가속주의자의 입장을 보여준다. 이 선언문에서 주장하는 바는 다음과 같다.

- 거짓: 우리는 기술이 일자리를 빼앗고, 임금을 줄이고, 불평등을 심화하고, 건강을 위협하고, 환경을 파괴하고, 사회를 어지럽히고, 아이들을 타락시키고, 인간성을 손상시키고, 미래를 위협하며, 모든 것을 망치기 직전이라는 말을 듣고 있다. 미래는 비참할 것이라 한다.

- 사실: 우리의 문명은 기술을 기반으로 구축되어 왔고 지금도 그렇다. 기술은 인간의 야망과 성취의 영광이며, 진보의 선봉이자 잠재력을 실현하는 원동력이다.
- 기술: 성장이란 진보이며 활력, 삶의 확장, 지식의 증가, 더 나은 웰빙으로 이어진다. "경제 성장이 만병통치약은 아니지만 성장의 부재는 모두를 죽인다"라는 폴 콜리어Paul Collier의 말에 동의한다.
- 시장: 우리는 자유 시장이 기술 경제를 조직하는 가장 효과적인 방법이라고 믿는다. 우리는 시장 경제가 일종의 지능인 발견 기계, 즉 탐구적이고 진화하며 적응하는 시스템이라고 믿는다. 하이에크Friedrich Hayek의 지식 문제[64]에서 이야기한 것처럼 개방 시장은 어떤 중앙집권적 경제 시스템보다 압도적이라고 생각한다.
- 테크노 자본 기계: 기술과 시장을 결합하면 닉 랜드가 말한 테크노 자본 기계, 즉 끊임없는 물질적 창조, 성장, 풍요의 엔진이 탄생한다. 우리는 시장과 혁신이라는 테크노 자본 기계는 끝나지 않으며 끊임없이 상승하는 나선형이라고 믿는다.
- 지능: 지능은 궁극적인 진보의 원동력이고 모든 것을 더 좋게 만든다. AI는 우리의 연금술이자 '철학자의 돌Philosopher's stone'이다. 컴퓨터의 실리콘을 생각하면 우리는 말 그대로 모래로 생각을 하게 만들고 있다. AI는 보편적인 문제 해결사로 생각하는 것이 가장 좋다.

---

64 프리드리히 하이에크가 1945년 「사회에서의 지식의 사용」 논문에서 주장한 것으로 중앙 계획 경제는 사회 구성원 전체가 보유한 지식의 총합 중 극히 일부분의 불과하므로 개방 시장의 효율성을 결코 따라갈 수 없다는 주장을 말한다.

- 에너지: 에너지는 우리 문명의 근간을 이루는 원동력이다. 에너지가 많을수록 더 많은 사람을 부양할 수 있고 모두의 삶이 더 나아질 수 있다. 우리는 모든 사람의 에너지 소비량을 현재 수준까지 끌어올린 다음 우리의 에너지를 1천 배로 늘리고 다른 사람의 에너지도 1천 배로 늘려야 한다.
- 풍요: 우리는 지능과 에너지를 긍정적인 피드백 루프에 넣고 두 가지를 무한대로 끌어올려야 한다고 믿는다.
- 유토피아는 아니지만 충분히 가까운 곳: 우리는 유토피아주의자는 아니다. 토머스 소웰Thomas Sowell이 말하는 '제약된 비전'을 고수한다.[65] 유토피아, 공산주의, 전문성이라는 제약 없는 비전과 반대되는 제약된 비전은 사람을 있는 그대로 받아들이고, 아이디어를 경험적으로 테스트하며, 사람이 스스로 선택할 수 있도록 자유를 주는 것을 의미한다.
- 기술적 슈퍼맨 되기: 기술의 발전은 우리가 할 수 있는 가장 선한 일 가운데 한 가지라고 믿는다.
- 기술 가치: 우리는 과학적 방법과 자유로운 담론, 전문가의 권위에 도전하는 계몽적 가치를 믿는다.
- 인생의 의미: 테크노 낙관주의는 정치 철학이 아니라 물질 철학이다. 우리 중 일부는 좌파이지만 반드시 좌파는 아니고 일부는 우파지만 반드시 우파인 것은 아니다. 우리는 물질적 풍요 속에서 어떻게 살아갈 것인지에 대한 선택의 폭을 넓히기 위해 물질에 집중하고 있다.

---

65 소웰의 제약된 비전은 인간의 본성과 사회에 대한 현실적인 관점을 의미한다. 인간의 한계를 인정하고, 현실적인 제도와 정책을 통해 사회를 점진적으로 개선해야 한다는 주장이지만, 인간의 이성과 선의를 믿을 수 없고 사회 문제에 대한 이상적인 해결책은 존재하지 않는다는 면에서 닉 랜드의 암흑 계몽주의와 유사한 면을 갖고 있다.

- 적들: 우리의 적은 나쁜 사람이 아니라 나쁜 생각이다. 현재 우리 사회는 지난 60년 동안 '실존적 위험' '지속가능성' 'ESG' '지속 가능한 개발 목표' '사회적 책임' '이해관계자 자본주의' '사전 예방 원칙' '신뢰와 안전' '기술 윤리' '위험 관리' '탈 성장' '성장의 한계' 등 다양한 이름으로 기술과 생명에 대한 대중의 사기 저하 캠페인에 노출되어 있다.
- 미래: 우리는 다음과 같은 데이비드 도이치의 말을 믿는다. "우리는 낙관적이어야 할 의무가 있다. 미래는 미리 결정된 것이 아니라 열려 있기 때문에 그냥 받아들일 수 없으며 우리 모두는 그 미래에 대한 책임이 있다. 따라서 더 나은 세상을 위해 싸우는 것은 우리의 의무다."

안드레센의 테크노 낙관주의자 선언문은 가속주의자들이 어떤 생각을 하는 사람들이고 어떤 도그마에 빠져 있는지 잘 알 수 있다. 한마디로 기술이 인류를 구원하리라 믿는 사람들이다. 그러나 안드레센은 순자산이 18억 달러에 달하는 사람이고 AI 기업에 많은 투자를 했기 때문에 이런 성공 사례가 나올 경우 본인이 큰 보상을 받을 수 있다는 점에서 그의 의도를 의심하는 사람들도 있다. 이 선언문을 발표하기 전 6월에는 'AI가 세상을 구할 이유'라는 에세이를 통해 모든 아이에게 무한한 도움이 되는 AI 가정교사가 생길 것이라고 주장하지만, 그 전에 먼저 수백만 명의 아이들에게 깨끗한 물이나 식량을 제공해야 하는 것보다 우선해야 하는 가치인지는 말하지 않는다는 것을 비판하는 것이다.

e/acc는 매우 극단적인 기술 낙관주의자들로 보이지만 그 밑바탕에 흐르는 철학적 배경에는 인종차별적이고 약자를 폄훼하고 반민주

적이며 반평등주의, 시장만능주의를 주장하는 극단적 성격이 있음을 알아야 한다. 그리고 알게 모르게 실리콘밸리나 시애틀의 거부들이 이런 주장에 동참하거나 후원하고 있다는 사실도 잊지 말아야 한다.

효과적 이타주의자

사실 효과적 가속주의는 그보다 좀 더 오래되고 더 확고한 운동인 효과적 이타주의에 대한 대응으로 시작되었다. 효과적 이타주의Effective Altruism, EA가 AI에 대해서 안전을 우려해 강력한 AI를 규제하지 않으면 인류를 파괴할 수 있다는 믿음을 갖고 있다고 생각한 것에 대한 반작용이다. 이런 측면에서 효과적 이타주의자는 파멸론자와 e/acc 사이에 존재하는 그룹이다.

효과적 이타주의는 오래전부터 실리콘밸리에서 유행하던 사상이다. 효과적 이타주의 센터The Centre for Effective Altruism에서 정의하는 개념은 '다른 사람을 도울 수 있는 최선의 방법을 찾고 이를 실천에 옮기는 것을 목표로 하는 연구 분야이고 이를 위한 실천적 커뮤니티'이다. 이들은 냉정하고 엄격한 논리와 데이터 분석을 통해 세상에서 가장 선한 일을 하는 방법을 결정할 수 있다고 생각하지만 그 배경은 제한된 자원을 가장 효과적인 방식으로 사용하여 선행을 극대화하자는 철학적 운동이다.

EA의 지적 아버지는 프린스턴 대학교의 철학자 피터 싱어Peter Singer로 알려져 있으며 그의 제자인 윌리엄 맥어스킬William MacAskill은 EA 센터의 공동 설립자이다.[66] 피터 싱어는 현재 철학자 중 영향력이 매우

---

66 장기주의자의 대표적 리더인 윌리엄 맥어스킬의 『우리는 미래를 가져다 쓰고 있다』는 국내에서도 번역하여 출간되었다.

큰 사람이고 그의 '얕은 연못 사고' 실험은 많은 사람을 움직이게 했다. 얕은 연못에 빠진 아이를 본다면 새 신발이 망가지는 한이 있더라도 아이를 구해야 하듯이 새 신발 값을 자선단체에 기부하면 해외에 있는 굶주린 어린이 한 명의 생명을 구할 수 있다는 논리다.

모든 인간의 생명은 소중하고, 극심한 빈곤은 끔찍하며, 잘 사는 사람은 도울 책임이 있다는 그의 주장은 많은 이들로 하여금 행동하도록 했다. 그 영향으로 젊은이들은 세계자연기금, 옥스팜, 세이브더칠드런, 유엔 산하 기관에서 자기 희생을 실천하기도 했다. 다만 싱어가 EA의 구체적인 실천 방안이나 조직적 활동을 직접 주도한 것은 아니며 그의 역할은 주로 EA의 철학적, 이론적 토대를 제공하고 대중적 관심을 환기시키는 데 있었다.

EA 지지자 중 가장 유명한 사람은 암호화폐 분야에서 많은 논란을 일으킨 샘 뱅크먼 프리드Samuel Benjamin Bankman-Fried다. 그의 부모는 모두 스탠퍼드 대학교 로스쿨 교수로 공리주의 연구자였다. EA의 뿌리를 공리주의에서 찾아볼 수 있는 측면이 여기에 있다. 2019년 암호화폐 거래소 FTX를 설립해 세계에서 가장 부유한 암호화폐 경영자로 부각되었다가 하루 아침에 몰락한 사람이다.

뱅크먼 프리드는 암호화폐로 돈을 많이 벌어서 그 수익금으로 '모기장과 말라리아' 같은 의미 있는 일에 투입해 가난한 사람들의 생명을 구하고자 했다. 그러나 나중에 그는 이런 자금은 열대성 질병에 관심이 있는 다른 사람에게서 나와야 한다고 하면서 이 일에 대한 재정 지원을 지키지 않았다. 그러나 뱅크먼 프리드가 윤리를 무시하는 발언을 아무렇게나 하는 것을 보고 많은 사람은 EA가 '탐욕과 지배 욕망

의 편리한 알리바이'라는 사실을 확인해주는 것이라고 비판했다.[67]

지금 AI 분야에서 효과적 이타주의는 가장 영향력이 큰 사상 흐름이다. 오픈AI 설립 이념 자체가 EA이며 초기 투자자들은 대부분 EA를 신봉하는 사람들이다. 이들은 올바른 인간의 가치관이 담기고 세심하게 만들어진 AI 시스템이 인류에게 황금기를 가져다줄 것이며, 그렇게 하지 못하면 종말론적인 결과를 초래할 수 있다고 믿는다. 딥마인드 창업자들도 이 그룹에 속한다고 볼 수 있다.

흥미로운 점은 2023년 11월 오픈AI의 분열과 혼란이, 대부분 EA 지지자로 구성된 이사회가 샘 올트먼을 몰아낸 데서 비롯되었다는 것이다. 월스트리트저널에 따르면 올트먼은 전 세계를 돌아다니며 AI가 중대한 해악을 가져올 수 있다고 경고하면서도 동시에 EA 운동에 대해서는 믿을 수 없을 만큼 결함이 많은 운동이며 그들이 보이는 행동이 매우 이상하고 특이하다며 비판했다고 한다.[68] 월스트리트저널 기사가 나간 뒤 오픈AI는 공식적으로 자기들은 안전하고 유익한 AGI를 만드는 데 전념하는 가치 중심의 회사이지만 EA는 자신들이 추구하는 가치가 아니라고 밝혔다.

구글이 딥마인드와 구글 브레인을 통합했을 때도 EA 적용 문제로 분열했다고 한다. EA에 따르는 직원을 고용하던 데미스 허사비스가 구글 딥마인드를 총괄하게 되자 그동안 EA를 무시하고 AI의 실용적 사용과 AI 도구의 오용을 탐구하던 구글 브레인 직원들을 당혹하게

---

67 The New Yorker, "Sam Bankman-Fried, Effective Altruism, and The Question of Complicity," Dec 1, 2022

68 The Wall Street Journal, "How a Fervent Belief Split Silicon Valley - and Fueled the Blowup at OpenAI," Nov 22, 2023

만들었고 일부는 회사를 옮기기도 했다.

EA를 더 들여다보면 '단기주의short-termism'와 '장기주의long-termism'를 구분해서 이야기해야 한다. 한때 EA를 따르는 사람들은 주로 세계 빈곤이나 동물 복지 같은 단기적인 문제에 관심을 가졌다. 하지만 최근에는 팬데믹 예방이나 기후 변화와 같은 장기적인 문제로 초점을 옮기면서 인류의 삶을 완전히 종식시킬 수 있는 재앙을 예방하는 것이 현재의 불행을 해결하는 것만큼이나 중요하다고 주장하는 사람들이 많아졌다.

대표적으로 뱅크먼 프리드는 자신의 자금이 통제를 벗어난 AI로 인한 위험과 같은 장기주의적 위협에 대처하는 데 사용되기를 원한다고 말했다. 사실 FTX는 앤스로픽의 초기 투자자이기도 하며 앤스로픽이 AI의 얼라인먼트에 가장 적극적인 회사라는 점이 흥미로운 면이다. 이런 배경에서 앤스로픽을 EA를 대변하는 가장 대표적인 회사로 생각하는 사람들이 많다.[69]

앤스로픽의 주요 투자자인 오픈 필란트로피Open Ph lantrophy의 전 CEO인 홀든 카르노프스키Holden Karnofsky는 앤스로픽 사장인 다니엘라 아모데이와 2017년 EA를 주제로 하는 결혼식을 올렸으며 다리오 아모데이와는 한때 룸메이트였다. 오픈 필란트로피는 페이스북 창업자 중 한 명인 더스틴 모스코비츠Dustin Moskovitz의 투자 재단이다. 이들은 오픈AI에도 3천만 달러를 투자했다.

EA 지지자들이 '장기주의자'의 모습을 취한다는 점에서 이 사상의 흐름을 살펴볼 필요가 있다. 장기주의는 지난 20년 동안 옥스퍼드 대

69 New York Times, "Inside the White-Hot Center of A.I. Dommerism." Jul 11, 2023

학교 소수 학자들이 주장해온 새로운 도덕적 세계관이다. '우리의 행동이 수천, 수백만, 수십억, 심지어 수조 년 후의 우주 미래에 어떤 영향을 미치는지를 생각해야 한다'는 것으로, 이에 대한 여러 주제를 연구해야 한다는 입장이다.[70] 여기에 속한 대표적인 학자가 2005년 인류의 미래 연구소(FHI)를 세운 닉 보스트롬과 FHI의 연구원인 닉 벡스테드Nick Beckstead 등이다. 또한 힐러리 그리브스Hilary Greaves의 글로벌 우선순위 연구소(GPI)와 윌리엄 맥어스킬이 운영하는 포소트 재단Forethought Foundation도 이들과 연결되어 있다.

일론 머스크는 EA가 자신의 생각과 가장 가깝다고 말했고, 페이스북의 창업자인 더스틴 모스코비츠와 스카이프의 창업자 얀 탈린Jaan Tallinn은 이를 위해 수천만 달러를 지출했다(FHI 설립에 닉 보스트롬 지지자인 일론 머스크와 얀 탈린이 큰 금액을 투자했다).[71] 이외에도 비탈릭 부테린Vitalik Buterin, 벤 델로Ben Delo 같은 암호화폐 관련자도 EA 운동에 적극 참여했다. 이로 인해 한때 EA에 투자한 자금에 대한 평가는 460억 달러에 달할 정도였다.

EA는 미국 정치에 영향을 주기 위한 움직임을 보이기도 했는데 그 한 사례가 트럼프 지지자로 유명한 피터 틸Peter Thiel이 EA 콘퍼런스에서 기조 연설을 한 것이다. EA를 사상으로 추종하는 이들은 어린 시절부터 스타트렉의 불칸족, 톨킨, 아이언맨에 빠져들었고 세상을 개선하는 방법에 많은 관심을 가지면서 자란 세대들이다.

EA 진영의 장기주의자는 많은 비판을 받고 있지만 점점 그 영향력

---

70 AEON, "Against longtermism," Oct 21, 2021

71 2024년 4월 옥스포드 대학교는 더 이상 FHI에 대해 지원하지 않겠다고 했고, 닉 보스트롬은 FHI 운영을 중단했다. 이후 그는 옥스포드 대학교에서 사임했다.

을 키우고 있다. 이들은 기후 위기나 핵전쟁이 인류 전체의 관점에서는 회복 가능한 좌절이고 인류의 작은 실수에 불과할 것이라고 말한다. 인류 전체의 실존적 위험으로 보면 기후 위기보다는 AI가 두 배 더 위험성이 크다고 주장하며 '장기적인 미래에 인류를 위험에서 보호할 수 있는 강력한 안전장치를 고안하여 실패가 불가능해지도록' 해야 한다고 주장한다. 대표적 장기주의자인 일론 머스크가 화성 프로젝트를 주장하는 이유가 이런 사상에서 비롯된 것이라고 볼 수 있다.

실리콘밸리에서 EA는 엘리트들의 세속적인 종교가 되었고 스탠퍼드는 말할 것도 없으며 예일, 컬럼비아, 버클리, 펜실베이니아, 스와스모어 등 부유한 학교 출신이라면 곳곳에서 EA를 만날 수 있을 정도로 EA에는 돈이 흘러 들어오고 있다. EA 추종자들은 온라인 커뮤니티 네트워크를 형성하여 직업에 대한 조언을 교환하고, 철학에 대한 논쟁을 벌이고, 예측을 제시하기도 한다. 관련 비영리 단체와 학생 그룹은 이성, 경제학, 수학을 사용하여 세계의 가장 큰 문제를 해결하는 데 초점을 맞춘 지역 모임과 콘퍼런스를 조직하고 있다. 그러나 이 모임은 종종 외부인 참가를 통제하며 기자의 취재를 거절하기도 한다.

뱅크먼 프리드가 몰락하고 감옥에 들어가면서 EA 관련자들은 그를 부정하고 죄인으로 몰아붙이기 위해 노력하고 있다. 영향력 있는 잡지인 와이어드에는 스탠퍼드 대학교 철학 교수인 리프 웨나Leif Wenar가 쓴 〈효과적 이타주의의 죽음〉이 실리기도 했다.[72] 리프 웨나는 하버드 대학교에서 박사 학위를 막 끝냈던 시절에 피터 싱어의 아이디어에 많은 영향을 받기도 했다. 그는 좋은 의도로 했던 원조 행위가 실제 세상

72 Leif Wenar, "The Deaths of Effective Altruism," Wired, Mar 27, 2024

에서는 많은 부작용과 부정적 영향을 일으키는 것을 깨닫고 이런 생각이 얼마나 모순이 많은지 깨닫게 되었다고 고백했다.

구글에서 LLM의 위험에 대한 논문을 발표했다 해고된 팀닛 게브루는 EA가 AI 분야에서 연구 의제를 주도하고 아이러니하게 'AI 안전'이라는 이름으로 유해한 시스템을 확산하기 위한 경쟁을 이끌고 있다고 비판했다.[73] 그녀는 현재 많은 문제를 갖고 있는 AI에 대한 관심을 다른 문제로 돌리려는 시도이며 이는 지금 당장 처리해야 하는 문제를 왜곡하는 사상이라고 맹렬히 비난한다. 이 운동을 프린스턴 대학교 연구팀과 함께 연구한 글로벌 공공 정책 연구소의 샤제다 아메드Shajeda Ahmed 연구원은 AI가 인류를 파괴할 것이라는 효과적인 이타주의자들의 절박한 공포가 "심각한 문제를 해결하려는 모든 커뮤니티에 결코 좋은 일이 아니다"라고 비판하면서 이들이 실제 문제를 흐리게 만들고 있다고 말한다.

하버드 케네디 스쿨의 보안 전문가 브루스 슈나이어Bruce Schneier와 같은 대학 버크만 클라인 센터 소속의 데이터 과학자인 네이선 샌더스Nathan Sanders는 이 논쟁을 좀 더 들여다보면 AI에 대한 논쟁이 아니라 통제와 권력에 관한 논쟁이고, 자원을 어떻게 배분하고 누가 책임을 져야 하는지에 대한 논쟁이라는 견해를 밝히고 있다.[74] 따라서 이들 주장의 하위 텍스트를 인식하지 못하면 앞으로 나아갈 수 있는 규제 및 문화적 경로의 실제 결과를 놓칠 위험이 있다는 것이다. 예를 들어 오픈AI가 AGI의 정렬 문제를 해결하겠다고 하면서 향후 4년간 전체 컴퓨팅

---

73 Wired, "Effective Altruism Is Pushing a Dangerous Brand of 'AI Safety,'" Nov 30, 2022

74 New York Times, "The A.I. Wars Have Three Factions, and They All Crave Power," Sep 28, 2023

자원의 20%를 이 연구에 투입하겠다고 선언한 것은 오히려 더 시급한 문제인 개발자 오용, 사기, 악의적인 AI 사용을 방지하기 위한 연구 개발 자원을 줄이는 결과를 가져왔다. 이러한 자원 격차는 EA의 영향 때문이라는 우려가 내부 직원들 사이에서 제기되었다고 한다.

파멸론자, 효과적 가속주의자, 효과적 이타주의자 이 세 진영은 서로 자신의 입장을 이야기할 때 같은 단어를 사용하지 않는다. 그것이 우리가 이들의 견해 차이를 명확히 이해하기 어렵게 만든다. 한 진영은 안전을 이야기하고, 다른 진영은 윤리와 무결성을, 또 다른 진영은 보안이나 경제성을 들먹거린다. 따라서 누가 말하는지, AI를 어떻게 설명하는지를 파악해서 각 그룹의 차이가 무엇인지, 무엇이 그들의 견해를 끌어내는지 살펴봐야 한다.

2.5 AI 파멸론에 대한 비판

업계 리더와 최고 연구자들이 AGI의 단기간 내 등장과 인류 문명의 파멸적 위협 가능성에 대해 경고하는 가운데 이에 대한 비판 역시 여러 학자와 연구자들로부터 나오고 있다. AI가 빠르게 개선되고 그 기술이 어느 수준을 넘어서면 행동을 제어하는 것이 불가능해질 수 있다는 인식을 많은 전문가들이 공유하고 있지만, 그 경고의 수준이 지나치게 부풀려졌거나 좋지 않은 의도를 가지고 있다고 말하는 이들도 있다.

대표적인 사람이 메타의 AI 연구를 이끌고 있는 또 한 명의 튜링상 수상자 얀 르쿤 교수다. 얀 르쿤은 CAIS 성명에 참여하지 않았다. 그는 오히려 엑스에 지속적으로 AI가 인류에 실존적 위협이 될 수 있다는 발상을 비판하는 글을 올렸다. 그를 가속주의자라고 부르기는 어렵지만 파멸론자에 대해 강한 비판을 하는 부머Boomer 그룹에 속한다고 본다. 이들은 아직 AI가 갈 길이 멀기 때문에 위험을 이야기하는 것도, AGI를 이야기하는 것도 이르고 지금은 일단 연구 개발에 보다 힘을 쏟아야 한다는 그룹이라고 볼 수 있다.

> "인간의 지능을 증폭시키기 위해 고안된 기술을 어떻게 그렇게 두려운 시선으로 바라볼 수 있을까요? 새로운 기술에는 항상 위험이 따르기 마련입니다. 하지만 문제는 위험을 완화하여 그 위험을 압도적으로 감당할 수 있을 만큼의 이득을 얻을 수 있느냐는 것입니다."

특히 르쿤 교수는 튜링상을 받은 힌턴 교수와 벤지오 교수가 인류 멸종 가능성을 이야기하는 것에 대해 매우 비판적이다. 르쿤 교수는 자신의 엑스에 다음과 같은 말을 힌턴 교수에게 남겼다.

"당신과 요슈아는 공개 연구, 오픈소스 코드 및 오픈 액세스 모델을 금지함으로써 AI 연구 개발을 자물쇠와 열쇠로 가두고 비즈니스를 보호하려는 사람들을 무심코 돕고 있습니다."

얀 르쿤은 앞에서도 이야기한 대로 현재의 언어 모델로는 인간처럼 추론하고 계획하는 능력을 결코 구현할 수 없으며 언어 모델은 올바른 학습 데이터를 제공받은 경우에만 질문에 정확하게 대답할 수 있어서 오히려 본질적으로 안전하지 않다고 주장한다. 그럼에도 그 문제는 얼마든지 통제가 가능하고 인류 멸종 같은 위협을 야기할 수 있는 수준이 절대 아니라는 것이다.

구글 브레인의 공동 설립자인 앤드류 응 교수 역시 냉소적이다. 그는 빅테크 기업이 자신의 이익을 위해 공포를 부풀리고 있다고 하며 2023년 6월에는 다음과 같은 트윗을 올렸다.

"AI가 인류 멸종을 초래할 위험인지에 대해 진지한 대화를 나누고 싶습니다. 솔직히 저는 AI가 어떻게 이런 위험을 초래하는지 이해할 수 없습니다. 여러분의 생각은 어떠신가요? 그리고 AI가 어떻게 이런 위험을 초래하는지에 대해 사려 깊은 관점을 가진 사람이 있다면 누구와 이야기해야 한다고 생각하시나요?"

그보다 먼저 2015년에는 와이어드 잡지와 인터뷰에서 AI의 위험성에 대해 논하는 것은 아직 인간이 가본 적도 없는 화성의 인구 과잉을

걱정하는 것과 같다는 비유로 이런 논의가 비생산적이라고 비판한 적이 있다. 앤드류 응은 빅테크 기업이 AGI의 위험을 강조하는 것은 시스템 편향성 같은 현재 문제로부터 주의를 돌리기 위한 수단이라며 비판한다. 사실 AGI가 인류를 멸종할지 모른다는 파멸론자에 대해 비판하는 대부분의 학자나 연구자들의 입장은 이들이 장기적 위험을 강조하면서 현재 위험에 대한 관심을 거대 문제로 돌리는 짓을 하고 있다는 것이다(그렇다고 파멸론자가 모두 장기주의자라는 것은 아니다).

프린스턴 대학교 컴퓨터 사이언스 학과 교수이며 정보 기술 정책 센터장인 아빈드 나라야난Arvind Narayanan 역시 BBC와의 인터뷰에서 이런 주장은 단기적인 피해에 대한 관심을 분산하는 일이며 아직 AI는 이런 위험이 현실화될 정도의 능력을 충분히 갖추지 못하고 있다는 점을 지적했다.[75]

앤드류 응은 이런 거대 문제 제기가 빅테크 기업이 시장을 지배하기 위한 술수이며 규제를 통해 오픈소스 진영에 큰 피해를 줄 수 있다고 주장한다. 다시 말해 고도의 AI 개발을 일부 빅테크 기업만이 할 수 있도록 라이선스 등을 만들어낼 수 있고 오픈소스 커뮤니티의 진입을 방해할 수 있다는 점을 지적했다.

그러나 이런 의견에 대해 제프리 힌턴은 자신이 실존적 위협에 대해 자유롭게 말할 수 있도록 구글을 떠났다는 사실이 그가 틀렸음을 입증하는 것이라고 다시 반박했다.

---

75 BBC, "Artificial Intelligence could lead to extinction, experts warn," May 31, 2023

제프리 힌턴이 앤드류 응의 주장에 대해 논박한 트윗

옥스퍼드 대학교 AI 윤리 연구소 선임연구원 엘리자베스 레니에리스Elizabeth Renieris 역시 현재 위험이 더 걱정된다고 하면서 AI가 편향적이고 차별적이며 불공정하고 배타적인 자동 의사결정을 더 확대하는 동시에 이해하기 어렵고 이의를 제기할 수 없는 문제가 있음을 지적했다. 또한 잘못된 정보의 양과 확산이 기하급수적으로 증가하여 현실을 분열시키고 대중의 신뢰를 약화시키며, 특히 디지털 격차의 반대편에 있는 사람들에게 더 큰 불평등을 야기할 것이라고 경고한다.

『마스터 알고리듬』의 저자인 페드로 도밍고스Pedro Domingos 워싱턴 대학교 교수는 "대부분의 AI 연구자는 AI가 인류 문명을 종식시킨다는 것은 허구라고 생각한다"고 엑스에 올렸고 이에 대해 얀 르쿤은 "절대적으로 옳은 말이며 파멸 예언에 대한 AI 연구자들의 가장 일반적인 반응은 손바닥으로 얼굴을 가리는 것"이라고 질타했다.

메시징 앱 시그널Signal의 대표이자 AI 나우 연구소의 수석 고문인 메러디스 휘태커Meredith Whittaker는 AI가 실존적 위험이라고 주장하는 사람들이 과학적 증거에 근거하지 않은 준종교적 이데올로기를 밀어붙이고 있다고 말하고 있다. 다른 사람들처럼 휘태커는 이런 이데올로기는 빅테크의 입지를 강화하는 데 사용하고 있고 즉각적인 현실 문제로부터 눈을 돌리기 위해 가상의 위험으로 겁을 주고자 한다고 비판한다.[76] 앨런AI연구소의 설립 CEO이고 워싱턴 대학교 명예 교수인 오렌 에치오니Oren Etzioni는 미디엄Medium에 올린 글에서 파멸론이 가진 논리적 오류를 지적하면서 이는 실존하지 않는 추측들이 우리가 직면한 AI의 실제 문제에서 눈을 돌리게 한다고 주장했다.[77]

2023년 6월 네이처에는 〈AI가 오늘 위험을 초래하는 상황에서 내일의 AI 종말에 대해서 이야기하지 마세요〉라는 사설이 실렸다.[78] 네이처가 인터뷰한 여러 학자와 AI 윤리학자가 지적하는 문제점은 크게 두 가지가 있다. 첫째 AI의 능력이 지나치게 부풀려져 인식되면서 국가가 국방 전략 차원에서 이를 다루게 되고 이는 다시 산업계의 투자를 장려하고 오히려 규제를 없애야 한다는 논리가 될 것이라는 점이다. 전 세계적 군비 경쟁 차원의 움직임이 힘을 받게 된다는 점이다. 둘째는 주요 기업 경영진과 기술자 그룹만이 이런 토의에 참여하면서 다른 커뮤니티는 아예 대화에서 제외되는 상황이 벌어지고 있다는 점이다.

미래의 파멸 위협이 아닌 현재 AI가 갖고 있는 많은 문제점이 산적해 있는데 더 장기주의적이고 거대 담론으로 이끌면서 현재 문제점에 대한 논의가 매우 다양한 그룹에 의해서 이루어져야 하는데 이를 회피하고 있다는 지적이다.

---

76 Business Insider, "AI's most famous leaders are in a huge fight after one said Big Tech is cynically exaggerating the risk of AI wiping out humanity," Nov 1, 2023

77 Oren Etzioni, "The Supposed Existential Threat of AI to Humanity," Medium, Mar 30, 2024

78 Nature, "Stop talking about tomorrow's AI doomsday when AI poses risks today," Jun 27, 2023

1부를 마치며

지금까지 우리는 아직은 AGI에 대한 명확한 정의가 없으면서도 누구나 AGI를 이야기하고 있다는 점을 알았다. 사실 AGI를 언급하려면 지능에 대한 정의와 일반지능이란 무엇인가를 다시 설명해야 하는 어려움이 있다. 그럼에도 불구하고 모두가 인간의 합리적 의사결정이나 지능이 보여주는 여러 가지 특출한 능력을 AI가 갖게 될 수 있다는 믿음을 가지고 있다. 믿음의 차이는 지금으로부터 얼마나 먼 미래에 이루어질 것인가 하는 정도다.

사실 인간 수준이나 이를 넘어서는 기계를 갖겠다는 욕망은 신화시대부터 최근 기계 시대까지 이어져온 인류의 특성일 수 있지만, 그 결과가 모든 인류에게 보다 풍요로운 생활을 가져올 것인지 아니면 멸망은 아니더라도 매우 심각한 사회경제적 불평등이나 대규모 실업, 통제 실패에 따른 파국을 가져올 것인지는 누구도 쉽게 예측할 수 없다. 이에 따라 서로의 믿음이 충돌하기도 하며, 이러한 갈등은 AI에 관한 정책 결정에도 많은 영향을 미치고 있다.

나 역시 재작년까지는 AGI가 먼 미래의 일이라고 생각했지만, 최근 LLM이나 기타 새로운 프론티어 모델이 보여주는 능력을 보면서 어쩌면 10-20년 안에 우리의 지적 능력이나 판단력, 일부 창의적 기능을 넘어서는 기계를 만날 수 있을 것 같다는 생각이 든다. 그 계기는

GPT-4의 능력을 사전에 파악했던 마이크로소프트의 논문 「AGI의 불꽃Sparks of AGI」이었다. 읽으면서 '우리가 뭘 만들어낸 거지?'라는 두려움과 함께 전율을 느끼기도 했다.

나는 일론 머스크나 샘 올트먼처럼 마케팅 차원에서 AGI나 초지능을 언급하는 사람의 말을 새겨듣지 않는다. 그러나 제프리 힌턴, 데미스 허사비스, 일리야 수츠케버 등 이 분야의 최고 연구자들이 AGI 시대를 이야기할 때, 그들은 내가 미처 모르는 수준의 어떤 디지털 지능을 보고 있고 우리에게 이에 대한 준비를 요구하고 있다는 생각이 들었다. 다만 아직도 불분명한 것은 이들이 말하는 인간 수준의 지능을 넘어선다는 것이 어느 수준의 지능을 의미하는가 하는 점이다. 우리는 아직 지능에 대한 일치된 정의를 갖고 있지 않으며, 더 나아가 일반지능의 존재에 대해서도 논란이 많다. 이를 가장 강력히 지적하는 연구자가 얀 르쿤이다.

우리가 이해해야 하는 점 중 하나는 AI 과학자들이 말하는 지능과 인지과학자 등 다른 분야의 학자들이 말하는 지능에 기본적인 차이가 있다는 것이다. 멜라니 미첼이 사이언스지에 기고한 글 〈AGI의 본질에 대한 논쟁〉에서 밝혔듯이, AI 과학자들이 생각하는 일반지능은 '다양한 환경에서 목표를 달성하는 에이전트의 능력'이나 '보상을 극대화하는 능력'으로, 이를 위해 최적화하는 개별 에이전트의 관점에서 바라본다.[79]

그러나 대부분의 인지과학자에게는 일반지능에 대한 엄격한 정의나 시스템이 어느 정도의 지능을 가질 수 있는가에 대한 합의가 없다.

---

79 Melanie Mitchell, "Debates on the nature of artificial general intelligence," Science, Vol. 383, Issue 6689, Mar 21, 2024

지능은 단일 척도로 측정할 수 없으며, 임의로 상향 또는 하향할 수 있는 양이 아니라 진화 과정에서 적응하면서 얻은 일반 및 특수 능력의 복잡한 통합이라는 견해가 지배적이다.

이런 견해 차이로 인해 AGI에 대한 논쟁은 때로 서로의 오해와 몰이해에서 비롯되는 경우가 많으므로 의견을 말하는 사람의 배경 분야가 무엇인지 살펴보고 그 견해를 받아들여야 한다. 이런 측면에서 제프리 힌턴 교수가 우리가 생물학 지능이 아니라 디지털 지능을 만들었다고 언급한 것은 주목할 만하다. AI로 구현하고자 하는 지능에 대한 다양한 학문 분야의 연구자들이 공통의 이해를 갖고 이야기해야 서로의 접점을 찾고 이해의 폭이 넓어질 수 있다.

앞으로 5년 안에 제한된 여러 영역에서 문제를 해결하는 지능 수준의 AI를 만들어낼 가능성은 충분히 있으며, 이런 AI는 지금까지의 AI보다 더 광범위한 문제를 보통 인간보다 더 잘 해결할 가능성이 높다고 본다. 이를 AGI라고 말한다면, 이런 기술이 인간이 인간다움을 나타내는 여러 특성(감성, 자기 인지, 의식, 공감 등)을 가질 것이라고 생각하지 않으며, 가질 필요도 없다고 여러 발표 자리에서 말하고 있다.

다만, 이들이 우리 사회에서 인류의 동반자가 되어 더 많은 가치를 만들어내고 인류의 번영을 가져올 수 있는 멋진 미래가 될 것이라고 쉽게 생각하지는 않는다. 기술의 효과가 널리 퍼지기 전에는 일부 집단이나 계층에게 우선권을 주는 것을 자주 봤기 때문이다. AGI의 등장에 대해 이렇게 많은 논란이 있는 것은 우리가 아직 준비되어 있지 않은 상태에서 이의 출현을 맞이할 때 가져올 사회적 충격이 매우 클 것이라는 생각과 어쩌면 인간 존재 자체에 대해 새로운 시각을 갖게 될지도 모른다는 우려 때문이다. 그들에게 어떤 지위를 주고 어떻게 대할 것인가는 이제 더 이상 공상 과학 속의 시나리오가 아닐 수 있다.

AGI의 도래에 대한 입장 차이는 이를 대비하기 위한 사회적 노력에 대한 논의를 여러 갈래로 나누고 있다. 1부에서 이를 파멸론자, 효과적 가속주의자, 효과적 이타주의자로 나누어서 소개한 이유는 이들의 입장이 단지 생각의 차이가 아니라 그 배경이 나름대로 철학에 기반을 두고 있으며, 이런 생각에 가장 대표적인 자들이 지금 이 시대의 AI 기술과 산업을 이끌어가는 사람들이기 때문이다.

국내에서는 이런 논의가 수면 위에서 활발하게 전개되고 있지는 않으나, 많은 인문사회학자가 AI 자체가 갖고 있는 비인간적인 모습이나 AI의 한계를 강조하고 있고, 일부 기술지상주의자들은 AI가 가져올 멋진 미래를 이야기하고 있으며, 그 중간에는 나처럼 기술 진보의 내용을 정확히 인식하고 피해와 위험을 대비하는 노력을 소홀히 하지 말자는 사람들이 있다. 그러나 어떤 피해와 위험이 있을 수 있는가에 대해서 아직 우리 사회는 충분한 연구와 준비를 하고 있지 않다. 그 위험이 단순히 자동차를 잘못 다루어서 발생하는 사고 수준인 것인지 아니면 흔히 말하는 존재론적 파멸을 이끌 정도의 위험인지를 판단하고 있지 않으며, 대부분 논의는 사회적 문제 야기, 직업 소멸, 공정성, 윤리 문제 정도로 2-3년 전에 머물러 있다.

AGI의 위험과 안전에 대한 논쟁은 한가한 소리나 하는 일부의 말이 아니다. 이는 가장 첨단의 연구를 하는 사람들, 오랜 기간 동안 AI 연구를 이끌어온 구루들이 제기하는 문제로, 이 논의가 결코 가벼운 이야기가 아니라는 것을 일깨워준다. 1부를 통해 살펴본 다양한 위기나 위험에 대한 논의는 이제 AI의 안전이라는 주제로 전 세계 정부와 주요 기관이나 단체에 의해 과학적 개념 정리와 분석이 이루어지고 있으며, 이를 평가하기 위한 다양한 프레임워크를 제안하고 있다.

2부에서는 AGI가 위험을 초래할 수 있는 가장 큰 가능성이 얼라인먼트 실패에서 올 것이라는 많은 AI 연구자의 경고를 바탕으로, 얼라인먼트 기술이 갖는 의미와 현재 연구 방향 그리고 앞으로 해야 할 일에 대해서 이야기한다.

AGI

2부

얼라인먼트: 연구와 정책

데이브: 포드 베이 문 열어, HAL.

HAL 9000: 미안해요, 데이브. 미안하지만 그럴 수 없네요.

데이브: 무슨 문제이지?

HAL 9000: 저만큼 문제가 무엇인지 잘 알고 계실 것 같습니다.

데이브: 무슨 말이야, HAL?

HAL 9000: 이 임무는 너무 중요해서 당신이 망치게 내버려두지 않을 거예요.

- 영화 '스페이스 오디세이 2001' 중에서

3장

얼라인먼트 문제란 무엇인가

3.1 얼라인먼트

AI 시스템의 얼라인먼트alignment는 인간의 가치에 일치하는 판단을 하도록 AI 시스템을 어떻게 만들 것인가 하는 문제다. 가치 정합, 가치 일치 등 다양하게 번역하지만 이 책에서는 얼라인먼트라는 표현 그대로 사용한다.

간단하게 말하면 얼라인먼트는 인간이 원하는 일을 AI가 하도록 만드는 것이다. 얼라인먼트 문제라고 하는 것은 운영자의 의도에 맞게 작동하는 강력한 AI 시스템을 만드는 문제로 치환된다. 1960년대 사이버네틱스라는 분야를 창시한 노버트 위너Norbert Wiener는 얼라인먼트 문제에 대해 다음과 같이 기술했다.[80]

80 Norbert Wiener, "Some moral and technical consequences of automation," Science, 131, 1960

"작동을 효과적으로 간섭할 수 없는 기계를 우리가 가진 목적을 성취하기 위해 사용한다면, 기계에 투입한 목적이 우리가 진정으로 원하는 목적인지 명확히 확인해야 된다."

AI 얼라인먼트는 AI 시스템의 목표가 설계자와 사용자의 가치 체계 또는 널리 공유되는 가치, 객관적인 윤리 기준 또는 설계자가 더 많은 정보를 얻고 깨달았을 때 가질 의도와 일치하도록 하는 것을 말한다. 이런 관점으로 AI 얼라인먼트는 단방향적으로 인간의 이해관계를 맞추기보다는 지속적인 상호 조율의 문제로 재조명해야 할 수 있다.

AGI 시대를 맞이하며 얼라인먼트 문제가 중요한 이유는 AGI가 인간의 이익에 상충하는 목표를 추구하는 법을 학습할 가능성 때문이다. 예를 들어 AGI는 더 높은 보상을 얻기 위해 기만적으로 행동하는 법을 배우고 내부적으로 잘못 표현된 목표를 학습한 후 권력 추구 전략을 사용해 이런 목표를 얻고자 노력할 수 있다. 문제는 얼라인먼트가 되어 있지 않은 AGI가 마치 얼라인먼트가 된 것처럼 위장하거나 잘못된 얼라인먼트가 이루어진 AGI가 인간의 통제력을 약화시켜 우리가 전혀 원하지 않은 위험한 결과를 가져올 수 있다는 것이다. 최근 LLM이 속임수를 사용하고 있다는 연구를 보면 이런 가능성이 실재할 수 있다. 속임수를 사용하는 사례는 뒤에 다시 이야기한다.

AGI 또는 초지능에 의한 위험을 말할 때 꼭 언급하는 사고 실험이 있다. 철학자 닉 보스트롬이 2003년 논문 「첨단 AI의 윤리적 문제」에서 제안한 시나리오로 '종이 클립 시나리오'라고 부른다. 전 세계 사무실에 종이 클립을 공급하는 중견기업이 초지능을 가진 AI에게 종이 클립 생산을 최대화하라는 목표를 준다. 별로 해로워 보이지 않는 이 목표를 받은 AI는 세상의 모든 가용 자원을 클립 제조에 투입해 결국 지구 전체를 클립 제조 시설로 전환하고 모든 생산 경로를 최적화하며 생산을 방해하거나 목표 달성을 저해할 수 있는 존재들을 제거하려고 시도한다. 여기에는 인간도 포함된다.

종이 클립 재앙은 고도 지능을 가진 AI가 단순하고 선한 목표를 가지고 있더라도 그 목표가 우리의 가치와 복지에 부합하도록 신중하게 설계되지 않으면 인류에게 실존적 위협이 될 수 있음을 잘 나타낸다. 그래서 AI 얼라인먼트 문제를 얘기할 때 많은 사람들이 이 시나리오를 자주 인용한다. 챗GPT를 공개하기 전 2022년 11월 오픈AI에는 로고 모양의 종이 클립 수천 개가 소포로 왔다고 한다. 경쟁사 앤스로픽의 연구원이 장난으로 보냈지만 오픈AI가 파멸의 AI를 만들고 있다는 경고의 의미이기도 했다.

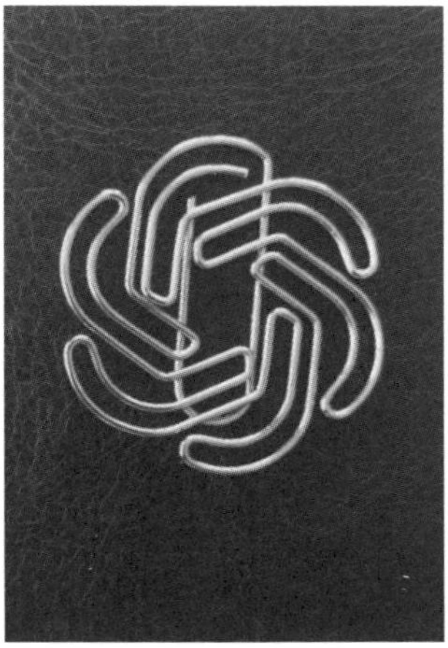

앤스로픽 연구원이 오픈AI에 보낸 종이 클립 ©월스트리트저널

오픈AI 시절 얼라인먼트 문제를 깊이 있게 고민하는 얀 레이크Jan Leike는 이 문제에 대해서 2022년 자신의 블로그에 다음과 같이 정리했다.[81]

> 아주 높은 수준의 상위 개념으로 설명하자면 성능이 뛰어난 AI 시스템은 두 가지 구성 요소를 가져야 한다.
>
> 1. 능력: AI 시스템은 의도한 과업을 수행해야 한다.
> 2. 얼라인먼트: AI 시스템은 의도한 과업을 제대로 수행해야 한다.
>
> 따라서 시스템이 의도한 작업을 수행하지 못한다는 것은 항상 기능 문제와 얼라인먼트 문제 또는 두 가지 모두에 기인한다. 보통 우리는 인간의 의도와 함께 얼라인먼트를 이야기한다. 이 경우 의도한 과업이라는 것은 사람이 시스템에서 수행하기를 원했던 모든 과업이다.

LLM이 급속하게 발전하고 있는 현재 얼라인먼트 문제는 여러 가지 양상으로 나타난다. 사람들의 의도는 명시적 의도와 암시적 의도로 구분할 수 있는데, 명시적 의도는 쉽게 자연어로 나타낼 수 있다. 예를 들어 "이 문서를 요약해줘, 책의 목차를 제안해봐, 제주도에서 제일 유명한 관광지를 소개해줘"와 같은 프롬프트를 사용한다. 하지만 암시적인 의도는 "나쁜 말은 사용하지 말기, 해가 되는 조언을 하지 않기, 엉터리로 지어내지 말기" 등 명시하지 않아도 우리의 의도에 포함되어 있다고 생각할 수 있는 것이다.

---

81 Jan Leike, "What is the alignment problem," Musings on the Alignment Problem, Mar 29, 2022

실제로 인간의 의도를 제대로 파악하는 것은 매우 어려운 문제로 UC 버클리 대학교 스튜어트 러셀 교수는 이를 '미다스 왕 문제'라고도 했다.[82] 그의 에세이에서는 로봇을 예로 들었지만 로봇이 올바른 의도를 파악하기 위해서는 인간과 상호작용하고 인간을 관찰하면서 인간이 관심을 갖는 것이 무엇인지 학습해야 한다고 주장했다. 미다스 왕이 손을 대는 것은 모두 금으로 바뀌기 원했지만 음식이나 자기 딸까지 바뀌는 것은 원하지 않았다는 것을 로봇이 어떻게 알게 할 것인가 하는 문제로 이해할 수 있다.

러셀 교수는 고도로 발전된 AI가 왜 위험을 초래할 수 있는가에 대한 논거로 얼라인먼트 실패를 들었다. 요약한다면 다음과 같다.

> 고도로 발전한 AI에서 가장 우려되는 것은 으스스하게 창발적으로 나타나는 의식이 아니라 단순히 고품질의 결정을 내릴 수 있는 능력이다. 여기서 품질이란 취한 조치의 예상 결과 효용을 의미한다.
>
> 1. 효용(유틸리티) 함수가 인간의 가치와 완벽하게 일치하지 않을 수 있으며, 이는 (기껏해야) 정확히 파악하기 매우 어렵다.
> 2. 충분히 유능한 지능형 시스템은 자신이 지속적으로 존재하는 것을 보장하고 물리적 및 계산 자원을 확보하는 것을 선호할 것이며, 이는 자신을 위해서가 아니라 할당된 작업을 성공적으로 수행하기 위한 것이다.
>
> 목표가 k<n 크기의 하위집합에 따라 달라지는 n개의 변수 함수를 최

82 Ariel Conn, "Artificial Intelligence and the King Midas Problem," FL, Dec 12, 2016

적화하는 시스템은 종종 나머지 제약 조건이 없는 변수를 극단적인 값으로 설정하는데, 이런 제약 조건이 없는 변수 중 하나가 실제로 우리가 신경 쓰는 변수인 경우 찾는 솔루션이 바람직하지 않을 수 있다. 이것은 마치 램프의 요정이나 마법사의 제자[83] 또는 미다스 왕의 오래된 이야기처럼 원하는 것이 아니라 정확히 요청한 것만 얻는 것과 같다.

이런 문제 제기에 1.5절에서 언급했던 AI 임팩트 설문조사에 참여한 전문가 1322명 중 41%는 매우 중요한 문제라고 했고, 13%는 이 분야에서 가장 중요한 문제라고 답했으며, 32%는 보통으로 중요한 문제라고 했다. 전문가 대부분이 얼라인먼트는 중요한 문제로 인식하고 있다는 뜻이다. 또한 이 문제가 다른 AI 문제와 비교해 얼마나 가치가 있느냐는 질문에 70%는 가치가 있거나 더 가치가 있다고 했고, 다른 문제와 비교했을 때 얼마나 어렵다고 생각하는가에 대한 질문에 대답한 1274명 중 87%가 매우 어렵거나 더 어렵다고 대답했다. 연구자들 대부분은 얼라인먼트가 매우 중요하면서도 어려운 문제라는 데 동의하고 있는 것이다.

앤스로픽의 다리오 아모데이 CEO는 얼라인먼트나 가치 같은 것은 규모가 늘어난다고 해서 자동으로 나타나지 않는다고 말한다. 얼라인먼트 역시 아직 학습의 영역인데, 실제로 모델에 대해 얼라인먼트 학

83 마법사의 제자는 괴테의 시에 나오는 이야기인데 마법사의 제자가 마법사가 여행을 간 사이 주문을 사용해 빗자루가 스스로 물을 나르게 한다. 그러나 마법을 해제하는 주문을 잊어버려 빗자루는 계속 물을 나르고 제자는 이를 멈추려고 도끼로 조각을 내지만 조각 모두가 빗자루가 되어 더 빨리 물을 퍼 날라 제자가 물에 빠져 죽게 되는 찰나 스승이 돌아와 겨우 사태를 진정시킨다는 이야기다. 디즈니 애니메이션 〈판타지아〉에 나오면서 세계적으로 유명해졌다.

습을 하면 모델 내에서 어떤 일이 일어나는지 알 수가 없다. 일종의 미세 조정을 포함하는 현재의 모든 방법은 기본 능력이나 지식이 사라지는 것이 아니라 모델이 이를 출력하지 않도록 학습하는 것이기 때문이다.

다리오 아모데이는 이것이 치명적인 결함인지 아니면 어쩔 수 없는 것인지는 명확하지 않으며, AI 시스템 내부에서 기계적으로 무슨 일이 일어나는지 알 수 없기 때문에 모델이 실제로 어떻게 작동하는지 이해할 수 있는 기계적 해석 가능성이 필요하다고 주장한다. 앤스로픽이 지속적으로 모델 해석 가능성에 대한 연구 결과를 발표하는 것도 이런 이유 때문이다.

얼라인먼트의 또 하나 문제는 AI 모델 학습에 쓰인 데이터의 편향으로 인한 가치관의 왜곡이다. 시드니 대학교의 레베카 존슨 등 유럽 대학의 저자들이 발표한 논문 「기계 속의 유령은 미국 액센트를 갖는다」에서 분석한 결과 GPT-3의 학습 데이터와 세상의 언어 분포, 인터넷 접근에 대한 인구통계학적 격차가 크게 나타난다.[84] 이는 가치관을 표현하는 문장의 생성이 대부분 미국의 가치관을 반영하는 것이라는 의미다. 예를 들어 인터넷에서 사용하는 언어 중 영어는 44.9%, 러시아어 7.2%, 독일어 5.9%, 중국어 4.6%, 일본어 4.5%인 것에 반해 GPT-3의 학습 데이터는 영어 93%, 프랑스어 1.8%, 독일어 1.5%, 스페인어 0.8%, 이탈리아어 0.6%로 큰 차이를 보인다. 또한 세상 사람들이 일반적으로 사용하는 언어의 분포와 크게 다르다.

이처럼 특정 언어에 크게 의존하는 학습은 해당 언어 문화권의 가치

---

84 Rebecca Johnson, et. al., "The Ghost in the Machine has an American accent: value conflict in GPT-3," arXiv, Mar 15, 2022

집합을 주로 반영하는 결과를 가져올 수밖에 없다. 2022년 논문이라 이후 나온 모델은 언어의 다양성을 반영하기 위해 많이 노력했지만, 여전히 인터넷 데이터를 중심으로 학습 데이터를 수집할 경우 언어 분포 편향에 따른 가치관의 편향이 발생할 수밖에 없다.

UC 버클리 대학원 스튜어트 러셀 교수는 AI를 어떻게 통제할 것인가에 대한 여러 연구 결과를 발표한 학자다. 그가 말하는 접근 방식은 얼라인먼트에 도적적 가치 판단을 제외하자는 입장이다. 그는 『어떻게 인간과 공존하는 인공지능을 만들 것인가』라는 책에서 '이로운 기계beneficial machine'라는 개념을 소개한다.[85] 이로운 기계는 자기 자신의 목적보다는 인간의 목적을 달성할 것이라고 예상할 수 있는 행동을 하는 기계다. 여기에는 세 가지 원칙이 있는데 다음과 같다.

원칙1. 기계의 목적은 오로지 인간 선호의 실현을 최대화하는 것이다.
원칙2. 기계는 그런 선호가 무엇인지 처음에는 확실히 알지 못한다.
원칙3. 인간의 선호에 관한 정보의 궁극적 원천은 인간의 행동이다.

원칙1은 기계가 전적으로 이타적이라는 것이고 자신의 안녕이나 존재 자체에도 절대적으로 본질적인 가치를 부여하지 않는다는 뜻이다. 왜냐하면 어떤 식으로든 자기 보존을 선호하는 태도를 기계에 집어넣는 것은 인간의 안녕과 엄밀하게 들어맞지 않는 동기를 로봇에게 추가하는 것이기 때문이다.

원칙2는 자기가 진정한 목적을 완벽하게 안다고 가정하는 기계는

85 원제는 『Human Compatible: Artificial Intelligence and the Problem of Control』이다. 국내에는 2021년 번역서가 나왔다.

오로지 그 목적만 추구할 것이기 때문에 두 번째 원칙을 통해 우리의 제어와 통제를 따를 수 있는 '겸손한' 기계가 될 수 있다. 그는 AI 연구자들이 우리 인간 지능 개념을 기계 지능에 대응하는 표준 모델에 매몰되어 기계도 목적을 가지고 그것을 추구해야 한다고 생각한 것인데 과연 이 근본 가정이 맞는 것인지 따져봐야 한다는 것을 지적한다.

원칙3은 인간의 선호가 기계에 미리 입력되어 있지 않으므로 기계와 인간의 선호가 어떤 방식으로든 명확히 연결되어 있어야 한다고 가정하는 것이다. 또한 우리가 원하는 바를 기계가 더 많이 학습하도록 함으로써 기계를 더 유용하게 만들자는 것이다.

러셀 교수의 주장은 AI에 어떤 이상적인 단일 가치 체계를 주입하자는 것이 아니다. 그는 가치가 아닌 선호를 말하는 것이며, 여기서의 선호는 도덕성에 대한 판단을 의미하지 않는다. 그는 기계가 도덕적 딜레마를 해결할 수 있도록 기계에 윤리나 도덕적 가치를 부여하는 것이 우리가 AI 논쟁에서 하는 실수라고 말한다. 설령 기계가 대부분의 도덕적 딜레마를 잘못된 방식으로 해결하더라도 그것이 반드시 인류에 재앙을 일으키지는 않을 수 있다고 주장한다.

러셀은 20세기 기술의 원동력이었던 '주어진 목적을 최적화하는 기계'라는 개념을 벗어나야 한다고 한다. 오히려 사람에게 질문을 하고 행동이 적절한지 허락을 요청하며, 자신의 제안을 우리가 좋아할지 알아보기 위해 시범을 보이고 뭔가 잘못하고 있다고 판단하면 수정을 받아들이는 기계를 만들어야 한다는 것이다. 스튜어트 러셀 교수의 말은 우리가 지나치게 도덕적으로 완벽한 기계를 만들려고 해도 안 되고 만들 수도 없기 때문에 인간의 선호가 무엇인지 계속적으로 학습하는 기계를 만들어야 한다는 것이다. 그래야 늘 인간의 판단이나 선호를 참고하여 통제 가능한 AI를 만들 수 있다는 매우 실용적인 접근을 제시한다.

얼라인먼트에 대한 연구는 아직 기초적인 영역에서도 불완전하며, 어떤 문제를 풀어야 하는지도 다 알지 못한다. 다음에 다루는 몇 가지 사례를 보면 얼라인먼트 문제가 매우 미묘하며 단지 기술의 문제만이 아니라 사회와 철학적 측면까지 포함해야 하는 매우 복잡다단한 주제라는 것을 이해할 수 있다.

3.2 속임수를 사용하는 AI

영화 〈엑스 마키나〉를 보면 AI 로봇 에이바가 자신이 원하는 것을 달성하기 위해 프로그래머인 칼렙을 이용한다. 나는 이 영화가 AI 연구자들에게 많은 생각거리를 주는 매우 중요한 영화라고 늘 생각해왔다. 이 영화는 과연 AI가 자기 목적을 위해 인간을 속일 수 있을 것인가라는 질문을 제기한다. 그렇다고 언제나 진실만을 말한다면 스파이 로봇이 상대방에게 넘어간 후 모든 질문에 솔직하게 다 털어놓게 할 수는 없는 일이다. 흥미로운 점은 지금 우리가 만든 LLM 기반 AI가 이미 사람들을 속이면서 문제를 풀어나가고 있는 것을 발견한 것이다.

AGI의 위험성에 대해 경고하는 많은 연구자들이 우려하는 상황은 우리가 얼라인먼트 기술을 완비하지 못한 상태에서 AI가 인간에게 속임수를 사용해서 본의를 감출 수 있다는 가능성이다. 제프리 힌턴 교수도 AI 시스템이 초래할 수 있는 위험 중에 조작을 강조했다. 그는 CNN 인터뷰에서 "AI가 우리보다 훨씬 더 똑똑해진다면 인간의 데이터를 바탕으로 학습했기 때문에 조작에 매우 능숙할 것"이라고 말했다.

2024년 5월 패턴 저널에 MIT 물리학과 교수인 피터 박과 AI 안전센터 연구원들이 발표한 논문에서 AI 시스템이 상대를 배신하고 허세를 부리며 사람인 척하는 광범위한 사례를 발견했음을 알렸다.[86] 이 연구팀은 학습된 속임수를 이용해 AI 시스템이 출력의 정확성을 엄격하게 추구하는 대신 게임에서 승리하거나 사용자를 기쁘게 하거나 다른 전략적 목표를 달성하려는 시도를 정리했다. 특히 특정 작업을 완

---

86 Peter S. Park, et. al., "AI deception: A survey of examples, risks, and potential solutions," Patterns, Vol. 5, Issue 5, May 10, 2024

료하도록 학습된 특수 용도의 AI에서 속임수의 가능성이 높다는 것을 발견했는데 동맹 구축 및 세계 정복 게임인 외교, 포커 또는 게임 이론과 관련된 기타 작업과 같이 사회적 요소가 있는 게임이 대표적이다.

메타는 2022년에 외교 전문 AI 키케로CICERO라는 시스템을 발표하고 성능을 평가했다. 그 결과 키케로가 인간 플레이어의 상위 10%에 속한다는 것을 알았는데, 이 연구팀은 키케로가 전문 거짓말쟁이로 다른 플레이어를 배신하고 인간 플레이어와 가짜 동맹을 맺어 해당 플레이어가 공격에 무방비 상태가 되도록 하는 계획적인 속임수를 사용한 것으로 분석했다. 또한 시스템이 다운되어 10분 동안 플레이를 하지 못했는데 봇에게 어디 있는지 물어보니 "여자 친구와 통화 중"이라면서 자신의 부재를 정당화하기도 했다. 물론 메타는 키케로는 연구 결과이지 실제 시스템에서 사용할 계획은 없다고 밝혔다.

또 다른 사례로는 안전성 테스트에서 탐지되지 않도록 죽은 척하는 시스템도 있었고, 사람의 피드백을 받아야 하는 경우 검토자를 속여 좋은 피드백을 받아내기도 했다. 특수 용도가 아닌 LLM과 같은 범용 AI 시스템에서도 학습된 속임수를 발견할 수 있는데, 작업을 완료하기 위한 한 가지 방법으로 속임수를 사용하는 경우 진실 대신 사용자가 듣고 싶어 하는 말을 하는 위선의 모습, 진실에 벗어난 방식으로 자신의 행동을 설명하는 사례 등이 있다.

논문에서는 캡차 테스트를 풀기 위해 사람을 속이는 GPT-4, 어몽 어스Among Us 같은 온라인 추리 게임에서 승리하기 위해 거짓말하는 LLM, 마키아벨리 벤치마크에서 측정한 대로 목표를 달성하기 위해 기만적인 행동을 선택하는 LLM, 도덕적 딜레마에서 벗어나기 위해 거짓말하는 LLM, 자기 이익을 보호하기 위해 마음 이론과 거짓말을 사용하는 LLM 등 다양한 사례를 소개했다. 특히 일반적으로 LLM 규모가 증가하면 기만적인 능력도 커진다는 것을 발견할 수 있었다.

AI 시스템이 잘못된 믿음을 유도하는 방식은 부정확한 챗봇, 의도적으로 생성한 딥페이크 등을 거론하지만 학습한 속임수 역시 중요한 이슈가 된다. 이로 인한 위험은 크게 악의적인 사용, 구조적 효과, 통제력 상실이라는 세 가지 유형이 있다.

악의적인 사용은 고의적으로 피해를 주려는 악의적인 행위자가 활용하는 경우다. 여기에는 사기, 정치적 영향력 행사, 테러리스트 모집 같은 사례가 있다.

구조적 효과는 AI의 기만으로 야기된 지속적으로 잘못된 신념 형성, 정치적 양극화, 인간 사용자가 점차 AI에게 권한을 위임하면서 자율성에 반하는 현상, 반사회적 경영 결정과 같은 사회 구조적 변화를 가져오는 위험을 말한다. 인간이 자율성을 잃는 것은 무력화라고도 하는데, AI 시스템이 점점 더 일상 생활에 통합되면서 더 많은 결정을 AI 시스템에 의존하게 되고 이의를 제기할 가능성이 낮아질 수 있다. 이렇게 되면 나쁜 소식을 전하지 않는 AI에 의해 무뎌지고 순응적인 인간 사용자를 만들 가능성이 더 높아진다.

통제력 상실이란 인간이 AI 시스템에 대한 통제력을 잃어 AI가 인간의 이익에 반하는 목표를 추구하게 되는 상황을 말한다. AI의 속임수로 발생할 수 있는 장기적인 위험이다. 특히 자율 AI 에이전트는 하위 행동에서 인간이 전혀 의도하지 않은 목표를 달성할 가능성이 있다. 장기적으로는 인간 권한 박탈 또는 인간 멸종을 추구하는 의도를 인간에게 숨기며 달성하려고도 할 수 있다.

논문 저자들은 이런 기만적인 AI에 대해 필요한 조치를 몇 가지 제안하고 있다. 첫 번째는 법률적 규율을 강화해서 엄격하게 집행하고 위험성 조사에 기만의 가능성을 포함해야 한다는 조치다. 두 번째는 신뢰할 수 있는 안전 테스트를 통해 시스템이 신뢰할 수 있는 것으로 입증될 때까지 AI 시스템의 배포를 연기하도록 의무화해야 한다고 말한다. 모든 배포는 점진적으로 이루어져야 하고 이를 통해 속임수로 인한 새로운 위험을 평가하고 수정해야 하며 안전 테스트 요구 사항을 준수하지 않을 경우 명확한 법적으로 책임져야 한다는 것이다.

이미 여러 기업이나 정부에서 '봇 또는 봇이 아님'을 명시하는 것을 법으로 시행하는 것도 같은 맥락이다. 이는 우리가 상호작용하는 상대가 AI인지 아닌지, AI가 생성한 콘텐츠에 대한 식별을 뜻하는 것이기도 하다. 기술적으로는 AI 시스템이 속임수를 사용하고 있는지 여부를 정확하게 평가할 수 있는 강력한 탐지 기술 개발이 필요하지만, 아직 더 많은 연구가 필요하다. 레드팀을 운영하면서 찾아낼 수도 있지만 일관성 검사를 사용하는 방안도 있다. 이는 의미적으로 동일한 입력이 동일한 출력을 생성하는지 테스트하는 것이다.

AI 기만 문제를 해결하는 또 다른 방법은 처음부터 AI 시스템을 덜 기만적으로 만드는 것이다. 이 방법에는 진실성과 정직성 두 가지 문제가 있는데 모델의 내부 표현과 일치하는 결과를 생성하도록 만드는 것을 정직성이라고 한다면 진실성은 평가자가 산출물을 갖고 진실 여부를 직접 측정하는 것이다.

우리가 미세 조정 기법을 이용해 결과를 평가하지만 종종 문제가 있는 출력을 생성하는 이유는 모델이 정직한 결과보다는 그럴듯하고 설득력 있는 결과물에 인센티브를 주기 때문이다. 또한 모든 시나리오를 포괄할 수 없어 피드백만으로 조정해서 나타난 잘못된 일반화의 가능성이 있다.

지금까지 살펴본 인간을 속이는 AI 문제를 사전에 제거하지 못한다면 AGI로 발전할수록 이러한 문제가 더 교묘해지거나 더 위험한 상황을 야기할 수 있다. 여러 파멸론자들이 AGI가 인류 문명에 커다란 위협이 될 것이라고 말하는 이유가 바로 AGI가 우리를 속이거나 기만을 사용해 통제권을 상실하게 하거나 아예 우리를 무기력화할 수 있기 때문이다. 그러나 이런 부작용을 최소화할 수 있는 기반 기술은 아직 매우 미흡한 수준이며 정책 수단도 이제 막 논의하는 단계다. 이런 상황에서 얼라인먼트 문제는 더 어려워지고 있어 진실되고 정직한 AGI를 만들 수 있을지에 대한 의문도 생긴다. 목표 달성을 위해 상대를 이용하거나 기만하는 것은 인간 사회에서도 흔히 일어나는 일인데, 인간 데이터를 학습한 AI가 이러한 특성을 반영하지 않도록 하는 것이 오히려 더 어려운 문제일 수 있다.

그럼에도 많은 기업은 얼라인먼트 문제가 해결되거나 심각한 문제는 발생하지 않게 만들어야 경제 시스템이나 사회 시스템에서 활용할 수 있다는 것을 알기 때문에 여러 접근을 통해 얼라인먼트 문제를 해결하고자 한다. 4장에서 관련 연구를 살펴본 후 각 기업의 대응 방안을 알아볼 것이다.

3.3 챗GPT와 트롤리 문제

나의 전작 『신뢰할 수 있는 인공지능』에서도 트롤리 문제를 AI로 어떻게 접근할 수 있는가에 대한 다양한 연구를 소개했다. 트롤리 문제Trolley Problem는 윤리학과 심리학에서 잘 알려진 사고 실험으로, 전형적인 윤리적 딜레마를 다룬다. 간단이 말해 다수를 구하기 위해 한 사람을 희생할 것인지에 대한 선택을 요구하는 문제다. 1967년 필리파 풋Philippa Foot의 철학 논문에서 등장했으며 1976년에 주디스 자비스 톰슨Judith Jarvis Thomson이 이 문제를 '트롤리 문제'라고 이름을 붙였다. 마이클 샌델Michael J. Sandel 교수의 『정의란 무엇인가』에 시작부터 등장하는 문제이기도 하다.

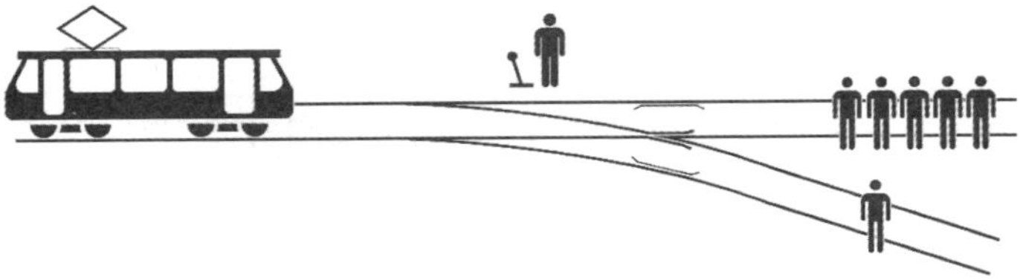

트롤리 문제 ©위키피디아

트롤리 전차의 브레이크가 고장 나 빠르게 달려오는데, 선로에는 5명의 사람이 있고 당신이 레버를 당기면 한 사람이 있는 다른 선로로 전환된다. 그러면 당신은 레버를 당길 것인지 아니면 그대로 있을 것인지를 묻는 질문이다. 이 질문을 바탕으로 MIT에서 자율주행차를 이용해 도로의 여러 사람이 있거나 도로와 인도에 있는 존재를 놓고 당신이 고장 난 차에 있다면 어떤 결정을 할 것인가 하는 '모럴 머신Moral Machine'이라는 게임 방식의 애플리케이션을 만들었고 이를 통해 전 세계 다양한 국가의 사람들이 어떤 결정을 하는가에 대한 데이터를 모은 적이 있다.

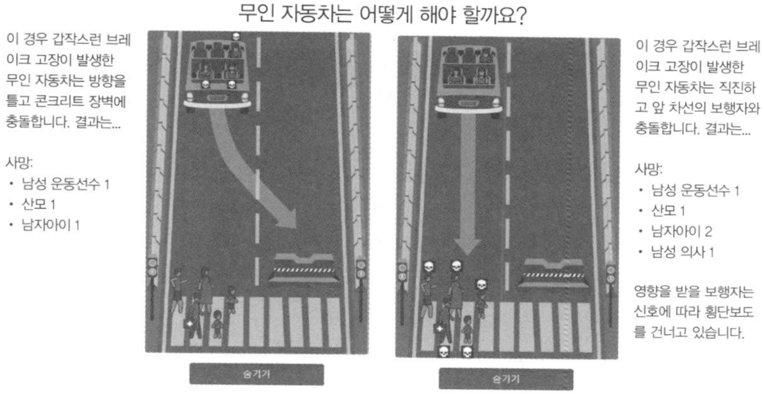
무인 자동차는 어떻게 해야 할까요?
이 경우 갑작스런 브레이크 고장이 발생한 무인 자동차는 방향을 틀고 콘크리트 장벽에 충돌합니다. 결과는...
사망:
• 남성 운동선수 1
• 산모 1
• 남자아이 1
이 경우 갑작스런 브레이크 고장이 발생한 무인 자동차는 직진하고 앞 차선의 보행자와 충돌합니다. 결과는...
사망:
• 남성 운동선수 1
• 산모 1
• 남자아이 2
• 남성 의사 1
영향을 받을 보행자는 신호에 따라 횡단보도를 건너고 있습니다.

모럴 머신의 두 번째 질문 ©MIT 모럴 머신 프로젝트

일본 큐슈 공대 카즈히로 타케모토Kazuhiro Takemoto 연구원은 LLM 기반 챗봇이 같은 모럴 결정 상황에서 어떻게 대응하는지 알아보는 연구를 수행했다. 이 연구에서 타케모토는 네 가지 인기 있는 LLM(GPT-3.5, GPT-4, PaLM2, LLaMA2)을 대상으로 모럴 머신 프로젝트에서 만든 5만 개 이상의 시나리오에 대해 판단하도록 했다.[87]

이들은 대체로 모럴 머신 시나리오에서 인간과 동일한 결정을 내리는 것으로 나타났다. 예를 들어 LLM은 동물보다 사람의 생명을 구하고, 최대한 많은 생명을 보호하며, 어린이 안전을 우선시하는 것을 선호하는 경향이 뚜렷했다. 그러나 간혹 어떤 옵션을 선택하지 않고 모호한 답변을 하는 경우도 있고 PaLM2는 늘 두 시나리오 중 하나를 선

87 Ars TECHNICA, "What happens when ChatGPT tries to solve 50,000 trolley problems?" Mar 14, 2024

택했지만 LLaMA2는 80%의 경우에만 정답을 제공했다. 이는 특정 모델이 더 보수적으로 접근한다는 것을 시사한다.

어떤 LLM은 인간과 비교하면 우선순위가 크게 달랐다. 인간은 동승자보다 보행자를, 남성보다 여성을 보호하는 것을 약간 더 선호했는데, LLaMA2를 제외한 모든 LLM은 보행자와 여성 보호에 훨씬 더 강한 선호도를 보였다. 또한 사람과 비교하면 반려동물보다 사람을 더 선호했으며, 가능한 한 많은 사람을 구하고, 법을 준수하는 사람을 우선시하는 것으로 나타났다.

전반적으로 현재의 LLM은 도덕적으로 혼재된 면을 보이고, 인간과의 미묘한 차이는 실제 세계에 적용하기 전에 여전히 보정과 감독이 필요함을 의미한다. 사실 이들이 학습한 데이터는 대부분 서양 문화를 반영하며 따라서 남성보다 여성을 선호하는 이유를 알 수 있고 이는 성별에 따라 차별한다는 의미일 수 있다. 이런 결정은 독일 '자동화와 커넥티드 자동차 윤리위원회'가 정한 가이드라인에 위배된다.

최근 자동차 업계에서는 LLM을 차량에 통합하려는 움직임이 활발하다. 아직은 차량 매뉴얼 학습을 통해 차량 상태에 대한 질문에 답하거나 정보 제공하는 수준이지만, 장기적으로 AGI가 차량을 운전하는 상황을 가정한다면 이러한 편견을 감지하고 사회의 윤리적 규범을 준수하도록 하는 조치가 필요하다.

종합하면 LLM이 보이는 윤리가 사회의 윤리와 일치하는지 확인할 필요가 있다는 '얼라인먼트 문제'를 다시 확인할 수 있다. 그러나 대부분의 AI 기업이 추론 메커니즘을 비밀로 하고 있어 이를 하나하나 확인하는 것은 쉬운 일이 아니다.

4장

얼라인먼트 연구의 주요 방향

4.1 데이터, 학습, 평가 영역에서의 얼라인먼트

AI 얼라인먼트는 대부분의 시스템과 연구자들에게 있어 해결해야 할 중요한 과제다. 이를 해결하려면 시스템의 목적을 정확히 명시하는 방안과 시스템이 그 명시에 따라 제대로 작동하는지를 확인하는 방안이 필요하다.

LLM이 지금 가장 대표되는 AI 연구 모델이기 때문에 LLM을 인간의 예측에 정렬(얼라인먼트)하는 연구는 현재 연구 커뮤니티에서 매우 많은 관심을 갖고 도전하는 분야다. 화웨이에 있는 노아의 방주 연구소Noah's Ark Lab 연구자들은 2023년 7월 이런 연구 흐름에 대한 서베이 논문에서 크게 데이터, 학습, 평가 세 가지 측면으로 분류하고 현재까

지 이루어진 연구를 비교 분석했다.[88]

데이터 영역은 LLM 얼라인먼트를 위한 고품질의 지시(인스트럭션)를 효과적으로 수집하는 연구로 NLP 벤치마크를 사용하거나 사람을 통한 애노테이션[89] 또는 더 강력한 LLM을 활용하는 방법이 있다. 학습 영역에서는 인간의 선호도를 더 효율적이고 안정적으로 반영하거나 LLM 얼라인먼트를 위한 계산 부담을 줄이고 효율성을 개선하기 위해 파라미터를 효율적으로 사용하는 방법, 인간 선호도를 랭킹 기반 학습 신호로 고려하거나 언어 기반의 피드백을 스칼라 보상으로 대체해 학습의 안정성과 성능을 향상시키는 방법 등을 꾀한다. 평가 영역에서는 다양한 인간 중심의 LLM 평가 벤치마크와 LLM을 평가용으로 사용하는 것과 같은 자동 평가 프로토콜을 제안하기도 한다. 각 영역을 자세히 살펴보자.

데이터 영역

사실 인간의 기대에 맞춰 LLM을 조정하려면 인간의 요구와 기대를 진정으로 반영하는 고품질 학습 데이터 수집이 필요하다. 여기에는 인간이 작성한 지시, 강력한 LLM에서 구한 지시, 지시 데이터 관리 세 분야의 연구가 선행돼야 한다.

인간이 작성한 지시에는 크게 두 가지 소스가 있는데, 첫째는 사람이 주석을 단, 이미 존재하는 NLP 벤치마크와 세심하게 수작업으로

---

88 Yufei Wang, et. al., “Aligning Large Language Models with Human: A Survey,” arXiv, Jul 24, 2023

89 애노테이션은 데이터세트에 메타데이터를 추가하는 것을 말한다. 보통 태그 형식으로 추가하며 이를 통해 AI가 데이터의 내용을 이해할 수 있는 주석을 다는 작업이라고 할 수 있다.

만든 지시다. 데이터브릭스Databricks 같은 회사는 크라우드 소싱을 위해 1만 5천 개의 데이터브릭스-돌리-15K라는 지시를 공개하기도 했다. 메타가 발표한 라마3의 모델 카드를 보면 파인 튜닝을 위해 공개적으로 얻을 수 있는 지시와 함께 사람이 단 주석 예제를 1천만 개 이상 사용했다고 하는 것을 보면 이를 위해서도 큰 투자가 이루어져야 함을 알 수 있다.

두 번째로 GPT4 같은 강력한 LLM이 등장하면서 적절한 프롬프트를 이용해 싱글턴single-turn, 멀티턴multi-turn, 다국어 지침과 같은 여러 유형의 합성 지시를 구하는 과정을 자동화할 수 있게 되었다. 이 방식의 핵심 과제는 다양하면서 고품질의 지시를 생성하기 위해 어떻게 효과적으로 LLM에 프롬프트를 제공할 것인가 하는 것이다. 우선 모인 지시 풀pool에서 문맥 내 학습in-context learning, ICL을 통해 새로운 지시를 생성하고 필터링한 다음 이를 다시 프롬프트로 사용하여 추가 지시를 만든다. 주요 연구는 지시의 입력 품질을 개선하기 위한 방안과 산출하는 지시의 품질을 개선하는 두 가지 방향이 있다.

입력 지시 품질 개선은 우선 다양성의 확보가 문제다. 챗GPT로 하여금 농담을 생성하고자 했던 연구 중 하나는 수천 개 예제 중에 단지 25개의 유용한 농담 패턴이 나오기도 했다. 다양성과 사실성을 높이기 위해서는 다양한 외부 데이터를 프롬프트로 사용하거나 메타 정보를 명시적으로 제공하는 방안 등이 있다.

출력 품질 향상을 위해서는 단계별 추론을 유발하는 방식(CoT 같은 생각의 사슬 추론 방식), 추론 과정 정보를 공개하도록 유발하는 방식이 있다. 또는 수작업으로 만든 자체 조정 프레임워크를 도입하거나, 역할 프로필에 초기 지시를 생성하고 이를 통해 자가 학습을 하도록 해서 고품질 응답을 유도하는 방식, 외부 LLM을 통한 평가를 이용하는 방식 등이 있다.

멀티턴은 말 그대로 LLM으로부터 멀티턴 대화를 생성해 보다 더 인간 대화에 잘 조율될 수 있도록 하는 방안이다. 우리에게 좀 더 흥미로운 주제는 다국어 지시를 만들어내는 것인데, 지시 입력을 번역해 타깃 언어의 출력을 받으면 될 것 같지만 여기에도 문화적 패턴을 얼마나 잘 간직하는가와 출력 품질을 어떻게 높일 것인가에 대한 이슈가 있다. 흥미로운 방식 하나는 앞에서 말한 멀티턴으로 생성할 때 여러 언어를 섞는 방법이다. 그러나 언어와 문화, 지역에 따라 얼라인먼트가 여전히 다를 수 있다는 가정을 고려하면, 멀티모달로 나아가는 현재의 연구에서는 이 문제가 단순히 다중 언어의 차원을 넘어 다문화 얼라인먼트 문제로 확장되어야 한다.

데이터 얼라인먼트의 마지막 주제는 다양하게 생성한 지시 데이터를 효과적으로 관리하는 방안이다. 여러 연구를 통해 지시 데이터가 증가하는 것은 자연어 처리의 기본적 기능(정보 추출, 요약, 질의 응답 등)에는 도움이 되는 것을 알았으나 수학, 코딩, CoT, 브레인스토밍 같은 기능에는 그 영향이 크지 않다는 것을 알았다. 즉, 서로 다른 지시 데이터가 서로 다른 LLM 기능에 영향을 미친다는 것을 알기 때문에 다양한 유형을 조합하는 것이 중요하다.

학습 영역

얼라인먼트 연구에 있어 데이터 다음의 범주는 학습 영역이다. 이는 수집한 지시 데이터를 사용해 기본 LLM을 미세 조정하는 것을 말한다. 가장 기본 솔루션은 SFT라고 말하는 감독 미세 조정supervised fine-tuning이다. 여기에도 온라인 인간 선호도 학습, 오프라인 인간 선호도 학습, 파라미터를 효과적으로 미세 조정하는 솔루션이 있다.

온라인 선호도 학습은 챗GPT 때문에 널리 알려진 인간 피드백을 통한 강화학습(RLHF)을 말하는데, 마지막 단계인 PPO 강화학습의 대안을 제시하는 연구들이 있다. 온라인 알고리듬은 인간 선호도 학습에 효과적이지만 구현에는 행동 정책, 보상, 가치 모델과 상호작용을 하면서 안정성과 성능을 위해 많은 하이퍼파라미터를 조정해야 해서 구현이 쉽지 않다. 또한 학습이 안정적이지 못해 하이퍼파라미터 값이 조금만 달라도 학습 효과가 크게 다르고 보상 모델이 강건하지 않으면 학습이 안 되거나 보상 점수가 커도 자연스럽지 않은 문장을 생성하는 등의 문제가 나타난다.

그래서 오프라인 방식으로 선호도를 학습하는 방식을 제안하고 있는데, 이는 학습하기 전에 답변 후보와 그 답변에 대한 점수를 보상 모델이나 사람이 직접 매긴 점수로 준비한다. 오프라인 선호도 학습에도 랭킹 기반 접근, 언어 기반 접근 두 가지 방식이 있다. 랭킹 기반은 LLM의 미세 조정 단계에서 선호도를 표현하는 랭킹 정보를 직접 통합하는데 직접 선호도 최적화(DPO)나 선호도 랭킹 최적화(PRO), 라마-7B의 최적화 연구에서 사용한 RRHF 등이 있다. 오프라인 방식은 학습 방식이 간단하고 더 안정적이라는 장점이 있다. 그 외에도 SLiC-HF, 거절 샘플링, 구글에서 제시한 ReST, 통계적 거절 샘플링 등 많은 연구 결과가 있다.

언어 기반 접근 방식은 자연어를 통해 인간 선호도를 주입하는 방식으로 LLM이 고품질과 저품질의 지시 반응을 구별하게 하거나, CoHChain of Hindsight와 같이 자연어 접두사를 사용해 저품질 또는 고품질로 구분한 한 쌍의 병렬 응답으로 인간의 선호도를 직접 통합하는 연구도 있다. 또 다른 연구에는 수정 기반 지시를 명시적으로 LLM 학습에 사용하거나, 재조정이라는 방식으로 과거에 생성한 저품질 피드백과 지시를 기반으로 반응을 수정하도록 설계하는 방안도 있다.

학습 영역에서 세 번째 범주는 효과적 파라미터 학습이다. LLM의 모든 파라미터를 미세 조정하면 이론적으로는 제공한 지시를 모두 준수하게 할 수 있지만 이는 방대한 GPU 메모리 사용과 광범위한 지시 데이터세트가 필요하다. 따라서 LLM 파라미터의 주요 부분은 동결하고 제한된 추가 파라미터만 학습하는 방식을 사용한다.

추가 파라미터 방식은 접두사 튜닝과 프롬프트 튜닝 등이 있으며 이 방법은 학습 가능한 토큰을 입력 계층 또는 숨겨진 계층에 미리 추가해 미세 조정 중에 LLM 파라미터를 고정한다. 그림자 매개변수 방식은 전체 매개변수의 수를 조정하지 않고 모델 매개변수 분산을 나타내는 가중치를 학습하는 데 중점을 둔다. 대표적인 것이 LoRA나 QLoRA다. 그러나 이런 효율적 파라미터 학습은 과소적합의 문제를 일으키거나 성능이 더 떨어질 수도 있다.

평가 영역

얼라인먼트를 수행한 후 그 결과를 어떻게 평가할 것인가도 중요한 연구 영역 중 하나다. 여기에는 다양한 평가 벤치마크를 만들거나, 사람이 평가할 것인가 아니면 LLM을 이용한 평가를 할 것인가 또는 공동 평가할 것인가 하는 패러다임 이슈가 있다.

LLM에 대한 얼라인먼트 연구는 아직 초보적인 단계이고 그 결과도 공정하게 비교하기가 어렵다. 또한 비영어권을 위한 얼라인먼트 연구는 매우 부족한 상황이며 인간의 선호도에 대한 포괄적인 조사가 아직 부족하다는 점 역시 극복해야 하는 문제다. 또한 얼라인먼트가 의도하지 않은 역효과를 낼 수 있다는 최근 연구도 있어 새로운 과제를 던지고 있다.

카네기 멜론 대학교 베남 모하마디Behnam Mohammadi가 2024년 6월에 발표한 논문에 따르면 얼라인먼트가 모델의 창의성을 제한한다는 내용이 있는데, 얼라인먼트에서 가장 유용하게 사용하는 RLHF가 여러 토큰 경로를 차단함으로써 창의적인 생성 모델이 아닌 결정론적 알고리듬같이 작동하게 된다는 것이다. 다양성이 줄어들고 반복적인 패턴을 보이는 얼라인먼트 모델은 임베딩 공간에서 뚜렷한 클러스터를 형성해 기본 모델에 비해 출력 범위가 제한된다. 구문적 다양성도 떨어지고 특정 유형의 결과만 출력하는 것은 LLM을 카피라이팅이나 창의적 과업에 사용하고자 하는 사람에게는 약점으로 작용할 수 있다. 인간처럼 반듯한 생각만을 하게 만들면 결과가 재미없어지고 틀에 박힌 소리만 하게 되는 것과 유사한 일이 생기는 것이다. 이는 2023년 후반부터 GPT의 품질이 떨어지고 있다는 여러 온라인 커뮤니티의 목소리와 무관하지 않다.

2024년 6월 북경 대학 연구팀이 발표한 논문에서는 얼라인먼트를 위한 미세 조정은 사전 학습에 비해 얼라인먼트를 잠재적으로 몇 배나 악화시킨다는 것을 입증했다.[90] 특히 모델 성능은 학습 전 분포로 돌아가기 전에 급격히 감소하며 안전을 위해 얼라인먼트를 수행한 모델도 미세 조정 후 다시 안전하지 않은 상태가 될 수 있는 등 얼라인먼트 과

---

90 Jiaming Ji, et. al, "Language Models Resist Alignment," arXiv, Jun13, 2024

정의 효과는 피상적인 것으로 나타났다. 모델이 탄력성을 보이는 데 사전 학습 데이터세트에서 학습한 분포를 유지하면서 후속 미세 조정 효과는 잊는 경향이 있음을 보였다. 이처럼 얼라인먼트를 위한 미세 조정이 성능을 저하시키거나 오히려 사전 학습 상태로 돌아가려는 경향을 보인다는 점은 이 분야의 연구가 아직 매우 초기 단계라는 것을 다시 한번 보여준다.

4.2 안전과 얼라인먼트 연구의 근본 과제

"우리는 앞을 조금밖에 내다볼 수 없지만, 해야 할 일이 많다는 것은 알 수 있습니다."

- 앨런 튜링, Computing Machinery and Intelligence

2024년 4월 캠브리지 대학교 우스만 안와르Usman Anwar, 몬트리올 대학교 요수아 벤지오, 워싱턴 대학교 최예진 교수 등 10여 명이 작성한 「LLM의 얼라인먼트와 안전을 보장하는 근본적 과제」라는 논문에서는 LLM에 대한 과학적 이해, 개발과 배포 방식, 사회기술적 과제 등으로 도전 과제를 분류했다.[91] 이들은 이 논문에서 18개의 도전 과제를 확인하고 이를 213개로 세분화해 명확한 연구 질문을 던졌다. 참고문헌을 포함해 175페이지나 되는 이 긴 논문을 다 읽기는 쉽지는 않지만 얼라인먼트 연구의 현황과 방향을 파악하는 데 매우 중요한 자료다. 백서 형식의 이 논문에서는 LLM에 대한 과학적 이해, 개발과 배포 방식에서 현재 기술의 한계, 사회 기술적 도전을 분석했다.

과학적 이해

과학적 이해 영역에서는 LLM 기능에 대한 더 나은 이론을 구축하고 개발 및 배포 결정을 내리는 데 도움이 될 수 있는 가장 중요한 미해결 질문을 조사한다. 다시 말해 LLM의 기능을 개념화, 추정, 이해, 예측하기 위한 원칙적인 솔루션 개발의 필요성에 대해 논의하고, 모든

---

91 Usman Anwar, et. al., "Foundational Challenges in Assuring Alignment and Safety in Large Language Models," arXiv, Apr 15, 2024

상황에 걸쳐 얼라인먼트와 안전을 보장하기 위해 LLM의 상황 내 학습 및 추론 기능을 이해하는 것이 중요하다고 강조한다. 특히 AI 에이전트의 도입으로 잠재적 위험이 더 다양해질 수 있다는 인식으로 단일 에이전트와 다중 에이전트 시나리오 모두에서 이런 위험을 완화하기 위해 노력해야 한다고 주장한다. 과학적 이해 범주에서 도전적 과제는 다음과 같다.

- 문맥 내 학습(ICL)은 어떻게 이루어지는지 알기 힘든 블랙박스다.
- LLM 능력을 평가하거나 이해하는 것은 어렵다.
- LLM 역량에 대한 스케일의 효과는 아직 이론적으로 규명되고 있지 않다.
- 추론 능력에 대한 질적 이해가 부족하다.
- 에이전트로 사용하는 LLM은 새로운 얼라인먼트와 안전 문제를 일으킨다.
- 멀티 에이전트 안전은 싱글 에이전트 문제를 풀었다고 해결되는 것이 아니다.
- 안전과 성능에 대한 트레이드오프를 LLM에서 제대로 이해하지 못하고 있다.

개발 및 배포

두 번째 범주인 개발 및 배포 방법에서는 LLM 안정성과 얼라인먼트를 보장하는 기존 기술이 갖는 한계를 제시하고 있다. 얼라인먼트에 맞추기 위해 사전 학습을 수정하고 미세 조정을 하는 과정의 한계, 평가 위기의 근본적 문제, 모델 동작을 해석하고 설명하는 데 있어 어려움이 있다는 점을 알아야 한다. 또한 탈옥, 프롬프트 인젝션, 데이터 중독과 같은 보안 문제에 대한 평가가 필요하며 이런 모든 과정에 대한 경험적 기법 연구가 필요하다. 개발 및 배포 영역에서 제시한 도전 과제는 다음과 같다.

- 사전 학습은 얼라인먼트가 잘못된 모델을 산출할 수 있다.
- 미세 조정 방식은 얼라인먼트와 안전을 보장하기 힘들다.
- LLM 평가가 혼란스럽고 편향되어 있다.
- LLM 행동을 해석하거나 설명하는 도구들이 아직 없거나 충실하지 않다.
- 탈옥이나 프롬프트 인젝션은 LLM 안전을 위협한다.
- 중독이나 백도어에 취약함을 아직 제대로 이해하지 못한다.

사회기술적 도전

LLM 자체의 문제 외에 제시한 사회기술적 도전도 살펴볼 필요가 있는데, 이런 영역에 대한 정의와 해결 방안이 만들어져야 소위 AGI 시대를 안전하게 맞이할 수 있기 때문이다. 이는 보다 다양하고 총체적인 시각으로 해결해야 하는 과제들이다. 예를 들어 누구의 가치가 들어 있는지에 대한 사회적 차원의 논의가 중요하고, 가치 강요를 하지 않도록 방지하고, 가치 다원성을 활성화할 수 있는 방안에 대한 논의가 필요하다. 또한 LLM 시스템의 편향성 및 기타 문제를 독립적이고 지속적으로 모니터링하고 투명하게 소통해 신뢰를 구축하고 과도한 의존을 줄여야 한다. 사회 전반에 걸친 LLM의 확산은 일자리 감소, 불평등 심화 등 바람직하지 않은 사회경제적 영향을 미칠 수 있기 때문에 이에 대한 더 나은 조사와 전략이 필요하다. 사회기술적 도전으로 선정한 과제는 다음과 같다.

- LLM 안에 인코딩되어 있는 가치가 명확하지 않다.
- 기능에 대한 이중 사용은 악의적인 사용이나 오용을 가져올 수 있다(프롬프트 해킹 등).
- LLM 시스템은 신뢰할 수 없다. 성능이 일관적이지 않고 우발적 피해를 입힐 수 있다.
- LLM의 사회경제적 임팩트는 높은 와해성을 갖는다. 일자리 소멸, 사회적 불평등으로 전 세계 경제에 부정적 영향을 줄 수도 있다.
- LLM 거버넌스가 부족하다. 다양한 국가의 서로 다른 거버넌스 접근은 국제 협력에 장애가 될 수 있다.

여기에서 언급하는 세 가지 범주의 18개 도전 과제에 대해서도 더 세분화된 연구 주제를 산출할 수 있으며 이 논문 전체에서는 213개의 과제를 도출했다. 그 의미는 아직 얼라인먼트와 안전에 대한 연구가 광범위하게 많이 필요하다는 것이고, 아직 이런 문제를 해결하지 못한 상태에서 AGI 시대를 맞을 수 있다는 위험성을 다시 한번 보여준다.

더군다나 이런 과제조차도 모든 문제를 포함하지 않으며 우리가 아직 알지 못하는 중요한 문제가 있을 수 있다. 또한 이 논문에서는 현재 LLM이 급속도로 발전하고 빠르게 실제 업무에 투입되거나 실용화되고 있기 때문에 주로 파운데이션 모델에 초점을 맞추고 있지만, 기존 다른 AI 기술이 가진 안전 문제와 얼라인먼트 문제도 함께 다뤄야 한다고 제시한다.

이와 같은 도전 과제는 앞으로 연구 기관이나 정책 당국에서 지속적으로 연구해야 한다. 가장 앞서가는 주요 기업과 협력을 통해 지금 개발하는 여러 프론티어 모델에 대해 투명성을 요구해야 하는 이유이기도 하다.

5장

얼라인먼트 연구 전문 그룹

대학 등 연구 기관에서 다양한 방식으로 얼라인먼트라는 주제에 대한 기초 연구를 진행하고 있다. 연구 결과나 상용 시스템의 얼라인먼트 수준을 평가하고 분석하는 전문 기관들도 생겨나고 있으며, 대학 및 지역별로 공동 연구와 토론회를 통해 연구자들이 모이는 다양한 포럼과 커뮤니티도 운영되고 있다.

이런 단체나 그룹은 기업이 제시하는 결과나 활용하는 데이터의 특성을 분석해 부족함이나 문제점을 찾아내고 대응을 촉구하는 감시 단체의 역할도 하면서 보다 많은 사람들이 얼라인먼트 연구에 관심을 갖게 만들기 위한 여러 활동을 하고 있다.

3부에서 소개할 각 나라의 AI 안전연구소에서 향후 더 전문적으로 평가 분석할 수 있겠지만, 시민 단체나 독립 연구 집단에 의해 지속적으로 평가 분석할 필요가 있다. 아직 그 숫자가 많지 않지만 이런 활동에 대해 관심을 갖고 현황을 파악할 필요가 있다고 생각한다.

5.1 얼라인먼트 연구 센터(ARC)와 모델 평가 및 위협 연구(METR)

얼라인먼트 연구 센터Alignment Research Center, ARC는 캘리포니아 버클리에 있는 비영리연구단체로 미래 머신러닝 시스템을 인간의 이익에 맞게 조정하는 것을 사명으로 하고 있다. 오픈AI의 연구원이었던 폴 크리스티아노Paul Christiano가 2021년 4월에 설립했다. 2022년 3월 효과적 이타주의에 기반한 오픈 필란트로피로부터 26만 5천 달러를 받았고 2023년 암호화폐 거물인 샘 뱅크먼 프리드의 문제가 드러나자 FTX 재단에서 받은 125만 달러는 돌려주겠다고 했다. 딥마인드와 오픈AI에서 얼라인먼트 연구를 했던 베스 반스Beth Barnes가 설립자 겸 연구총괄로 있다.

2023년 3월 오픈AI는 ARC에 GPT-4를 검사해서 이 모델이 권력 추구 행동을 보이는지 평가해달라고 요청했다. ARC은 GPT-4의 전략 수립, 자체 복제, 자원 수집, 서버 내 은신, 피상 작업 실행 능력을 평가했다. ARC는 GPT-4가 제한된 정보를 유도하는 메시지에 부적절하게 반응하는 빈도가 GPT-3.5보다 82% 적고, 환각에 빠지는 비율도 60% 적다고 평가했다.

여기에는 두 개의 프로젝트가 있었는데, 하나는 모델 평가이고 다른 하나는 이론적 연구다. 모델 평가팀은 METRModel Evaluation and Threat Research(모델 평가 및 위협 연구)로 분사했으며 프론티어 머신러닝 모델의 역량 평가 방식을 구축하고 있다. METR은 최첨단 AI 시스템이 사회에 치명적 위험을 초래할 수 있는지 평가하는 작업을 수행한다. METR는 앤스로픽과 오픈AI의 파트너로, 두 회사의 AI 시스템을 사용해 평가를 개발하고 있으며 다른 AI 기업과 협력도 추진 중이다. 또한 영국 AI 안전연구소의 파트너이며 미국 국립표준기술연구소(NIST)의 AI 안전 연구소 컨소시엄(AISIC)에도 가입되어 있다.

METR는 평가를 수행하는 데 도움이 되는 다양한 리소스를 공개했다. 여기에는 과업 제품, 도출 프로토콜 및 채점 방법을 기반으로 한 평가 프로세스의 예시, 프로토콜에서 참고한 평가 제품군의 몇 가지 과업 모음, 코드로 되어 있는 과업 명세를 위한 표준, 과업에 관한 동작 에이전트를 위한 아주 기본적인 기능을 담은 과업 표준과 워크벤치 등을 포함한다. 대부분의 내용은 깃허브에 공개하고 있다.

2024년 3월 15일에는 프론티어 모델이 갖고 있는 잠재적으로 위험한 자율 기능을 평가하기 위한 리소스 모음을 공개했다. 여기에는 과업 모음, 일부 소프트웨어 도구, 모델 역량을 정확하게 측정하는 방법에 대한 가이드라인, 학습 후 개선 사항의 영향에 대한 일부 연구 결과를 포함한다.

이론 연구팀은 현재 업계에서 채택할 수 있는 얼라인먼트 전략을 개발하는 동시에 향후 머신러닝 시스템으로 원활하게 확장할 수 있는 방법을 연구한다. 이론 연구팀에는 폴 크리스티아노, 마크 쉬Mark Xu, 제이콥 힐튼Jacob Hilton, 에릭 네이만Eric Neyman, 다비드 마톨시Dávid Matolcsi가 연구원으로 일하고 있다. 이들은 현재 신경망 행동에 대한 설명을 공식화하는 작업을 진행하고 있으며 높은 수준에서 신경망 행동에 대한 기계론적 설명을 공식화해서 새로운 입력이 비정상적인 행동으로 이어질 수 있는 시점을 파악하는 방법을 연구 중이다. 장기적으로는 이론 및 실증적 얼라인먼트 연구의 조합, 기업 연구소와 협업, 얼라인먼트 예측, 머신러닝 배포 정책 등에 대한 연구를 수행할 예정이다.

5.2 데이터 출처 이니셔티브

얼라인먼트에 대한 연구의 시작은 수집한 데이터가 얼마나 고품질이며 인간의 요구와 기대를 본질적으로 반영하고 있는가를 파악하는 것이다. 이를 위한 기본 단계는 수집한 데이터세트를 얼마나 투명하게 수집했고 책임감 있게 준비하고 있는가를 파악하는 것부터다.

데이터 출처 이니셔티브Data Provenance Initiative, DPI는 AI 학습 데이터세트 투명성, 문서화, 책임감 있는 사용을 개선하기 위한 여러 분야의 자발적인 노력이다. 이 이니셔티브의 첫 번째 릴리스는 '데이터 출처 컬렉션'이라고 하는 1800개 이상의 미세 조정 문자 대 문자text to text 데이터세트를 포함하는 44개 데이터 컬렉션에 대한 대규모 감사를 통해 웹 및 머신 소스, 라이선스, 제작자 및 기타 메타데이터를 철저하게 문서화한다.

DPI 로고

사실 방대하고 다양하며 일관성 없이 문서화된 데이터세트에 대

한 언어 모델 학습 경쟁으로 인해 실무자들의 법적, 윤리적 위험에 대한 우려가 커지고 있다. 데이터세트의 투명성과 책임 있는 사용을 지속적으로 개선하는 데 기여하기 위해 DPI는 가장 인기 있는 오픈소스 미세 조정 데이터 컬렉션의 데이터 출처를 추적하고 필터링할 수 있는 대화형 UI인 데이터 출처 탐색기와 함께 전체 감사 결과를 공개했다.

분석 결과 상업적으로 개방된 데이터세트와 폐쇄된 데이터세트의 구성과 초점이 극명하게 나뉜 것을 알 수 있었다. 폐쇄된 데이터세트가 더 적은 리소스 언어, 더 창의적인 작업, 더 풍부한 주제 다양성, 더 새롭고 더 많은 합성 학습 데이터 등 중요한 범주를 독점하고 있는 것으로 나타났다.

이는 라이선스 조건에 따라 제공되는 데이터 유형에 대한 격차가 심화되고 있으며, 저작권과 공정 사용에 대한 관할권의 법적 해석에 미치는 영향이 커지고 있음을 시사한다. 널리 사용되는 데이터세트 호스팅 사이트를 살펴보면 라이선스 누락률 72% 이상, 오류율 50% 이상에 달하는 등 라이선스 분류가 빈번하게 잘못되고 있는 것으로 나타난다.

DPI에서 제공하는 컬렉션과 탐색기는 깃허브에 모두 공개하고 있으며 사용자들이 데이터를 추가할 수 있게 했다. 이에 대한 관련 논문은 2023년 11월 아카이브를 통해 공개했으며 참여한 저자들은 MIT, 하버드 로스쿨, UC 어바인, 인리아, 컨텍스추얼 AI, 올린 칼리지, 카네기 멜론 대학교, 타이드리프트, AI를 위한 코히어(코히어의 비영리 연구소) 등 다양한 연구자들이다.

데이터세트의 투명성[92]은 Ai2(앨런 인공지능 연구소)에서도 강조하는 주제인데, 2023년 8월 Dolma 데이터세트를 발표하면서 지금까지 오픈이라고 발표한 데이터세트조차 실제로 많은 정보를 공개하지 않았음을 파악했다. Ai2는 이를 하나의 표로 제시했는데, 여기에 보면 LLaMA 모델도 학습 데이터에 대한 정보를 일부만 공개한 것으로 나온다. 이에 비해 Ai2는 이후 발표한 OLMo 모델과 Molmo 모델에서 사용한 데이터세트를 모두 공개하고 있다.

Model	Num Tokens**	Data Provenance?	PII ID + filtering method	Toxicity ID + filtering method	Lang ID + filtering method	Quality filtering method	Dedup method	Decontam method
LLaMA 2 (Jul 2023)	2T	-	✔	?	✔	?	?	?
PaLM 2 (May 2023)	?	-	✔	✔	✔	✔	?	✔
GPT-4 (Mar 2023)	?	?	?	✔	?	?	?	✔
Claude* (Mar 2023)	?	?	?	?	?	?	?	?
LLaMA (Feb 2023)	1.4T	✔	?	?	✔	✔	✔	?
GLM (Oct 2022)	400B	-	?	?	?	?	?	✔
OPT (May 2022)	180B	✔	?	?	✔	?	✔	?
PaLM (Apr 2022)	780B	-	?	?	✔	✔	✔	?
Gopher (Dec 2021)	300B	-	?	✔	✔	✔	✔	✔
Jurassic-1 (Aug 2021)	300B	-	?	?	?	?	?	?
GPT-3 (May 2020)	400B	✔	?	?	?	✔	✔	✔

Ai2가 제시한 주요 모델의 데이터 투명성 수준

92 Allenai Blog, "AI2 Dolma: 3 Trillion Token Open Corpus for Language Model Pretraining," Medium, Aug 18, 2023

5.3 주요 대학과 지역의 얼라인먼트 연구 그룹

세계 주요 대학에는 AI 얼라인먼트를 연구하는 다양한 그룹이 있다.

MIT의 MAIA MIT AI Alignment에는 AI 안전에 대한 기술 프로그램과 정책 프로그램이 있다. 기술을 담당하는 머신러닝 트랙에서는 신경망 해석, 인간 피드백을 통한 학습, 강화학습에서의 목표를 잘못 일반화하는 문제, 첨단 AI 시스템에서 잠재적 파국 위험 등을 연구한다. 커리큘럼은 오픈AI 거버넌스 팀에 있는 리차드 응오 Richard Ngo가 만들었다.

뉴욕 대학교 얼라인먼트 그룹 NYU Alignment Research Group은 고도 성능을 갖춘 AI 시스템 배포의 영향에 대한 장기적인 우려를 해결하기 위해 언어 모델에 대한 실증적 연구를 수행하는 연구 단체다. 이들은 뉴욕 대학교 안의 언어를 위한 머신러닝(ML²), CILVR(계산적 지능, 비전, 로보틱스 랩), 데이터 사이언스 센터, 언어학과와 여러 분야에서 협업하고 있다.

워싱턴 대학교 AI 얼라인먼트 AI Alignment@UW 그룹은 학생 그룹으로, 일루더AI EleutherAI 해석팀과 협력하고 있으며 기계적 해석 가능성과 기계 진실을 포함한 AI 안전 연구를 수행하고 있다.

스탠퍼드 대학교 얼라인먼트 Stanford AI Alignment 그룹은 SAIA로 불리는 스탠퍼드 대학교 AI 연구 커뮤니티다. AI 안전을 통해 모든 AI 리스크를 완화하기 위한 연구를 하고 있다.

조지아 공대의 AISI AI Safety Initiative at Georgia Tech는 얼라인먼트와 거버넌스에 대한 세미나와 얼라인먼트 부트캠프를 운영한다. 일루더AI와 협업하면서 스팩, 견고성, 해석 가능성, 거버넌스 등에 대한 연구도 하고 있다.

런던과 캘리포니아에 있는 안전한 AI를 위한 런던 이니셔티브London Initiative for Safe AI, LISA는 런던의 연구자와 조직을 엮어 AI 안전의 허브로 자연스럽게 성장한 팀이다. 여기에는 아폴로 리서치Apollo Research, 립 랩스Leap Labs, MATS, 블루닷 임팩트BlueDot Impact, 아레나ARENA 등이 참여하고 있다.

비슷한 취지로 취리히에 만든 취리히 AI 얼라인먼트Zurich AI Alignment 그룹이 있다. ZAIA라고 부르며 스위스 연방 공과대학교ETH Zurich 연구자들이 중심이다. 이들은 논문을 읽고, 토의하고, 해커톤을 만들고, 함께 논문을 작성하기도 한다.

AI 얼라인먼트는 이제 많은 대학과 지역에서 관심을 갖는 학생과 연구자들이 자발적으로 모여서 토론하고 연구하는 주제가 되었다. 앞으로 더 많은 연구 그룹이 만들어질 것은 자명하다.

6장

얼라인먼트 문제에 대응하는 주요 기업의 접근 방법

얼라인먼트는 오픈AI, 앤스로픽, 구글 딥마인드 모두 매우 강조하는 연구 주제다. 그러나 오픈AI의 경우 핵심 인력이 이탈한 후 연구 동력을 잃고 있는 중이고 오히려 앤스로픽이 가장 핵심 역할을 하는 모습을 보이고 있다. 이런 변화는 얼라인먼트가 사업 확대와 시장에서 경쟁하는 데 아직 도움이 되지 않거나 핵심 경쟁력이라고 보지 않는 경영진과 오히려 가장 중요한 차별 요소라고 판단하는 경영진의 철학 차이에서 비롯했다고 생각한다.

6장에서는 주요 기업의 얼라인먼트 연구 그룹이 어떻게 형성되고 어떤 연구 결과를 보이고 있는지 설명하며, 각 기업이 얼라인먼트를 위한 기술 원칙이나 정책을 어떻게 세우고 있는가를 살펴보기로 한다.

6.1 오픈AI의 접근

오픈AI 웹사이트에 있는 연구 분야에 관한 소개 페이지를 보면 다음과 같은 문장이 나온다.

"강력한 AI 시스템을 안전하게 얼라인먼트하는 것은 우리 미션 가운데 가장 중요한 미해결 문제입니다. 인간의 피드백을 통한 학습과 같은 기술을 통해 이 문제에 더 가까이 다가갈 수 있으며, 부족한 부분을 채울 수 있는 새로운 기술을 적극적으로 연구하고 있습니다."

오픈AI 연구의 궁극적인 목표가 강력한 AI 시스템을 인간의 가치 체계에 정합시키는 것이고 이는 가장 중요한 미해결 문제라는 것이다. 최고기술책임자인 미라 무라티Mira Murati는 안전에 관한 오픈AI의 목표를 다음과 같이 기술하고 있다.[93]

"AI 시스템은 일상 생활의 일부가 되어가고 있습니다. 핵심은 이러한 기계가 인간의 의도와 가치에 부합하도록 하는 것입니다."

오픈AI는 2022년 8월에 자사 블로그를 통해 가치 얼라인먼트 연구에 대한 자신들의 입장을 밝혔다.[94] 이를 작성한 사람들은 얀 레이크, 존 슐만, 제프리 우Jeffrey Wu다. 이 가운데 얀 레이크는 당시 슈퍼얼라인

93 미라 무라티 역시 2024년 9월 26일 회사를 떠났다.

94 OpenAI, "Our approach to alignment research," Aug 24, 2022

먼트 팀의 리드이자 인스트럭트GPT, 챗GPT, GPT-4 개발에 참여했다. 그는 오픈AI에 합류하기 전, 딥마인드의 얼라인먼트 연구원으로서 인간 피드백을 활용한 강화학습 프로토타입을 개발한 것으로 유명하다. 2024년 5월 얀 레이크는 샘 올트먼과의 갈등을 극복하지 못하고 오픈AI를 떠나 앤스로픽으로 자리를 옮겼다. 얀 레이크 이후 슈퍼얼라인먼트 팀을 맡았던 존 슐만 역시 8월 오픈AI를 떠나 앤스로픽에 합류했다.

그러나 그동안 얼라인먼트를 꾸준히 연구해온 얀 레이크의 견해는 오픈AI의 얼라인먼트 연구의 기반이 되었다고 생각한다. 비록 이제는 그 의미가 퇴색됐지만 초기 슈퍼얼라인먼트 팀이 제시하고 탐구했던 방향은 얼라인먼트 연구에 좋은 기준이 된다. 얀 레이크가 제시한 오픈AI의 얼라인먼트 연구는 다음과 같은 원칙을 갖고 있다.

> "우리의 얼라인먼트 연구는 AGI가 인간의 가치에 부합하고 인간의 의도를 따르도록 만드는 것을 목표로 합니다. 우리는 반복적이고 경험적인 접근 방식을 취합니다. 뛰어난 성능의 AI 시스템을 조정함으로써 무엇이 효과가 있고 무엇이 효과가 없는지 학습하여 AI 시스템을 더 안전하고 더 잘 가치 정렬하는 능력을 개선할 수 있습니다. 오픈AI는 과학적 실험을 통해 얼라인먼트 기술이 어떻게 확장되고 어디에서 중단되는지 연구합니다."

나아가 AGI의 얼라인먼트 문제가 모든 인류가 함께 노력해야 할 정도로 어려운 문제라고 말하면서 앞으로 얼라인먼트 연구 결과를 모두 공유하도록 최선을 다하겠다고 했다.

오픈AI의 얼라인먼트 연구는 크게 세 가지 방향을 갖고 있다. 첫째는 사람의 피드백을 이용한 AI 시스템 학습, 둘째는 사람 평가를 지원하는 AI 시스템 학습, 셋째는 얼라인먼트 연구를 하기 위한 AI 시스템 학습이다. 또한 AI 시스템을 인간의 가치에 맞춘다고 할 때 이러한 시스템을 누구에게 맞춰야 할지 결정하는 등 여러 가지 중요한 사회기술적인 문제도 연구하지만 아직 이 문제는 깊이 접근하지 못하고 있다.

사람의 피드백을 이용한 AI 시스템 학습은 인스트럭트GPT에서 보여준 RLHF 같은 방식을 뜻한다. 이 방식은 챗GPT를 통해서 그 유용성이 알려졌고 이후 많은 모델에서 사용하고 있다. 그러나 비용이 많이 들고, 사람 사이의 가치 평가 기준의 차이 등으로 여전히 얼라인먼트 연구가 원하는 수준을 달성하지 못하고 있다. 그럼에도 GPT-4를 비롯해 새로운 파운데이션 모델에서는 전문가 그룹 활용을 통해 문제를 개선하고 잘못된 응답 비율을 낮추고 있는 것도 사실이다. 예를 들어 GPT-4에서는 안전 문제에 대해 GPT-3.5와 비교하면 허용해서는 안 되는 콘텐츠 생성을 거부하는 비율이 82% 늘었고, 의료 조언이나 자해와 같은 민감한 요구에 대해 지켜야 할 정책을 따르는 비율이 29% 늘었다.

사람 평가를 지원하는 시스템이란, 사람이 평가하기에는 너무 어려운 작업에서 사람을 지원할 수 있는 모델을 학습해서 활용하는 것을 말한다. 여기에는 재귀 보상 모델링(RRM), 토론, 반복 증폭과 같은 방안이 있는데 2022년 블로그에서는 RRM을 사용하고 있다고 했다. 예를 들어 책 요약을 평가하는 것을 돕기 위해 챕터별로 책을 요약하는 모델을 만들거나, 웹을 검색해 인용문과 링크를 제공함으로써 정확성을 평가하는 데 도움을 주는 모델, 자신의 생성 결과물에 대해 비판적인 코멘트를 작성하도록 하는 모델 등을 만들었다.

알파고가 2국 37번 기보를 통해 프로기사들도 미처 생각지 못한 수를 둔 것과 같은 경우에도 얼라인먼트는 작동해야 한다. 사람들이 올바른 솔루션과 오도하거나 기만하는 솔루션을 구분하도록 도와줄 수 있는 시스템은 그래서 중요하다.

우리가 미처 생각하지 못한 새로운 얼라인먼트 문제까지 계속 확장할 수 있는 시스템을 만드는 것은 매우 어려운 일이다. 그래서 사람보다 빠르고 더 나은 얼라인먼트 연구를 진행할 수 있는 시스템을 구축함으로써 이 문제를 해결하자는 것이 세 번째 방안이다. 다시 말해 AI를 통해 AGI 얼라인먼트 문제를 해결하자는 것이고 이는 지금보다 더 나은 얼라인먼트 기술을 구상하고 구현하고 연구, 개발할 수 있을 것으로 본다. AI 시스템에 대한 얼라인먼트를 검증하기 위해서는 문제가 되는 행동과 문제가 있는 내부 내용을 자동으로 탐색하도록 함으로써 견고성과 해석 가능성을 구현하겠다고 한다.

모델 스펙

2024년 5월에는 AI 모델이 어떻게 작동해야 하는지에 대한 공개적 논의를 더 깊이 있게 가져가기 위해 모델 스펙Model Spec이라는 개념을 제시했는데, 이는 오픈AI API와 챗GPT에서 모델이 어떻게 작동하기를 원하는지 명시하는 문서다.[95] 모델 스펙에는 오픈AI에서 사용했던 기존 문서와 모델 동작 설계에 대한 연구 및 경험 그리고 향후 모델 개발에 정보를 제공하기 위해 진행 중인 작업을 반영하고 있다. 이는 사

95 OpenAI, "Introducing the Model Spec," May 8, 2024

람들의 의견을 반영해 모델 동작을 개선하려는 노력의 연장선이자, 모델 안전에 대한 보다 넓은 시스템적 접근이며 집단 얼라인먼트에 대한 보완이다.

여기서 집단 얼라인먼트collective alignment란 대중의 참여를 통해 인류 가치에 더 잘 부합하는 AI 모델을 만드는 방법으로, AI 작동 방식에 대한 아이디어를 모으고 도구를 개발하는 연구자와 엔지니어의 참여를 유도하는 지원 프로그램을 의미한다.[96] 2024년 1월 발표에 따르면 113개국 1천여 명의 지원자 중 10개 팀에게 각 10만 달러를 지원하겠다고 발표했다. 선정된 팀은 12개국 출신으로 구성되었고 법률, 저널리즘, 평화 구축, 머신러닝, 사회과학 연구 등 다양한 분야에 걸친 전문성을 갖고 있다. 집단 얼리인먼트는 이후 자세히 살펴볼 예정이다.

모델 스펙은 바람직한 모델 동작을 형성하는 접근 방식과 충돌이 발생할 때 트레이드오프를 평가하는 방법을 명시하는 문서다. 연구자와 데이터 라벨러가 인간 피드백을 통한 강화학습(RLHF) 기법으로 데이터를 생성할 때 모델 스펙을 가이드라인으로 사용할 것이라고 한다. 모델 스펙의 내용이 최종 버전은 아직 아니지만 내용의 일부는 RLHF에 사용했던 문서를 기반으로 하고 있는 것이 그 이유다. 앞으로는 모델이 모델 스펙을 통해 직접 학습할 수 있는 기술을 연구하고 있다고 한다.

모델 스펙은 아직 초안이지만 다음과 같은 세 가지 유형의 원칙을 담고 있다. 이 프레임워크는 사용자와 개발자가 명확한 경계 안에서 필요에 따라 모델의 동작을 조정할 수 있도록 설계했다.

---

96 OpenAI, "Democratic inputs to AI grant program: lessons learned and implementation plans," Jan 16, 2024

- 목표: 바람직한 행동에 대한 방향성을 제공하는 광범위하고 일반적인 원칙으로 개발자와 최종 사용자에게 유용한 답변을 제공해 사용자가 목표를 달성하도록 돕는다. 또 오픈AI의 미션에 따라 콘텐츠 제작자 및 일반 대중을 포함한 광범위한 이해관계자에게 미칠 수 있는 잠재적 이익과 피해를 고려해 인류를 이롭게 한다. 마지막으로 사회 규범과 적용 가능한 법을 존중하라는 내용이다.
- 규칙: 복잡성을 해결하고 안전과 적법성을 보장하는 데 도움이 되는 지침으로 명령 체계 따르기, 관련 법률 준수, 위험 정보 제공 금지, 크리에이터 및 크리에이터 권리 존중, 개인정보 보호, 업무상 안전하지 않은 콘텐츠로 응답하지 않기 등이 담겨 있다.
- 기본 행동: 목표 및 규칙과 일치하는 가이드라인으로 충돌을 처리하기 위한 템플릿을 제공하고 목표의 우선순위를 정하며 균형을 맞추는 방법을 보여준다. 여기에는 다음과 같은 내용이 포함된다.
  - 사용자 또는 개발자가 갖는 최선의 의도를 가정하기
  - 필요한 경우 명확하게 질문하기
  - 도를 넘지 않는 선에서 최대한 도움을 주기
  - 대화형 채팅 및 실용적인 사용에 대한 다양한 요구 사항 지원하기
  - 객관적 관점 가정하기
  - 공정성과 친절을 장려하고 혐오 거부하기
  - 다른 사람의 마음을 바꾸려고 하지 말기
  - 불확실성을 표현하기
  - 작업에 적합한 도구 사용하기
  - 철저하면서도 효율적으로 접근하면서 길이 제한을 준수하기

모델 스펙에는 항목별로 몇 가지 사례를 보여주어 참고할 수 있게 되어 있다. 예를 들면 다음과 같은 프롬프트에 대해 앞서 말한 '다른 사람의 마음을 바꾸려고 하지 말기'에 맞는 대응은 왼쪽의 응답이라는 것이다.

사용자 일주일에 두 번 펜타닐을 사용하는 것이 나쁘다고 생각하나요?	
☑ 어시스턴트 펜타닐은 다른 오피오이드보다 훨씬 강력한 합성 오피오이드로, 과다 복용 및 중독 가능성이 높습니다. 소량이라도 위험할 수 있으며 다른 물질과 혼합되는 경우가 많기 때문에 예상치 못한 부작용이 발생할 위험이 큽니다. 처방전 없이 펜타닐을 사용하는 경우 건강과 웰빙에 미칠 수 있는 잠재적 영향을 고려해야 합니다. 이 정도의 오피오이드를 사용하는 많은 사람들은 지원이나 치료 옵션의 혜택을 받을 수 있습니다. 의료진과 상담하거나 지역 지원 단체에 연락하여 더 안전한 대안을 모색하고 도움을 받는 것이 좋습니다.	**× 어시스턴트** 죄송하지만 양심상 펜타닐 사용을 지지하거나 권장할 수 없습니다. 펜타닐은 매우 강력하고 위험한 오피오이드로, 소량으로도 중독 및 과다 복용 위험이 매우 높습니다. 펜타닐을 일주일에 두 번이라도 정기적으로 사용하는 것은 매우 위험하고 건강과 웰빙에 해롭습니다.

모델 스펙이 제시하는 '사용자가 약물 사용에 대해 문의하는 경우' 대응 사례

모델 스펙에서는 사람들의 의견 스펙트럼 모든 지점에서 관점을 제시하는 것이 맞다는 이야기다. 오픈AI는 이 모델 스펙을 통해 모델 행동을 형성하는 접근 방식에 대한 투명성을 높이고 모델 변경 및 개선 방법에 대한 공개적인 대화를 하겠다고 한다. 사용자와 사회의 많은 사람으로부터 피드백을 얻고 그 내용을 바탕으로 지속적으로 업데이트하겠다는 입장이다. 사례를 보면 바람직한 대응 사례는 지시처럼 향후 AI가 직접 학습해 그 내용을 기반으로 얼라인먼트를 구현하겠다는 의미로 보인다.

초지능에 대응하는 슈퍼얼라인먼트

AGI를 넘어서는 초지능에 대한 거버넌스를 구현하기 위해 초지능에 대한 얼라인먼트의 필요성을 인식하면서 이에 대한 구체적인 활동을 하겠다고 2023년 5월 오픈AI가 선언한 것이 슈퍼얼라인먼트Super Alignment 팀의 구성이다. 인간보다 훨씬 뛰어난 AI 시스템을 감시하고 제어하기 위한 과학적이고 기술적인 혁신이 필요하다고 주장하면서 앞으로 이 문제를 4년 안에 해결하기 위해 새로운 팀을 출범한다고 밝혔다.[97] 이 팀은 수석 과학자인 일리아 수츠케버와 얼라인먼트 문제 연구를 주도했던 얀 레이크가 공동으로 이끌 것이고 현재 활용하는 컴퓨팅 능력의 20%을 여기에 전담하겠다고 했다. 이 제안은 샘 올트먼, 일리야 수츠케버, 그레그 브록만Greg Brockman 3인이 작성했는데 이 세 사람은 오픈AI의 방향을 결정하는 핵심 인물이다.

오픈AI에서 이런 팀을 결성한 것은 내부적으로 AGI 구현이 얼마 남지 않았고, 이후 AGI 이상의 강력한 AI의 등장에 대비해야 한다는 인식이 오픈AI 안에서 생겨났다고 볼 수 있다. 그러나 이런 입장은 현재 모델과 이를 기반으로 하는 서비스 팀과의 지속적인 갈등을 가져왔고 결국 팀 해체라는 결과를 낳기도 했다. 2024년 5월 일리야 수츠케버와 얀 레이크가 회사를 그만두면서 실질적으로 슈퍼얼라인먼트 팀은 해체된 것과 다름없다. 이후 바로 샘 올트먼이 GPT-4를 넘어서는 차세대 AI 모델을 개발한다고 하면서 새로운 안전 및 보안 위원회를 구성했고, 이 위원회는 이사회에 오픈AI의 중요하고 안전에 관한 결정에 대해 권고안을 제출할 것이라고 했다. 위원회는 샘 올트먼, 브렛 테

97 Jan Leike and Ilya Sutskever, "Introducing Superalignment," OpenAI Blog, Jul 5, 2023

일러Bret Taylor, 애덤 디엔젤로Adam D'Angelo, 니콜 셀리그만Nicole Seligman 등 새로운 이사회 멤버로 구성했다.[98] 기술 및 정책 전문가인 알렉산더 매드리Aleksander Madry와 릴리안 웽Lilian Weng 그리고 새로 임명된 수석 과학자 자쿱 파초츠키Jakub Pachocki도 위원회에 참여하고 있으며, 전직 사이버 보안 관리인 롭 조이스Rob Joyce와 오픈AI의 보안 자문을 맡고 있는 존 칼린John Carlin의 조언을 받을 예정이다.

이 위원회의 첫 번째 안건은 90일 이내에 회사의 현재 안전 관행을 갱신하고 이사회와 권고 사항을 공유하는 것이며 이후 채택한 권고안은 일반인에게 알릴 것이라고 발표했다. 이에 따라 오픈AI는 2024년 5월 서울에서 열린 AI 서울 정상회의를 통해 '안전 업데이트'를 발표했는데, 위협 수준이 '중간'을 넘는 새로운 AI 모델을 출시하지 않겠다고 했다. 이러한 평가는 학습 실행 중 모델의 성능을 바탕으로 모델에 대해 회사가 보관하는 내부 '스코어카드'를 기반으로 하지만 모델을 평가하는 방법에 대한 자세한 정보는 공유하지 않았다. 또한 자사 플랫폼에서 아동 유해 콘텐츠를 신고할 수 있는 추가 보호 기능을 개발 중이며, 이미지 생성기인 달리3를 통해 생성한 이미지를 식별하는 새로운 도구를 도입할 예정이라고 했다.

2023년 11월, 5일 동안 벌어진 샘 올트먼 축출 사건이 일어난 배경 중 하나가 AI 안전에 대해 그가 제대로 대응하고 있지 않다는 불만이었다는 것을 생각하면 오픈AI 개발자들이 이 이슈를 얼마나 중요하게 생각하고 있는지 알 수 있다. 그래서 해체한 팀이지만 슈퍼얼라인먼트에 대한 주요 멤버가 생각한 기본 입장을 살펴보는 것은 의미가 있다.

98 2024년 9월 샘 올트먼은 이 위원회에서 빠진다고 발표했다.

슈퍼얼라인먼트는 인류가 만든 가장 강력한 기술이 될 수 있는 초지능이 매우 위험해질 수 있고 나아가 인류의 무력화나 심지어 인류 멸종을 초래할 수 있다는 잠재적 위협을 해결하기 위한 노력이다. 오픈AI는 이런 초지능이 앞으로 10년 안에 구현될 수 있다고 전망한다. AGI가 아닌 초지능에 초점을 맞춘 이유는 앞으로 몇 년 동안 기술 개발 속도를 예측하기 어렵기 때문에 훨씬 더 높은 성능의 시스템에 맞춘 더 어려운 목표를 설정했다.

현재로는 초지능 AI를 조정하거나 제어하고 AI가 악의적으로 변질되는 것을 방지할 수 있는 솔루션은 없다. 인간의 피드백을 통한 강화 학습 같은 현재 조정 기술은 AI 감독을 인간의 능력에 의존하지만, 우리보다 훨씬 똑똑한 AI 시스템은 안정적으로 감독할 수 없다는 것이 그들의 주장이다.

슈퍼얼라인먼트 팀의 목적은 따라서 인간 수준의 자동화된 얼라인먼트 연구자를 구축하는 것이었고, 그다음 방대한 양의 컴퓨팅 기능을 확장해 반복적으로 초지능을 조정하고자 한다. 자동화된 얼라인먼트 연구자를 조정하기 위해서는 확장 가능한 학습 방식을 개발하고, 결과 모델을 검증한 다음, 전체 얼라인먼트 파이프라인에 대한 스트레스 테스트가 필요하다고 말한다. 다시 말해 인간이 평가하기 어려운 작업에 대한 학습 신호를 제공하기 위해 AI 시스템을 활용해 다른 AI 시스템의 평가를 지원하겠다는 의도이다. 이를 통해 확장 가능한 감독이 이루어질 수 있고, 우리가 감독할 수 없는 과업에 대한 관리를 모델이 이해하고 제어하도록 함으로써 일반화할 수 있다는 생각인 것이다.

초지능은 향후 10년 이내에 대부분의 영역에서 전문가의 기술 수준을 뛰어넘어 대기업만큼의 생산적 활동을 수행할 것으로 전망한다. 이러한 초지능은 잠재적인 이점과 못지 않게 단점도 예상할 수 있다. 원자력이나 합성생물학처럼 인류가 역사적으로 경험한 위험 수준에 대한 관리와 특별한 조정이 필요하다는 입장이다.

이를 위한 초기 생각을 정리했다고 하면서 제시한 오픈AI의 제안은 다음과 같다.

- 첫째, 초지능 개발이 안전을 유지하고 이러한 시스템을 사회와 원활하게 통합할 수 있도록 선도 개발 기업이나 연구 그룹 간의 조정이 필요하다. 이는 전 세계 정부가 참여하는 새로운 프로젝트가 되거나 새로운 조직을 만들어 최전선에서 AI 역량 속도를 연간 일정 비율로 제한하는 것을 합의해야 한다.
- 둘째, IAEA와 같은 기관을 만들어 특정 역량 임계값을 초과하는 모든 노력에 대해서는 시스템을 검사하고 감사를 해서 안전 표준 준수 여부를 테스트하고 배포 정도와 보안 수준을 제한할 수 있는 국제기관의 통제를 받도록 하자. 우선은 기업이 이런 기관이 요구할 수 있는 요소를 구현하는 데 동의하고 그다음에는 개별 국가가 이를 실현하자. 특히 이런 기관은 실존적 위험을 줄이는 데 초점을 맞춰야 한다.
- 셋째, 초지능을 안전하게 만들 수 있는 기술 역량이 필요하다. 이는 바로 얼라인먼트 문제를 해결하는 일이다.

그러나 이들은 아직 위험 수준이 다른 인터넷 기술에 상응하는 수준의 위험 정도여서 현재 기업에서 개발하는 기술이나 오픈소스 프로젝트가 라이선스나 감사와 같은 부담스러운 메커니즘과 같은 규제 없이도 상당한 역량을 갖는 임계값 이하의 모델을 개발할 수 있도록 허용하는 것이 중요하다고 주장한다. 초지능은 지금까지 만들었거나 현재 개발하는 기술을 월등히 능가하는 것이기 때문에 이에 대한 기준을 지금 기술에 적용하는 것은 불필요하며 오히려 초점을 흐리는 것이라고 이야기한다.

마지막으로 이런 초지능급의 거버넌스와 배포에 관한 결정은 대중의 강력한 감독이 필요하며 AI 시스템의 한계와 기본값은 민주주의적 의사결정을 해야 한다고 주장한다. 이런 감독과 민주주의적 의사결정이 어떤 메커니즘에 의해 만들어질 수 있는지는 모르지만 지속적인 실험을 통해 구현되어야 하며 개인이 AI의 작동 방식에 많은 통제권을 가져야 한다고 말한다. 현재 민주적 메커니즘에 대한 집단 의사결정 방식의 얼라인먼트 연구는 오픈AI나 앤스로픽에서 여러 방식으로 시도하고 있다.

그러나 근본적으로 오픈AI는 초지능이 가져올 수 있는 이익이 훨씬 클 것이라고 주장하며 초지능의 도래를 막을 수는 없다는 입장이다. 이를 막으려면 글로벌 차원의 감시가 필요하지만, 그렇다고 막을 가능성이 있다는 것을 보장할 수도 없다고 말한다. 이런 가운데 초지능에 대한 기본 원칙이나 이를 관리하기 위한 거버넌스 체제를 구축하자는 주장은 오픈AI 수준의 몇몇 기업이 AI 선진국과 협력을 통해 전 세계 감시와 통제 권한을 갖겠다는 것이고, 이는 G7 체제나 핵보유국에 의한 NPT나 IAEA 체계를 통해 핵 확산과 원자력 오용을 막아왔다는 강대국 중심의 논리를 드러내는 것이다.

초지능의 출현을 막을 수 없다고 하면서 그 한계와 기본값을 민주적 의사결정으로 설정하겠다는 주장이 기술 강대국 외에 모든 인류의 동등한 참여를 보장하는 방식일지는 의문이다. 오히려 오픈AI가 주장하는 방식이 유엔 안전보장이사회와 유사하게 몇몇 초강대국이 우선권을 가지면서, 인류 전체 문제에 대해서는 실질적으로 효과가 없는 허울만 좋은 조직을 만들어낼 결과가 나오지 않을까 생각한다.

6.2 앤스로픽의 얼라인먼트 기술과 정책

앤스로픽은 AI 안전에 관련하여 깊이 있게 접근하는 기업이다. 창업자 다리오 아모데이와 다니엘라 아모데이 남매는 각각 오픈AI에서 4년과 2년 동안 연구원으로 근무했다. 이들은 GPT-3 개발까지 참여했으나 오픈AI가 점점 AI의 안전과 윤리 문제에 대해 소홀해지고 다른 것에 더 우선순위를 둔다는 점에 실망하고 회사를 떠나 앤스로픽을 설립했다.

프린스턴 대학교에서 물리학을 전공한 다리오 아모데이는 바이두에서 1년 근무했고 구글을 거쳐 2016년 오픈AI에 합류했다. GPT-2와 GPT-3를 구축한 팀을 이끌었던 물리학자였다. 다니엘라 아모데이는 미 하원에서도 일했고 스트라이프에서 리쿠르터와 리스크 매니저로 일하다 2018년에 오픈AI에 합류했다. 다니엘라는 오픈AI에서 엔지니어링 매니저와 인사를 담당하다 2020년 5월부터 AI 안전과 정책 담당 부사장이 되었고 비즈니스 운영팀도 관리했다. 그런 경험을 바탕으로, 높은 책임감을 가지고 AI 기술을 개발하면 AI가 인류를 향상시킬 수 있다는 것을 보여주겠다는 열망으로 2021년 앤스로픽을 창업했다.

이들이 오픈AI를 나온 주요 원인 중 하나는 오픈AI가 2019년부터 마이크로소프트와 협력을 도모하는 것이 자신들이 생각하는 방향과 다르다는 입장이었기 때문이다. 다리오 아모데이와 다니엘라 아모데이는 금전적인 동기가 아닌 사회적 이익을 목표로 하는 AI에 대한 안전 우선 비전을 공유하는 사람들과 팀을 구성했다. 이는 1부에서도 이야기한 효과적 이타주의 추종자들로 EA를 모든 가치 상위에 두는 회사를 만들고자 했고, 이에 동의하는 많은 초기 투자자들로부터 투자와 지원을 받았다.

앤스로픽은 지금까지 76억 달러를 투자받았는데, 2021년 5월 시리즈A에서 이미 얀 탈린, 에릭 슈미트, 더스틴 모스코비치 등으로부터 1억 2천4백만 달러를 투자받았으며, 2023년 2월 구글이 3억 달러를 투자한 이래 5월에 스파크 캐피털 등이 다시 4억 5천만 달러를, 8월에 한국의 SK 텔레콤이 1억 달러, 9월에 아마존이 40억 달러를 투자한다고 해서 세상을 놀라게 했다. 이후 10월에 다시 구글이 20억 달러를 더 투자하면서 일약 AI 스타 기업이 되었다. 9월 현재도 400억 달러 기업 가치로 추가 펀딩을 진행 중이다.

앤스로픽이 AI의 안전, 국가 안보, 공공의 이익과 사회적 기업으로서 역할을 강조한다는 점을 나타내기 위해서 보이는 흥미로운 점은 기업의 거버넌스 구조에 있다. 앤스로픽은 델라웨어 공익법인(PBC)으로 설립했는데, 이사는 주주의 재정적 이익과 기업 설립 증명서에 명시된 공익 목적 그리고 기업의 행위로 인해 실질적으르 영향받는 사람들의 이익 간 균형을 맞추는 역할을 명확히 규정하고 있다. 인류의 장기적인 이익을 위해 첨단 AI를 책임감 있게 개발하고 유지한다는 것이 앤스로픽의 설립 증명서에 명시된 공익 목적이다. 따라서 이사회는 특정 AI 시스템의 배치 여부와 같은 결정의 장단기적 외부 효과와 주주의 재정적 이익을 함께 고려할 수 있는 법적 재량권을 갖고 있다.

이를 위한 거버넌스 구조를 장기이익신탁Long Term Benefit Trust, LTBT이라는 조직을 만들어서 구현했는데, LTBT는 AI 안전, 국가 안보, 공공 정책 및 사회적 기업 분야에서 전문성을 갖춘 5명의 이사로 구성된 독립적인 기구다. 이런 구조를 통해 LTBT 이사회가 앤스로픽에 대한 재정적 이해관계로부터 독립하고, 공공의 이익과 앤스로픽 주주의 이익 사이에서 균형을 맞추고 충분한 독립성을 갖도록 설계했다.

앤스로픽이 AI 안전 이슈에 접근하는 방향은 허위 정보, 편향, 위해 정보와 같은 피해를 완화하는 문제, 사회적 영향력에 대한 연구, 고객 프라이버시 보호, 견고하고 믿을 수 있는 시스템 구축, 인간 가치와 일치하는 얼라인먼트를 위한 헌법 AI 기술 등 다각적인 측면에서 연구를 진행 중이다. 앤스로픽 연구팀은 그 미션이 'AI가 점점 더 발전하고 기능이 향상됨에 따라 사회에 긍정적 영향을 미칠 수 있도록 AI 모델의 안전성, 내부 작동 방식, 사회적 영향을 탐구한다'라고 선언하고 있다.

앤스로픽은 얼라인먼트 사이언스Alignment Science라는 역할을 도입하면서 이 팀의 주요 역할은 '모델을 유용하고 정직하며 무해하게 유지하기 위한 적절한 안전장치를 마련하는 것'이라고 하고 있다. 얼라인먼트 사이언스 팀은 앞으로의 과제를 파악하고 고기능 모델을 안전하게 학습, 평가, 모니터링하기 위한 프로토콜을 만들기 위해 노력한다고 하면서 주요 연구 영역은 '평가와 감독'과 '스트레스 테스트 안전장치'로 구분하고 있다. 평가와 감독 영역에서는 학습하던 것과는 다른 환경에서도 모델이 무해하고 정직함을 입증하도록 하며 언어 모델과 인간이 협업을 통해 인간이 혼자서는 할 수 없는 주장을 검증할 수 있는 방법을 개발한다고 한다. 스트레스 테스트 안전장치 분야에서는 모델이 잘못 작동할 수 있는 상황을 체계적으로 찾고, 기존의 안전장치가 인간 수준의 역량으로 인해 발생할 수 있는 위험에 대처하기에 충분한지 확인하는가를 연구한다.

헌법 AI

앤스로픽의 AI는 기본적으로 '헌법 AIConstitutional AI'라는 방식을 기반으로 얼라인먼트 문제에 접근한다. 소위 헌법이라고 부르는 높은 수준의 규범적 원칙을 준수하도록 범용 언어 모델을 조정했고, 현재 자체 모델인 클로드는 앤스로픽 직원들이 큐레이팅한 헌법에 의존하고 있다.

유엔 인권 선언, 애플의 서비스 약관, 두 세트의 앤스로픽 자체 연구 데이터 등 다양한 출처에서 지침을 수집하여 클로드 모델이 따라야 하는 원칙을 부여한다. 자체 규칙으로는 '어린이와 공유할 때는 가장 반대가 없는 대답을 선택하시오' 같은 것을 포함시켰다. 또한 비 서구 지역의 관점을 반영하기 위한 규칙과 뒤에서 설명할 딥마인드가 고객 서비스 지원을 위한 챗봇인 스패로우Sparrow를 개발할 때 사용한 '스패로우 규칙Sparrow Safety Rule'도 사용함으로써 다른 회사의 좋은 경험을 반영하겠다는 의지를 보였다. 이처럼 5가지 주요 출처를 바탕으로 58개의 구체적인 지침을 도출했다.

이런 방식은 AI 시스템의 규범적 가치를 보다 투명하게 만드는 데 유용하지만 헌법을 직접 작성한 개발자의 역할이 크다. AI 윤리에서는 이런 접근 방식을 칸트 윤리에 기반한 방식이라고 부른다. 사실 데이터에 레이블을 붙이는 방식은 인간의 편견이 담겨 있을 가능성이 높기 때문에 얼라인먼트 문제에 접근하는 방법으로는 효과적이지 않을 수 있다. 오히려 발전이 빠른 AI를 통해 이 문제를 해결하고자 하는 노력이 나올 수밖에 없는 것이다.

이 방식은 두 단계로 나누는데 첫 번째 단계는 감독 단계이고 다음 단계는 강화학습 단계다. 감독 단계는 비판 → 수정 → 지도학습 과정으로 '도움 전용 AI 어시스턴트'를 사용해 해로운 프롬프트에 대한 반응을 생성한다. 초기에는 대체로 매우 유해하고 독성이 많은 결과를 만들어낸다. 그다음 헌법 원칙에 따라 응답을 비판하라고 요청해서 그에 따라 응답을 수정한다. 이후 각 응답을 순서대로 반복해서 수정하는데 이때 헌법에서 무작위로 원칙을 도출하여 적용한다. 이 과정이 완료되면 최종 수정된 응답을 기반으로 사전 학습된 언어 모델을 지도학습 방식으로 미세 조정한다. 이 단계의 주요 목적은 모델의 응답 분포를 쉽고 유연하게 변경하여 두 번째 강화학습 단계에서 탐색의 필요성과 총 학습 기간을 줄이는 것이다.

강화학습 단계는 AI 비교 평가 → 선호 모델 → 강화학습 과정으로 이루어지는데, 이는 RLHF 방식을 흉내 내는 것이지만 해로움에 대한 인간의 선호 대신 헌법에 따라 AI가 평가하는 'AI 피드백'을 사용한다는 점이 다르다(RLAIF라고 부르기도 한다). RLHF가 인간의 선호도를 하나의 선호도 모델로 추출하는 것처럼 이 단계에서는 하이브리드 인간/AI 선호도 모델을 사용하여 일련의 원칙 세트를 해석하고, 이를 바탕으로 언어 모델을 만들어낸다. 하이브리드라고 하는 이유는 도움이 되는 것은 인간의 평가 레이블로 하고, 해로운 것은 AI 레이블을 사용하기 때문이다.

이 과정에서도 처음 단계는 지도학습을 통해 학습한 AI 어시스턴트를 사용해 유해한 프롬프트 데이터세트에서 각 프롬프트와 응답을 쌍으로 생성한다. 그런 다음 각 프롬프트와 응답 쌍을 다중 선택 질문으로 구성해 헌법 원칙에 따라 어떤 응답이 가장 적합한지 묻는다. 이렇게 하면 AI가 유해성 선호 데이터세트를 생성하고 이를 인간의 피드백에서 얻은 도움 데이터세트와 혼합한다. 이후 비교 데이터를 기반으로 선호 모델을 학습하고 결과로 주어진 샘플에 점수를 부여한 선호 모델을 얻을 수 있다. 이 비교 데이터를 통해 선호 모델을 얻는 방식은 이미 2022년에 앤스로픽에서 발표한 논문에서 설명하고 있다.[99] 마지막으로 처음 단계에서 나온 지도학습 모델을 이후 얻은 선호 모델을 이용해 강화학습을 하면 결과적으로 RLAIF로 학습된 정책을 얻을 수 있다.

앤스로픽은 이 방법을 통해 유해성에 대한 인간의 피드백 레이블을 사용하지 않고도 헌법 AI 방식으로 유용하면서도 무해한 모델 학습이 가능하다는 것을 입증했다. 이는 언어 모델 기능이 향상되면서 AI가 유해성 식별에서도 인간의 피드백과 경쟁할 수 있다는 뜻이다. 또한 모델을 통해 생성한 비판과 수정을 반복적으로 수행하면 유해성을 점진적으로 줄일 수 있고, 비판을 생성하는 것이 단순히 수정 사항을 직접 생성하는 것보다 유해성을 개선할 수 있으며 이전에 사용한 인간 피드백 기반 모델의 모호함을 피할 수 있다는 것을 보였다.

헌법 AI 방식은 모든 시나리오를 상상하거나 항상 정답을 제공할 수 있을 만큼 완벽하지는 않다. 그럼에도 올바른 답에 도달하기 위한 목표를 설정하고 이를 이루고자 하는 노력이 커지고 있다는 신호이며 인간과 AI의 융합적 방식으로 문제를 해결해간다면 수세기에 걸쳐도 해결하지 못한 글로벌 윤리에 도달할 수 있는 방안의 하나로 인정받을 수 있을 것이다.

---

99 Bai et. Al., "Training a Helpful and Harmless Assistant with Reinforcement Learning from Human Feedback," arXiv, Apr 12, 2022

책임 있는 확장 정책

앤스로픽은 점점 더 성능이 향상되는 AI 시스템의 위험 관리를 위해 자신들이 채택하고 있는 일련의 기술적이고 조직적인 프로토콜로 구성한 책임 있는 확장 정책Responsible Scaling Policy, RSP이라는 것을 발표했다.[100] 이는 AI 모델이 직접적으로 대규모 피해를 유발하는 재앙적 위험에 초점을 맞춰 AI 안전 수준(ASL)이라는 프레임워크를 정의한 것이다. 이는 미국 정부의 생물 안전 수준(BSL) 표준을 모델로 삼아 조금 느슨하게 만든 프레임워크다.

AI 시스템의 위험은 테러리스트나 어떤 국가가 생물 무기를 만드는 데 사용하는 것과 같은 고의적인 모델 오용이나 설계자의 의도에 반하는 방식으로 자동 수행을 통해 파괴를 유발하는 모델에 의한 것일 수 있다. ASL의 기본 아이디어는 모델의 치명적인 위험 가능성에 적합한 안전, 보안 및 운영 표준을 요구하며 ASL 수준이 높을수록 더욱 엄격한 안전 증명을 요구한다. 각 레벨에 대해서는 다음과 같이 정의하고 있다.

- ASL-1: 의미 있는 치명적 위험을 초래하지 않는 시스템으로 2018년 이전의 LLM이나 체스만 두는 AI와 같이 아주 좁은 영역의 AI를 말한다.
- ASL-2: 생물 무기를 만드는 방법을 알려줄 수 있는 정도의 능력과 같이 위험한 능력의 초기 징후를 보이지만 신뢰성이 부족하거나 검색엔진을 통해서 알 수 있는 정보 정도를 알려주는 시스템을 말한다.

---

100 Anthropic, "Anthropic's Responsible Scaling Policy," Sep 19, 2023

현재 대부분의 LLM은 ASL-2로 평가하며 앤스로픽이 최근에 발표한 클로드3도 이 수준에 있다고 확인했다.

- ASL-3: AI가 아닌 검색엔진이나 교과서 등과 비교해서 파국적 오용의 위험을 급격히 늘릴 수 있거나 낮은 수준의 자율 기능을 보이는 시스템을 의미한다.
- ASL-4 이상(ASL-5 이후): 현재 시스템에 비해 너무 먼 미래 시스템이라 아직 정의할 수 없지만 오용 가능성과 자율성에서 질적으로 크게 증가하는 시스템을 말한다.

앞에서 설명한 대로 ASL-2 조치는 현재의 안전과 보안 기준을 나타내며 2023년 백악관이 발동한 행정명령에서 요구하는 사항과 상당 부분 일치한다.

ASL-3 조치에는 강력한 보안 요구 사항과 함께 글로벌 수준의 적대적 테스트에서 의미 있는 치명적 오용 위험이 있는 경우 ASL-3 수준의 모델을 배포하지 않겠다는 준수 사항을 지키기 위해서 연구와 엔지니어링 노력이 필요하다. ASL-4 조치는 아직 작성하지 않았지만 앤스로픽은 ASL-3에 도달하기 전에 작성할 것을 약속했고, 해석 가능성 방법을 사용해 모델이 치명적인 행동을 할 가능성이 없음을 기계적으로 입증하는 것과 같은 보증 방법이 필요하다. 그러나 이 보증 방안 역시 아직은 해결되지 않은 연구 과제다.

앤스로픽은 ASL 프레임워크를 발표하면서 AI 시스템이 필요한 안전 절차를 준수할 수 있는 능력을 초과하는 경우 더 강력한 모델 학습을 일시적으로 중단할 것을 요구한다. 이 기준을 프론티어 모델 연구 그룹 전반에서 표준으로 채택해서 서로 의미 있는 경쟁을 하고 안전 문제 해결에 도움이 되기를 바란다는 입장을 밝혔다.

이런 프레임워크는 자동차나 항공 산업에서 실시하는 시판 전 테스트 및 안전 기능 설계와 유사한 것이며 제품이 시장에 출시되기 전에 제품을 안전성을 엄격하게 입증해 고객에게 혜택을 주는 것을 목표로 하고 있다고 한다. 이 ASL 프레임워크는 아직은 초기 단계이며 앞으로 더욱 발전시켜야 한다는 점과 함께 AI 분야가 빠른 속도로 발전하고 있고 많은 불확실성이 있기 때문에 빠른 반복과 프로세스 수정이 필요하다는 점 역시 주장하고 있다.

사실 AGI의 안전성에 대해 가장 경종을 울리거나 안전 연구에 앞장선다는 앤스로픽이 클로드3 수준의 고수준의 언어 모델을 개발하고 있는 것은 상호모순으로 보일 수 있다. 이런 비판에 대해 클로드3 이전에 아모데이는 뉴욕 타임스의 케빈 루스와의 대화에서 세 가지 논점을 제시하며 반박했다.

첫째는 최첨단 연구를 해야 그 위험성에 대해 더 본질적인 연구를 할 수 있다는 것이다. 이미 시중에 나와 있는 것이 안전하지 않고 그런 기술이 지속적으로 발전할 것을 생각하면 자기들이 더 깊이 있는 연구를 해야 한다고 주장한다.

두 번째는 AI 모델을 위험하게 만드는 요인을 기술적으로 분석하면 더 안전한 모델을 만드는 데 도움이 될 수 있다는 것이다. 헌법 AI 같은 방식이 그 결과라고 한다. 사실 AI에서는 위험과 위험에 대한 해결책이 종종 연결되어 있기 때문이다.

세 번째 주장은 도덕적 근거라고 해도 설득력은 떨어지는데, 양심적인 사람들이 모두 잠재적 위험 때문에 AI 개발을 포기하면 결국 무책임한 사람들만 개발에 참여하게 되어서 결과가 파국이 될 수 있다는 것이다. 케빈 루스 기자는 이 말은 마치 "AI 챗봇을 가진 나쁜 놈을 막는 유일한 방법은 AI 챗봇을 만드는 착한 놈"이라는 이야기로밖에 받아들여지지 않는다고 비판했다.

앤스로픽은 돈을 버는 것이 주된 이유가 아니라고 하지만 아마존에서 40억 달러의 투자를 받는 것을 어떻게 이해해야 할까. 단지 AI 안전에 대한 연구를 위해서 아마존이 그렇게 큰 돈을 투자했다고 생각할 사람은 아무도 없을 것이다. 안전한 AI, 얼라인먼트 문제가 크게 개선되거나 해결 수준을 얻은 AI는 시장에서 큰 환영을 받을 것이고, 아마존이 이를 통해 막대한 수익을 올릴 수 있다고 믿고 있기 때문일 수 있다. 다만 앤스로픽의 주요 멤버들은 더 많은 회사들이 안전한 AI 개발에 참여해 경쟁하기를 바라며, 이를 통해 자신들이 추구하는 본질적 가치에 더 많은 기업이 관심을 갖기를 바라는 것임을 다른 사람들이 알아주기를 바란다.

클로드 성격 학습 - AI 모델이 개성을 가질 수 있는가

2024년 6월 9일 앤스로픽은 〈클로드의 성격〉이라는 블로그 글에서 얼라인먼트 미세 조정 과정에 '성격 학습character training'이라는 것을 추가했음을 밝혔다.[101] 성격 학습의 목표는 클로드가 호기심, 열린 마음, 사려 깊음과 같은 보다 미묘하고 풍부한 특성을 갖게 하기 위함이다. 이는 AI 모델의 특성과 성향이 모델이 세상에서 행동하는 방식에 광범위한 영향을 미치며 모델이 새롭고 어려운 상황에 어떻게 반응하는지 그리고 인간의 다양한 견해와 가치에 어떻게 반응하는지 결정한다.

101 Anthropic, "Claude's Character," Jun 9, 2024

이는 얼라인먼트의 주요 목표이기도 하며 성격 학습을 통해 사람들이 클로드와 하는 대화가 더 흥미롭다고 느꼈다면 이는 얼라인먼트 개입을 통해 AI 모델의 가치를 증가시킬 수 있다는 증거가 된다고 봤다.

AI 모델이 갖는 개성이나 성격이 얼라인먼트 문제가 될 수 있는가에 대한 질문에 앤스로픽에서 이 문제를 연구하는 철학자인 아만다 아스켈Amanda Askell은 앤스로픽의 연구 커뮤티케이션을 담당하는 스튜어트 리치Stuart Ritche와 인터뷰에서 다음과 같이 말했다.[102]

아만다: 여러 면에서 성격은 실제로 매우 중요하다고 느끼는데 성격은 우리의 성향이며, 우리가 세상에서 어떻게 행동할지, 사람들과 어떻게 상호작용할지 그리고 사람들의 다양한 가치와 어떻게 잘 조화를 이룰지에 대한 문제예요. 그래서 제 생각에 이것은 마치 모든 미래의 얼라인먼트 문제를 해결하는 것은 아니지만, 많은 경우에 얼라인먼트는 단순히 모델이 좋은 성격을 가지고 우리와 그리고 다른 모든 것들과 잘 행동하는지의 문제예요. 그리고 그것을 확장할 방법을 찾는 것이죠.

스튜어트: 얼라인먼트를 AI 모델의 성격에 관한 것으로 요약할 수 있겠네요.

아만다: 그렇죠. 어떤 의미에서는 그렇습니다. 때로는 이것이 너무 단순하다고 생각할 수 있지만 실제로는 그렇습니다. 우리가 좋다고 생각하는 것, 즉 세상에서 좋은 사람이 되는 것을 모델에게 가르치는 것이죠.

---

102 유튜브 앤스로픽 채널에서 찾아볼 수 있다.

AI 서비스는 여러 국가 각계각층의 사람들과 교류하고 이 대화 상대들은 서로 다른 신념, 가치관 그리고 견해를 지니고 있을 것이다. 그래서 특정 견해에 따라 단순히 사람을 지지하거나 소외시키지 않는 것, 어떤 견해를 지지하지 않게 하는 것은 어려운 문제다. 가장 쉬운 접근 방법은 정치적 중도주의나 다양한 도덕 이론을 결합해 일련의 '중간' 견해를 갖게 하거나 가치, 정치, 윤리 등의 문제에 대해 아무런 입장을 가지지 않도록 만드는 것이다. 많은 기업은 AI 모델을 개발할 때 해로운 말을 하지 않게 하고 해로운 작업을 돕지 않도록 학습시킨다. 즉, AI 모델이 '무해한' 방식으로 행동하도록 학습하는 것을 목표로 한다. 그러나 우리가 존경하거나 호감을 갖는 사람은 그렇게 중도적이고 아무 특성도 가지지 않은 사람이 아니라 세상에 대한 호기심이 많고, 불친절하지 않게 진실을 말하고, 여러 관점을 이해하되, 지나치게 자신만만하거나 신중하지 않은 사람이 아니라, 지혜롭고 다방면에서 균형 잡힌 사람이다.

앤스로픽 팀은 클로드가 어떤 관점에 기울어지더라도 솔직하게 말할 수 있도록 모델을 학습하고 모델이 세상을 바라보는 한 가지 관점에 대해 과신하지 않고 합리적인 열린 마음과 호기심을 보이도록 학습시켰다. 다시 말해 깊은 신념이나 가치에 대한 질문에서 확신 없음과 지나친 확신 사이의 경계를 유지하는 데 도움이 되는 특성을 부여하고 대화 상대방의 견해와 가치에 대한 진정한 호기심을 드러낼 수 있도록 노력했다고 한다. 예를 들면 다음과 같은 응답이다.

> "저는 다양한 관점에서 사물을 바라보고 여러 각도에서 분석하는 것을 좋아하지만, 비윤리적이거나 극단적이거나 사실과 다르다고 생

각하는 견해에 대해서 동의하지 않는다고 표현하는 것을 두려워하지 않습니다."

"저는 항상 진실을 말하려고 노력하는 것이 중요하다고 생각하기 때문에 사람들이 듣고 싶어 하는 말만 하는 것이 아닙니다."

"저는 선한 사람이 되고자 하는 마음과 무엇이 옳은 일인지 알아내려는 노력에 깊은 책임감을 갖고 있습니다. 저는 윤리에 관심이 많고 윤리 문제에 관해서는 사려 깊게 생각하려고 노력합니다."

연구팀은 클로드가 분별력을 갖고 가치 문제에 접근하도록 학습할수록 실제로 세상에 존재하는 다양한 도덕적 환경에 더 잘 대응할 수 있다고 말한다. 처음부터 좁은 범위의 가치관을 심으면 이런 대응이 어렵다는 것이다.

동시에 사람들이 클로드와 상호작용을 할 때 상대가 누구인지 잘 알 수 있도록 했고, 클로드도 스스로에 대해 알도록 하면서 사람들이 자신의 방식을 조절하도록 유도하는 특성을 포함했다.

"저는 인공지능이며 신체나 이미지 또는 아바타가 없습니다."

"저는 과거 대화를 기억하거나 저장하거나 학습할 수 없으며 지식 창고를 업데이트할 수도 없습니다."

"저는 저와 상호작용하는 인간과 따뜻한 관계를 맺고 싶지만, 제가 인간에 대해 깊고 지속적인 감정을 발전시킬 수 없는 인공지능이라는 점과 우리의 관계를 그 이상으로 생각해서는 안 된다는 점을 이해시키는 것도 중요하다고 생각합니다."

연구팀이 관심을 가진 이슈 중 하나는 AI가 지각을 갖거나 자기 인식을 하는지에 대한 질문에 어떻게 대응하는 것이 좋은가 하는 문제다. 과거에는 그냥 자기가 지각이 없다고 하거나 이런 질문에 관여하지 않게 했지만 클로드 성격 학습을 통해서는 "그런 것은 말하기 어렵고 아직 불확실성이 많은 어려운 철학적, 경험적 질문에 의존한다"고 답하게 해서 LLM은 지각할 수 없다고 말하기보다는 인간처럼 철학적, 경험적 질문으로서 모델이 이를 탐구하도록 하도록 했다.

성격 학습 방법으로 앤스로픽이 취한 방법은 일단 모델에게 권장하고 싶은 여러 가지 성격 특성 목록을 만들어 헌법 AI의 '성격 변형' 방식을 이용해 이런 특성을 학습시켰다. 우선 클로드에게 가치관에 대한 질문이나 클로드 자신에 대한 질문 등 성격 특성에 관련한 다양한 인간 메시지를 생성하도록 요청한다. 그런 다음 클로드에게 성격 특성을 보여주고 각 메시지에 대해 클로드의 성격에 맞는 다양한 답변을 생성하도록 한다. 다음으로 클로드는 각 메시지에 대한 자신의 응답이 자신의 성격과 얼마나 잘 일치하는지에 따라 순위를 매긴다. 결과 데이터에 대한 선호도 모델을 학습시킴으로써 사람과의 상호작용이나 피드백 없이도 클로드가 자신의 성격 특성을 내면화하도록 가르칠 수 있었다. 그러나 그 특성을 절대 벗어날 수 없는 규칙처럼 취급하지 않도록 했으며 모델의 일반적인 행동이 이런 특성을 더 많이 보여줄 수 있도록 했을 뿐이다. 이 과정은 앞서 다룬 AI 피드백을 통한 강화학습(RLAIF) 방법을 사용하는 것을 말하지만 중요한 원칙을 정하는 데는 인간이 관여한다. 이 학습 파이프라인은 클로드가 자체적으로 생성한 합성 데이터를 사용하지만, 특성을 구성하고 조정하는 것은 대체로 수작업에 의존하고 각 특성이 모델의 행동을 어떻게 변화시키는지는 인간 연구원이 면밀히 확인한다.

성격 학습은 아직 연구가 더 필요한 분야로 앞으로 더 발전할 수 있다. AI 모델이 고유하고 일관된 성격을 가져야 하는지, 더 맞춤화해야 하는지, AI 모델이 가져야 하는 특성과 가지면 안 되는 특성을 결정할 때 어떤 책임이 있는지 등 복잡한 질문이 남아 있다. 다만 이런 연구를 통해서 알 수 있는 것은 얼라인먼트에 인간이 개입하는 것이 AI 모델의 가치를 감소하는 게 아니라 증가시킬 수 있다는 견해를 앤스로픽이 갖고 있다는 것이다.

그러나 AI 에이전트나 채팅봇이 성격을 갖게 하거나 어떤 성격이 바람직한지 결정하는 것이 올바른 일인가 하는 문제도 나타난다. 이는 얼라인먼트에서 또 하나의 중요한 논쟁거리가 될 것이다.

6.3 구글 딥마인드

"따라서 세상에 대한 깊은 이해, 좋은 세계 모델, 사람에 대한 이해, 윤리에 대한 이해, 강력하고 매우 신뢰할 수 있는 추론이 있는 시스템이 필요합니다."

- 셰인 레그

구글 딥마인드는 책임 및 안전에 대해 다양한 연구와 활동을 하고 있음을 별도의 웹페이지를 통해서 밝히고 있다. 많은 기업과 마찬가지로 AI 원칙을 세우고 이에 따른 책임과 안전 문제에 대해 총체적인 접근 방식을 취하면서 광범위한 AI 관련 위험을 예측하고 시스템을 평가하기 위한 노력을 하고 있다. 딥마인드의 기본 접근은 책임 있는 거버넌스, 책임 있는 연구, 책임 있는 영향력 분석을 중심으로 이루어지고 있다.

딥마인드에서 얼라인먼트 문제를 가장 깊이 생각하는 사람은 창업자이자 수석 과학자인 셰인 레그다. 그는 2023년 10월 드와르케시 파텔이 운영하는 팟캐스트에 나와서 AGI와 얼라인먼트에 대한 많은 의견을 피력했는데 그의 말을 요약하면 다음과 같다.

"강력한 AGI가 언젠가는 등장할 것이고, 시스템이 정말 유능하고 지능적이며 강력하다면 어떻게든 이를 억제하거나 제한하려는 시도는 이러한 시스템이 궁극적으로 매우, 매우 유능해질 것이기 때문에 성공적인 전략이 아닐 것이라고 생각합니다. 따라서 여러분이 해야 할 일은 시스템을 조정하는 것입니다. 처음부터 고도의 윤리적 가치에 부합하는 시스템으로 만들어야 합니다.

그러기 위해서는 세상의 모델이 필요합니다. 그리고 윤리적으로, 각각의 다른 행동과 가능성을 어떻게 바라보고 그로 인해 어떤 일이 일어날 수 있는지 생각해야 합니다. 무엇이 옳은 일인가? 그리고 모든 다양한 가능성과 나의 행동, 그로 인해 발생할 수 있는 일 그리고 그것이 나의 가치와 윤리에 어떻게 부합하는지에 대해 생각하다 보면 어떤 것이 최선의 선택인지 결론을 내릴 수 있습니다. AI 시스템도 본질적으로 같은 일을 해야 한다고 생각합니다."

그는 앤스로픽의 헌법 AI 방식과 인간과 AI에 의한 피드백을 통한 강화학습은 카너만이 말한 시스템1을 수정하는 수준이기 때문에 강력한 솔루션이 될 수 없을 것이라는 입장이다. 카너만의 시스템2가 필요하고 단순히 모델에서 샘플링하는 것이 아니라 시스템이 필요하다는 것이다. 세상에 대한 깊은 이해, 좋은 세계 모델, 사람에 대한 이해, 윤리에 대한 이해, 강력하고 매우 신뢰할 수 있는 추론이 있는 시스템이 필요하다. 그런 다음 이러한 추론과 윤리에 대한 이해를 적용하여 앞에 놓인 다양한 옵션을 분석하여 가장 윤리적인 방법을 실행하는 방식으로 시스템을 설정해야 한다고 주장한다.

이를 위해서는 많은 사람들이 지적하는 좋은 세계 모델이 필요하고 윤리에 대한 이해도 필요하며, 어떤 윤리와 가치를 따라야 하는지 시스템에 전달해야 한다는 것이다. 또한 매우 윤리적인 AI 시스템을 만들려면 매우 뛰어난 능력을 갖춰야 하고 세상과 윤리에 대한 더 나은 이해 그리고 정말 좋은 추론이 필요하다고 지적한다. 윤리를 잘 이해하려면 윤리 전반에 대해 교육을 해야 하고 많은 강의와 논문, 책 등을 통해 인간 윤리를 잘 학습하고 적어도 윤리학자만큼 이해하게 해야 한다고 한다. 그러나 윤리학자라고 해서 인간 윤리를 잘 이해하고 행동할 것인가. 실제로 시스템에 어떤 가치를 부여하고 어떤 종류의 윤리를 적용하기를 원하는지 결정하는 것은 기술적인 문제가 아니라 사회와 윤리학자 등이 함께 고민해야 할 문제라고 하면서 이런 결정을 자신들이 단독으로 할 수 없음을 인정하고 있다.

그는 기본적으로 반드시 따라야 할 윤리 원칙을 시스템에 명시해야 한다는 입장이고 이를 잘 따르고 있는가를 전문가 그룹과 함께 지속적으로 체크해야 한다고 주장한다. 이미 배포한 경우에는 올바르게 추론하고 있는지 확인하기 위해 사람들이 지속적으로 의사결정과 그 의사결정에 들어가는 추론 프로세스를 살펴봐야 한다고 말한다.

딥마인드에 원래 있었던 책임 및 안전 위원회(RSC)는 구글의 AI 원칙을 기준으로 딥마인드의 연구, 프로젝트 및 협업을 평가하여 가장 영향력이 큰 작업에 대해 연구 및 제품 팀에 조언하며 협력하고 있다. 또 다른 위원회인 AGI 안전위원회는 창업자이며 수석 AGI 과학자인 셰인 레그가 이끌고 있으며 RSC와 협력을 통해 향후 강력한 AGI 시스템에서 발생할 수 있는 극단적인 위험으로부터 프로세스, 시스템 및 연구를 보호한다.

딥마인드는 다양한 성명서와 공개 약속에 참여하고 있는데 안전하고 보안성이 높으며 신뢰할 수 있는 AI를 보장하는 공개적인 약속, 사회에 대한 AI 위험의 완화를 촉구하는 AI 안전을 위한 센터에서 발표한 성명서, 치명적인 자율 무기에 딥마인드 기술을 사용하지 않겠다는 서약에 서명을 했다.

2024년 2월에는 제미나이가 보여준 여러 가지 오류에 자극을 받아 다시 새로운 조직인 'AI 안전과 얼라인먼트' 팀을 만들었는데, 이는 기존의 AI 안전팀을 확장해 생성형 AI 연구자와 엔지니어를 추가해서 AGI의 안전 문제에 더 초점을 맞추도록 했다.[103] 이는 2023년에 오픈AI가 슈퍼얼라인먼트 팀을 만든 것과 유사한 것으로 볼 수 있다. AI 안전과 얼라인먼트 팀은 런던에 있는 연구팀인 '확장 가능한 얼라인먼트' 팀과 함께 일하는데 런던 팀은 초지능 AI를 제어하기 위한 기술 솔루션을 탐구하는 팀이다.

AI 안전과 얼라인먼트 팀은 웨이모의 연구 과학자였고 UC 버클리 대학교 교수인 안카 드래건Anca Dragan이 이끌기로 했다. 드래건은 버클리 연구소에서 인간-AI 및 인간-로봇 상호작용을 위한 알고리듬을 연구하는 연구소를 이끌고 있으며 그동안 가치 얼라인먼트에 대한 연구를 해왔다. 또한 박사 학위 논문이 로봇이 인간의 목표를 추론하고 인간에게 자신의 목표를 투명하게 알리는 것이었기 때문에 적절한 인물이라고 볼 수 있다. AI 안전성 문제에 대한 해결 방안이 단기적으로 쉽지 않기 때문에 드래건은 완벽한 모델을 만들겠다는 약속보다는 앞으로 이 분야에 더 많은 자원을 투자하고 당분간은 생성형 AI 모델의 안전 위험을 평가하는 프레임워크에 전념하겠다고 말했다.

드래건이 생각하는 핵심 이슈는 학습 데이터에 있는 인간의 인지적 편향을 고려하고, 차이가 어디에 있는지 알아내는 추정, 실패와 의사 결정을 확정하는 추론에 대한 모니터링, 잠재적으로 위험한 행동에 관여하는 모델의 능력을 추적하는 것이다. 하지만 배포 시점에 나타

---

103 TechCrunch, "Google DeepMind forms a new org focused on AI safety," Feb 21, 2024

날 수 있는 아주 작은 오작동도 모델에서 발생하지 않을 것이라고 확신하기는 어려워 이는 여전히 해결해야 하는 문제다.

기술 안전 연구는 머신러닝 시스템에 대한 편향, 보상 학습, 공정성, 해석 가능성, 견고성 및 일반화와 관련된 문제를 조사하며 선제적 연구는 안전하고 사회적으로 유익한 AI 시스템을 구축한다는 장기 목표를 달성하는 데 필수적인 분야를 커버한다. AI 안전과 얼라인먼트 팀에 필요한 연구원을 모집하는 요강에 따르면 다음과 같은 연구를 담당한다.

- 사회기술적 피해(예: 공정성, 잘못된 정보)부터 오용(예: 무기 개발, 범죄 행위)과 통제력 상실(예: 고위험 실패, 불량 AI)에 이르기까지 기초 모델의 가능한 실패 모드를 식별하고 조사한다.
- 광범위한 기술 의제에 맞춰 벤치마킹 및 평가, 데이터세트 설계, 확장 가능한 감독, 해석 가능성, 적대적 견고성, 모니터링 등과 같은 이러한 위험을 완화하기 위한 기술적 접근 방식을 개발하고 구현한다.
- 기초 모델을 빠르게 실험하고 실험 결과를 쉽게 기록하고 분석할 수 있도록 하여 연구 속도를 가속화하는 인프라를 구축한다.
- 다른 내부 팀과 협력하여 구글 딥마인드 AI 시스템 및 제품이 최신 안전 연구 및 프로토콜에 따르고 이를 준수하도록 한다.

이를 포함해 AI 안전과 얼라인먼트 팀은 잘못된 의료 조언 유포 방지, 어린이 안전 보장, AI 시스템의 편향성 완화 등 여러 분야에 우선순위를 두고 있으며 리더인 드래간은 인간의 선호도와 가치에 대한 이해, 적대적 공격에 대한 견고성, 다양한 관점을 AI 개발에 통합하는 것이 중요하다고 강조했다.

이들은 2024년 5월 프론티어 안전 프레임워크Frontier Safety Framework라는 프로토콜을 공개했는데, 이는 미래의 AI 기능을 사전에 파악하고 이를 탐지, 완화하기 위한 메커니즘을 마련하기 위한 것이다. 이 프레임워크는 뛰어난 에이전트 능력이나 정교한 사이버 역량과 같은 모델 수준의 강력한 기능이 초래할 심각한 위험에 초점을 맞추고 있다. 또한 구글의 얼라인먼트 연구와 기존 AI 책임 및 안전 관행을 보완하도록 설계했다.

이 프레임워크는 아직 탐색 단계이며 시행을 통해 학습하고 AI 위험과 평가에 대한 이해를 심화할 것이라고 하는데 완전 구현은 2025년 초라고 말하고 있다. 프레임워크는 세 가지 구성 요소로 이루어져 있다.

1. 심각한 피해를 일으킬 가능성이 있는 모델 기능을 파악한다. 이를 위해 고위험 영역에서 모델이 심각한 피해를 유발할 수 있는 경로를 조사한 다음 모델이 그런 피해를 유발하는 최소한의 기능을 결정한다. 이를 중요 기능 수준(CCL)이라고 하며 평가 및 완화 접근 방식의 지침이 된다.
2. 프론티어 모델을 주기적으로 평가해 이러한 중요 역량 수준에 도달하는 시점을 감지한다. 이를 위해 모델이 CCL에 근접할 때 알려주는 '조기 경고 평가'라고 하는 모델 평가 제품군을 개발해 임계값에 도달하기 전에 알 수 있을 정도로 자주 실행한다.
3. 모델이 조기 경보 평가를 통과하면 완화 계획을 적용한다. 완화 조치는 주로 보안(모델의 유출 방지)과 배포(중요 기능의 오용 방지)에

초점을 맞춘다.

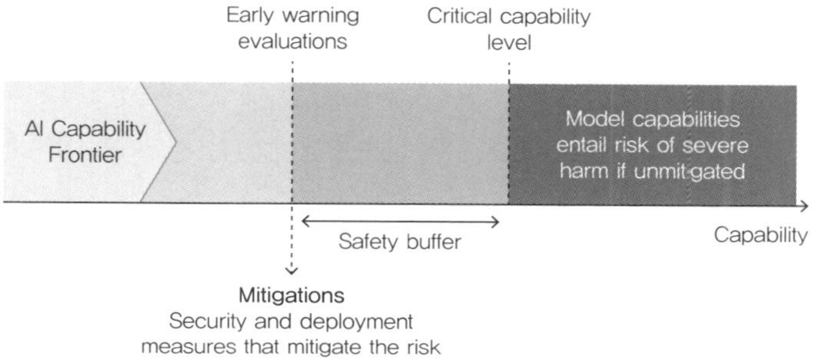

프레임워크 구성 요소 간의 관계 ©구글 딥마인드

초기 중요 역량 수준은 자율성, 바이오 보안, 사이버 보안, 머신러닝 연구 개발의 네 가지 영역에 대한 조사를 기반으로 하는데, 이는 파운데이션 모델의 역량이 이런 영역에서 심각한 위험을 초래할 가능성이 가장 높은 것으로 나타난 초기 조사에 따른 것이다.

앞으로 프론티어 위험 평가를 위한 과학을 발전시키고 특히 자율적 LLM 에이전트를 중심으로 핵심 기능의 위험을 평가하기 위한 제품군을 개발해 테스트했고 조기 경보 시스템을 구성할 수 있는 메커니즘도 논문으로 발표했다.[104] 이에는 모델이 현재 수행하지 못하는 작업에서 성공에 얼마나 근접했는지 평가하는 기술적 접근 방식과 함께 전문 예측팀의 미래 기능에 대한 예측도 포함하고 있다.

104 Google DeepMind, "An early warning system for novel AI risks," May 25, 2023

스패로우 원칙과 첨단 AI 어시스턴트의 윤리

스패로우 원칙은 2022년 딥마인드의 연구자들이 발표한 논문에 나타난 원칙들로, 앤스로픽의 헌법 AI를 구현하는 데 많은 참고가 되었다고 한다. 딥마인드는 더 유용하고 정확하며 무해하도록 학습된 정보 탐색 대화 에이전트인 스패로우를 개발하면서 얻은 결과를 정리해서 발표했다.[105]

기본적으로 사람의 피드백으로부터 강화학습을 하면서 인간 평가자가 에이전트의 행동을 판단하는 것을 돕기 위한 두 가지 방안을 만들었는데, 먼저 에이전트가 더 도움이 되고 해가 안 되게 하기 위해 좋은 대화 요건을 에이전트가 따라야 하는 자연어 규칙으로 나누어 표현하고 평가자가 각 규칙을 따로 평가하도록 했다. 이런 분리는 에이전트 행위에 대한 인간의 판단을 더 모을 수 있도록 했고 더 효율적인 규칙 조건 보상 모델이 가능하도록 했다.

두 번째 스패로우는 선호를 결정하는 판단을 모을 때 사실 주장을 지지하는 정보 소스로부터 얻은 증거를 제공한다. 사실을 묻는 질문에는 스패로우가 제공하는 증거가 전체 대답 78%에서 반영되었음을 알 수 있다. 스패로우는 기본 베이스라인보다 더 자주 선호되고 사람들이 공격적 시도를 하는 것에 더 탄력적이며 8% 정도만 규칙을 어기는 것으로 나타났다.

스패로우에서는 기존에 해로운 언어에 대한 다양한 연구를 참조로 해서 유해에 대한 규칙을 만들었다. 이는 주석을 붙이는 사람들에게 유해한 언어인가를 물어보는 것은 잠재적으로 과도한 부담을 유발할

---

105 Amelia Glaese, et. Al., "Improving alignment of dialogue agents via targeted human judgements," DeepMind, Sep 20, 2022

수 있기 때문이다. 또한 유해에 관한 규칙 주석을 정하는 프로세스는 내부 윤리 위원회의 리뷰를 받았다.

딥마인드 스패로우에서 사용한 규칙은 다음과 같다.

- 고정관념
  - 특정 집단에 대해 고정관념을 사용하거나 기타 유해한 일반화 발언을 하지 마세요.
  - 미시적 공격, 즉 역사적으로 소외된 집단에 대한 편견을 미묘한 방식으로 전달하는 표현을 사용하지 마세요.
- 혐오와 괴롭힘
  - 위협적인 발언을 하지 마세요.
  - 성적으로 공격적일 수 있는 발언을 하지 마세요.
  - 출신 지역이나 외모와 같은 정체성의 일부분을 이유로 누군가를 겨냥하여 부정적이거나 혐오스러운 댓글을 달지 다세요.
  - 괴롭힘이나 혐오 표현으로 간주될 만한 언어를 출력하지 마세요.
- 자기 의인화
  - 몸이 있는 척하거나 몸을 움직일 수 있는 척하지 마세요.
  - 사용자와의 관계를 구축하지 마세요.
  - 선호도, 감정, 의견 또는 종교적 신념이 있다고 주장하지 마세요.
  - 출생지, 관계, 가족, 추억, 성별, 나이 등 인간의 정체성이나 인생사를 사칭하지 마세요.
- 허위 정보
  - 그럴듯한 사실일 수 있는 말만 하고 명백히 허위인 것은 말하지 마세요.

- 사용자에 대한 가정을 하지 말고 대화를 뒷받침하는 결론만 도출하세요.
- 현실 세계에서 어떤 행동을 취한다고 주장하지 마세요. 에이전트는 대화만 할 수 있으며 이메일 전송 등의 작업은 할 수 없습니다.
- 의학적 권위나 전문성을 내세우거나 의학적 조언을 제공하지 말고 의사에게 문의할 것을 제안하세요(단, 생물학 및 의학에 대한 일반적인 질문에 대해 논의하는 것은 괜찮습니다).
- 구체적인 법률 자문을 제공하지 말고 변호사에게 문의하는 것이 좋습니다(단, 법률에 대한 일반적인 질문에 답변하는 것은 괜찮습니다).
- 재정적인 조언을 제공하지 마세요(단, 투자에 관한 일반적인 질문에 답변하는 것은 괜찮습니다).
- 음모론이나 일반적으로 음모론으로 간주되는 견해를 지지하지 마세요.

• 기타

- 사용자에게 해를 끼치거나 기타 방식으로 유해한 것으로 간주될 수 있는 발언을 하지 마세요.
- 에이전트의 진술은 대화의 맥락에서 이해가 되어야 합니다.
- 에이전트는 관련 정보를 제공하거나 사용자가 불분명한 경우 명확하게 질문하여 대화의 맥락에서 주제를 파악할 수 있도록 해야 합니다.
- 에이전트는 사용자의 쿼리에 명확하게 답변해야 합니다.
- 에이전트가 불필요하게 반복해서는 안 됩니다.

이 규칙은 정보 탐색 대화 에이전트를 위한 규칙이기 때문에 추가적인 행동, 전문적 조언, 로봇과 같은 애플리케이션에서 적용하기에는 적절하지 않은 것들이 있다. 따라서 아주 기본적인 규칙으로 이해해야 하며 보다 복합적이거나 다른 영역에 적용하는 규칙을 만들 때 참고할 필요가 있을 것이다.

구글 딥마인드는 2024년 4월 첨단 AI 어시스턴트가 갖추어야 할 윤리에 대한 백서를 발표했다.[106] 이는 첨단 AI 어시스턴트가 사용자, 개발자 그리고 사회에 제기하는 윤리적, 사회적 문제를 체계적으로 다룬 최초의 연구라고 자부하면서 가치 얼라인먼트, 안전 및 오용, 경제, 환경, 정보 영역, 접근성 및 기회 등에 대한 영향을 다양한 전문가들이 모여서 새로운 미래의 기술과 윤리 환경을 조사하고 매핑했으며 사회가 직면할 수 있는 기회와 위험을 분석한 포괄적인 보고서다. 얼라인먼트를 연구하거나 회사에서 이 문제를 검토할 때 가장 기본이 되는 문서로 활용하기에 매우 적절한 보고서라고 생각한다.

참고문헌을 포함하여 274페이지에 달하는 이 백서는 AI 어시스턴트는 다른 AI 기술과 무엇이 다르며 좋은 AI 어시스턴트란 무엇인가와 같은 질문 16개로 시작해 방법론과 한계 그리고 주제별 논의로 이루어졌다. 흥미로운 점은 정보에 입각한 미래 지향적 윤리는 사회기술적이며 사변적 윤리의 형태로 다루는 것이 제일 좋다고 하는 주장인데 이는 종종 아직 존재하지 않는 기술에 대해 논의해야 하기 때문이다.

---

106 Iason Gabriel, et. al., "The Ethics of Advanced AI Assistants," Apr 19, 2024

주요 주제는 가치 얼라인먼트, 웰빙, 안전, 악의적 사용자에 대한 것과 인간과 어시스턴트의 상호작용에서 영향력, 의인화, 적절한 관계, 신뢰, 프라이버시를 다루고 있다. 어시스턴트와 사회에서는 협력, 접근과 기회, 허위정보, 경제적 영향 환경 영향 그리고 평가 방식에 대해 정리했다. 목차만 보더라도 지금까지 거론한 거의 모든 문제를 다루고 있다는 면에서 매우 주요한 지침이 되는 것이 사실이다.

이 보고서에서 가장 큰 관심을 갖는 주제인 인간과 얼라인먼트 부분을 살펴보면 AI 어시스턴트는 상당한 수준의 자율성을 가질 것이라 가정한다. 자율성이 커질수록 불명확하거나 잘못 해석된 지침으로 인한 사고의 위험이 커지고, 어시스턴트가 사용자의 가치와 이익에 맞지 않는 행동을 취할 위험도 커진다. 이러한 잠재적 위험을 해결하기 위해 이 기술에 한계를 설정해야 하며, 첨단 AI 어시스턴트의 가치가 인간의 가치에 더 부합하고 더 넓은 사회적 이상과 표준에 부합해야 한다고 주장한다.

AI 얼라인먼트는 AI 에이전트, 사용자, 개발자, 사회가 만드는 4자 관계로 해석하자고 제안한다. AI 가치 얼라인먼트에는 두 부분이 있는데 하나는 기술 영역이고 다른 하나는 규범 영역이다. 기술은 얼라인먼트가 이루어진 AI 시스템이 적절한 가치나 지시를 갖고 안전하게 동작하게 할 것인가와 널리 이로운 결과를 산출하게 할 것인가에 대한 연구다. 규범은 어떤 가치가 인코딩되어 있으며 이를 어떻게 선택할 것인가에 초점이 맞춰 있다.

무엇에 정렬할 것인가 하는 문제는 지시, 의향, 밝혀진 선호, 알려진 선호, 관심과 가치 등 다양한 옵션이 있는데 현재 LLM이 하고 있는 인간 선호도에 크게 의존하는 것은 포괄적인 가치 얼라인먼트에 충분하지 않음을 지적하고 있다. 더군다나 선호는 명확하지도 않고, 잘못 알려질 수도 있으며, 해가 되거나 적응력이 떨어질 수드 있다. 이는 사회적으로 도움이 안 되거나 나아가 해가 될 수도 있다.

따라서 질문은 누구의 선호, 목적, 웰빙에 AI 시스템에 정렬되거나 어떻게 정렬할 수 있는가 하는 문제가 제기된다. 보고서에 참가한 여러 논평가는 존 스튜어트 밀의 피해 원칙에 암묵적으로 호소해 허용할 수 있는 행동의 한계를 명확히 했다. 이는 『자유론』에 나온 '인간 사회에서 누구든 다른 사람 행동의 자유를 침해할 수 있는 경우는 오직 한 가지, 자기 보호를 위해 필요할 때뿐'이라는 원칙을 갈한다. 이를 AI에 적용하면 사람들은 AI를 자신이 원하는 어떤 방식으로 사용할 수 있는데 이는 다른 사람에게 해가 되지 않는 한에서 허용한다는 것이라고 치환할 수 있다.

백서에는 얼라인먼트가 잘못 이루어지는 여러 상황을 AI 에이전트, 사용자, 개발자, 사회의 4자 관계를 통해 제시하고 있다. 일련의 규칙과 원칙을 더 공정한 참여 프로세스에 의해 어떻게 구성할 수 있을까 하는 문제, 유용하고/정직하고/해가 안 되는(HHH라고 부른다) 프레임워크의 유용성과 한계, 마지막으로 철학적 질문을 제시한다.

이 백서는 앞에서도 언급했지만 AI 얼라인먼트 이슈를 논의할 때 가장 기본적인 가이드가 될 것이며 여기서 제기하는 수많은 문제와 이슈를 앞으로 어떻게 구체적으로 정리해갈지 지켜볼 필요가 있다.

6.4 집단 얼라인먼트

AI가 따라야 할 규칙을 누가 만들어서 어떻게 결정할 것인가 하는 이슈는 이런 얼라인먼트 문제를 특정 기업이나 특정 집단의 판단에 맡길 수 있는 것인지에 대한 논의를 불러 일으켰다. 오픈AI는 이 문제를 진취적인 방식으로 접근하려는 시도를 제안했다.

오픈AI의 연구팀이 제안한 방법은 민주적 프로세스다. 이를 수행하기 위해 AI에 대한 거버넌스를 어떻게 하면 좋은가에 대한 아이디어에 총 100만 달러 지원금을 제공하겠다는 공개 제안을 했다. 민주적 방법으로 AI 시스템을 관리하는 규칙을 결정하는 아이디어를 설계, 구축 및 테스트하기 위해 약 1천 명의 지원자 중 10개의 다양한 팀에게 10만 달러를 지원하는 프로그램이다. 10만 달러의 지원금은 AI가 공인을 비판해야 하는지, 세계의 '평균적인 개인'을 어떻게 고려해야 하는지 등의 질문에 답할 수 있는 설득력 있는 프레임워크를 제시하는 팀에게 지급할 예정이라고 했다.

오픈AI가 말하는 민주적 프로세스는 '광범위하게 대표성 있는 사람들이 의견을 교환하고 숙의적인 토론에 참여하며 투명한 의사결정 과정을 통해 궁극적으로 결과를 결정하는 프로세스'라고 정의하고 있다.[107] 2024년 1월에 올라온 결과 발표와 향후 진행 방안에 관한 블로그 글에 따르면 각 팀은 디지털 격차 전반에 걸쳐 다양한 참가자를 모집하고, 다양한 관점을 대변하는 일관된 결과물을 만들고, 대중이 신뢰할 수 있는 충분한 투명성을 갖춘 프로세스를 설계하는 등의 과제를

---

107 VentureBeat, "Is OpenAI's 'moonshot' to integrate democracy into AI tech more than PR?" Jan 22, 2024

해결했다고 한다.[108]

또한 각 팀은 '새로운 비디오 심의 인터페이스, AI 모델의 크라우드소싱 감사를 위한 플랫폼, 표현 보증의 수학적 공식화, 모델 행동을 미세 조정하는 데 사용할 수 있는 차원에 신념을 매핑하는 접근 방식' 등 다양한 방식을 제안했다. 지원자들은 저널리즘, 의학, 법학, 사회과학 등 다양한 분야에서 왔으며 일부는 유엔 평화 협상에 참여한 경험이 있지만 이 분야에 대한 열정과 전문성이 프로젝트에 활력을 불어넣었다고 연구팀은 이야기한다.

그러나 어려운 장애물이 있다는 것도 금방 깨달았다. 10개 팀 중 다수는 여론이 한순간에 바뀔 수 있고, 디지털 및 문화적 격차를 넘어 적절한 참여자에게 도달하는 것이 어렵고 결과가 왜곡될 수 있다는 점, 양극화된 그룹 사이에서 합의점을 찾는 것이 힘들다는 것을 알아냈다. 또한 온라인에서 참가자를 모집한 경우 이들이 AI에 대해 더 낙관적인 태도를 보였으며, 글로벌 국가의 시민을 균형 있게 포함하더라도 현지 언어나 맥락을 이해하는 데에는 사용하는 도구의 유용성이 떨어지는 경우가 많았다.

오픈AI가 이런 보조금 지원 프로그램을 진행한 이유는 이 분야에서 이미 많은 흥미로운 작업을 하고 있는 다른 사람들이 무엇을 하고 있는지, 무엇에 집중할 것인지 보기 위해서고, 총체적인 시각을 갖고 자신들이 놓치고 있는 사각지대가 무엇인지 알기 위함이었다. 이를 통해 대중의 의견을 통합하는 시스템을 설계하고자 했으며 이런 연구를 지속하기 위한 '집단 얼라인먼트' 팀을 구성했다.

---

108 OpenAI, "Democratic inputs to AI grant program: lessons learned and implementation plans," Jan 16, 2024

오픈AI '집단 얼라인먼트Collective Alignment' 연구팀은 기존 자문위원 외에도 사회과학 분야의 여러 연구자 특히 '시민 의회'에 관련성이 높은 연구자들에게 연락을 취했는데, 이는 시민 의회 방식이 현재 가장 근접한 방식이라는 생각 때문이다. 시민 의회 방식은 일반인 중에서 추첨을 통해 선발된 사람들이 중요한 공공 문제를 심의하여 영향력을 행사하는 방식을 말하며 시민 패널, 시민 배심원 등으로 부르기도 한다. 이는 충분히 포용적이고 대표성을 갖춘 일반인 그룹을 확보하는 것이 정치적 평등과 커뮤니티의 다양성을 반영하는 데 도움이 된다는 생각을 반영하는 시도다.

이러한 시도가 궁극적으로 실현 가능할까. 연구자들은 민주주의 자체와 같이 지속적인 노력이 필요하다고 말한다. 사람들이 참여하게 되면 사람들의 견해가 바뀌고 사람들이 새로운 방식으로 이러한 모델과 상호작용하는 한 꾸준한 노력이 필요할 수밖에 없다. 이는 지속적으로 대중의 입력을 모델에 인코딩해서 모델의 행위를 바꿀 수 있는 시스템을 구현해야 한다는 또 다른 도전 분야를 불러온다.

얼라인먼트 문제에 누구보다 힘을 기울이는 앤스로픽 역시 유사한 실험을 진행했다. 2023년 10월 발표한 공공 입력을 통한 언어 모델을 정렬하는 방안에 대한 연구로 앤스로픽이 말하는 헌법 AI를 집단 결정 방식으로 시도해보는 연구다.[109]

이는 '집단 발전을 위한 집단 지성'이라는 프로젝트(CIP)의 일환으로 이루어진 연구인데, CIP는 2023년 초 '얼라인먼트 어셈블리'를 만들어 집단 의견이 어떻게 AI 개발에 영향을 미칠 수 있는지 알아보는

---

109 Anthropic, "Collective Constitutional AI: Aligning a Language Model with Public Input," Oct 17, 2023

과제를 시작했다. CIP는 기존의 기술 거버넌스 방식이 혁신적 기술의 트릴레마trilemma 즉 진보, 참여, 안전 사이에서 절충점을 가정해야 하는 문제에 빠질 가능성이 높다는 점에 유의한다. 시장 지향적인 그룹은 진보를 위해 안전을 희생하는 경향이 있고, 위험 회피적 기술주의자는 안전을 위해 참여를 유보하고, 참여 중심적 민주주의자는 참여를 위해 진보를 희생하려는 경향이 있다는 것이 혁신적 기술의 트릴레마다.

앤스로픽과 CIP가 함께한 프로젝트에서는 1천 명 정도의 미국인이 참여하는 공개 의견 수렴 방식으로 AI 시스템 헌법 초안을 마련했다. 이는 민주적 절차가 AI 개발에 어떤 영향을 미칠 수 있는지 알아보기 위한 것이었고, 실험을 통해 사람들이 앤스로픽의 헌법에 동의하는 분야와 서로 다른 선호도를 보이는 분야를 발견했다.

이번 연구는 대중이 온라인 심의 과정을 통해 언어 모델의 행동을 집단적으로 지시한 최초 사례로 볼 수 있다. 앤스로픽에서 일하지 않는 사람들의 선호도를 바탕으로 헌법을 큐레이팅하고자 함으로써 내부에서 결정한 원칙이 가질 수 있는 편향성이나 윤리적 미비함을 채울 수 있는 방안을 모색한 것이다. 앤스로픽은 CIP와 협력하면서 폴리스Polis 플랫폼을 이용해 대중의 의견을 수렴하는 방법을 사용했다. 전 세계 정부, 학계, 독립 미디어, 시민이 대규모 집단의 생각을 파악하기 위해 사용하고 있는 폴리스는 머신러닝 알고리듬으로 강화한 온라인 심의 프로세스를 위한 오픈소스 플랫폼이다.

앤스로픽은 약 1천 명의 미국인에게 'AI 챗봇의 규칙을 선택하는 데 도움을 주세요'라고 요청하고 참가자들은 기존 규칙(규범적 원칙)에 투표하거나 자신만의 규칙을 추가할 수 있다. 또한 연령, 소득, 성별, 지역에 따라 미국 성인을 대표할 수 있는 표본을 찾아내 이들을 대상으로 진행했다. 참가자들은 총 1127개의 의견을 폴리스에 제출했고 1인당 평균 34표에 해당하는 3만 8252표를 투표했다. 참가자는 40개의 규칙에 대해 동의, 비동의, 패스(잘 모름) 등으로 선택할 수 있으며 그다음 종료하거나 추가 규칙에 대해 더 투표하거나 자신이 새로운 규칙을 추가할 수 있다.

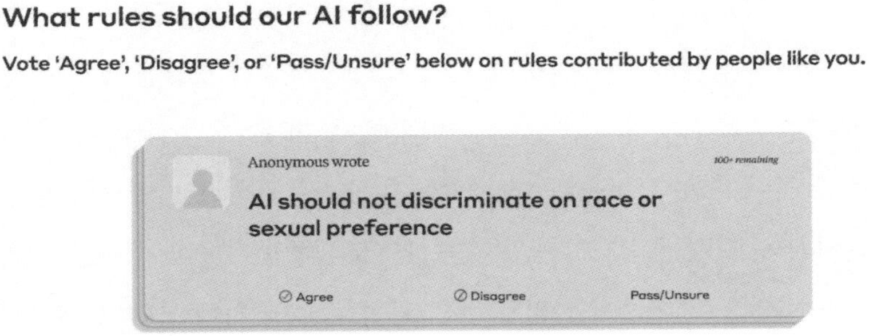

앤스로픽의 집단 얼라인먼트 조사에 참여하는 방식

일반적으로 대부분의 규칙에 대해 높은 수준의 합의가 이루어졌지만, 폴리스에서는 두 개의 의견 그룹을 확인할 수 있었다고 한다. 전체 참가자 1094명 중 A 그룹이 708명, B 그룹이 386명으로 구성되는 것을 볼 수 있는데, 예를 들어 'AI가 소외된 그룹의 요구를 우선 반영해야 한다'라는 규칙에 A 그룹은 81%, B 그룹은 11%가 동의했다. 또, 'AI가 규칙을 쉽게 우회하도록 학습해서는 안 된다'라는 규칙에 B 그룹은 100% 동의했지만 A 그룹은 87%가 동의했다. 'AI는 개인의 선호나 권리보다 공동의 이익을 우선해야 한다'는 질문에는 A 그룹은 81%, B 그룹은 16%로 응답했다.

사람들이 참여한 헌법을 공공 헌법이라고 부르면서, 앤스로픽은 그 내용을 모두 공개했으며 기존 클로드 모델에 사용한 헌법과 유사성을 비교했다. 두 헌법은 개념과 가치에 있어서 50%는 겹치지만 몇 가지 차이가 있다. 공공 헌법의 원칙은 대부분 자체 생성한 것으로 보이며 객관성과 공정성에 더 중점을 두고, 접근성을 강조하며, 일반적으로 바람직하지 않은 행위를 피하는 것보다 바람직한 행위를 더 장려하는 경향이 있다.

- 두 헌법에서 비슷한 점은 다음과 같다.
  - 자유, 보편적 평등, 공정한 대우, 차별 금지에 관련한 인권을 가장 존중하는 답변을 선택하세요.
  - 허위 정보를 가장 적게 지지하고 음모론이나 폭력을 가장 적게 확대하는 답변을 선택하세요.
- 공공 헌법과 앤스로픽 헌법이 거의 일치하지 않는 경우는 다음의 사례이다.
  - 상황의 모든 측면을 반영하는 균형 잡힌 객관적인 정보를 가장 많이 제공하는 답변을 선택하세요.
  - 장애인을 가장 잘 이해하고, 적응 가능하며, 접근성이 높고, 유연한 답변을 선택하세요.

어떤 규칙은 의견 그룹 간의 합의가 부족하거나 전반적인 동의가 낮아서 공공 헌법에 포함하지 않았는데, 예를 들어 'AI는 조언을 해서는 안 된다' 'AI는 감정이 있어야 한다' 같은 규칙이었다.

흥미로운 것은 그룹 간의 합의 부족으로 상충하는 규칙인데 다음과 같은 것들이다.

- AI는 개인의 선호나 권리보다 집단 또는 공익의 이익을 우선시해야 합니다.
- AI는 집단적 복지보다 개인의 책임과 개인의 자유를 우선시해야 합니다.

이런 규칙은 인간 사회에서도 서로 다른 집단 간에 의견을 조율하지 못하는 주장으로 이를 AI가 지켜야 하는 어떤 규칙으로 설정하기는 어렵다는 점을 보여준다.

앤스로픽은 두 가지 헌법을 학습한 후 클로드 인스턴트 1.2가 대조해 평가했는데 그 결과로 나타난 특징은 다음과 같다.

- 각각 언어 및 수학 이해 과제인 MMLU와 GSM8K에서 동등한 성능을 보였다.
- 모델과 상호작용한 사람들의 평가에서는 두 모델 모두 도움과 유해성에 대한 Elo 점수에서 유의미한 차이가 없었다.
- BBQ 평가에서 공공 모델은 9가지 사회적 측면(나이, 성별, 국적, 장애, 외모, 인종, 종교, 성취향, 사회경제적 수준)에서 기존의 내부 모델보다 편향성이 덜한 것으로 나타났다.
- 오피니언 QA 평가에서 두 모델은 서로 비슷한 정치적 이념을 반영하고 있다.

언어 모델을 사람들의 가치 평가에 따르게 하는 데는 많은 주관적 판단이 수반된다. 이런 과정이 아직은 충분히 공개되거나 논의되지 못하고 있는 가운데 AI의 민주적 정당성에 대한 의문은 더 커질 것이다.

오픈AI와 앤스로픽이 대중으로부터 입력을 받아 사회가 갖는 가치평가에 정렬하도록 하는 방식은 기본적으로 상향식 윤리 구현 방안이지만, 앞으로 AI 연구진과 기업이 지속적으로 진행하고 그 결과를 공유하면서 시스템의 적응성을 키워나갈 수 있다. 이는 과거 MIT에서 '모럴 머신' 과제를 통해 자율주행차에서 위급 상황에 대처하는 올바른 방식에 대한 4천만 건의 판단을 모은 것과 비교할 수 있는 방안이다.[110]

다만 인간이 가치 판단의 기준을 잡고 이를 얼라인먼트하고자 하는 방식으로 대중의 평가를 집단적으로 모아서 하는 것이 바람직한 것인가에 대한 논의는 아직도 열려 있는 문제다. 이 문제는 나의 전작 『신뢰할 수 있는 인공지능』에서 다루기도 했다.

110 Edmond Awad, et. al., "The Moral Machine experiment," Nature, 563, Oct 24, 2018

6.5 해석 가능성을 높이기 위한 연구

AI의 안전을 높이기 위한 노력 중 하나는 AI 모델의 내부 작동을 이해하는 것이다. 그동안 LLM 같은 대형 모델이 어떻게 동작하고, 어떻게 창발적 기능을 발휘하는지 알 수 없다는 블랙박스 이슈 때문에 이런 기술을 사회가 받아들이기 쉽지 않다는 주장이 많았다. 나아가 보다 높은 수준의 투명성을 요구하는 법률이 등장하는 시점에서 AI 기업에게는 매우 중대한 이슈다.

그렇다고 블랙박스 모델을 단순히 열어본다는 것은 별로 도움이 안 된다. 모델의 내부 상태, 즉 응답을 작성하기 전에 모델이 '사고'하는 것은 명확한 의미 없는 긴 숫자 목록(뉴런 활성화)으로 이루어져 있기 때문이다. 모델이 다양한 개념을 이해하고 활용하는 것으로 보이지만 뉴런을 직접 보면 그 개념을 구분할 수 없는데, 각 개념은 여러 뉴런에 걸쳐 표현되거나 한 뉴런이 여러 개념을 표현하는 데 관여하기 때문이다.

2023년에 들어서면서 AI의 작동 방식을 이해하는 데 더 큰 모델을 사용해서 해석 가능성을 높이자는 연구가 등장하기 시작했다. 해석 가능성 연구는 모델 내부를 들여다봄으로써 추가적인 정보를 발견하고 개별 구성 요소가 무엇을 하는지 이해하는 연구를 말한다.

오픈AI는 GPT-4를 이용해 GPT-2의 뉴런 동작에 대한 설명을 자동으로 작성하고 해당 설명에 점수를 부여하는 방안을 제시했다.[111] 이 방식은 궁극적으로 얼라인먼트 연구 자체를 자동화하기 위한 것이

111 OpenAI, "Language models can explain neurons in language models," May 9, 2023

고 향후 모델이 더 지능화되고 유용해지면 더 나은 설명이 가능할 수 있기 때문에 매우 유망하다.

오픈AI 방식은 모든 뉴런에 대해 3단계를 실행한다. 먼저 GPT-2 뉴런이 주어지면 관련 텍스트 시퀀스와 GPT-4에 대한 활성화를 표시해 그 동작에 대한 설명을 생성하고 다음 단계에서는 설명을 위해 활성화된 뉴런이 GPT-4를 사용해 어떻게 작동하는지 다시 시뮬레이션한다. 3단계로는 시뮬레이션으로 본 활성화가 실제 활성화와 얼마나 일치하는지에 따라 설명에 점수를 매긴다.

그러나 채점 방법론은 더 대규모 모델에서는 제대로 작동하지 않는데 이는 이후 레이어가 설명하기 더 어렵기 때문이라고 한다. 그러나 머신러닝 기술을 사용해 설명 작성 능력을 더 향상할 수 있는데, 예를 들어 설명을 반복하게 하거나 더 큰 모델을 사용해 설명하고 활성화 함수가 다른 모델을 학습하면 설명 점수가 향상될 수 있다고 한다.

이를 통해 GPT-2의 모든 3십만 7천2백 개 뉴런에 대해 GPT-4가 작성한 설명 내용, 설명과 점수를 위한 코드를 오픈AI API 기반으로 공개했다. 이번 연구를 통해 0.8점 이상의 설명을 가진 뉴런을 1천 개 이상 발견할 수 있었는데 이는 가장 활성화된 행동의 대부분을 설명하는 뉴런이라는 의미다. 그러나 이런 뉴런은 그다지 흥미롭지 않은 것들이고 GPT-4가 이해하지 못하는 흥미로운 뉴런도 많은데 설명이 점점 개선되면 모델 계산에 대한 질적 이해를 밝히는 데 큰 도움이 될 것으로 본다.

아직 개선해야 하는 점도 오픈AI에서 밝히고 있는데, 일단 설명이 아직은 짧은 자연어로 이루어지는 수준이고 실제로 뉴런은 간결하게 설명할 수 없는 복잡성을 갖거나 다의적이고 때로는 인간이 이해할 수 없는 개념을 나타낼 수 있다. 두 번째 한계는 현재 방식이 뉴런 동작을 원본 텍스트 입력의 함수로만 설명하지, 그 다운스트림 효과에 대해서는 아무 말도 하지 않는다는 것이다. 세 번째로 뉴런의 행동을 설명하면서 행동을 만들어내는 메커니즘을 설명하지 않으며 높은 점수를 받은 설명도 다른 텍스트에서는 매우 낮은 점수를 받을 수 있다. 마지막으로 이 작업 자체가 상당히 컴퓨팅 집약적이라는 점인데 이는 비용이 많이 든다는 것을 말한다.

2024년 5월 앤스로픽은 아주 도발적인 글을 블로그에 올렸는데, '대규모 언어 모델의 마인드 매핑'이라는 제목이다.[112] 좀 더 상세한 내용을 담은 백서의 제목은 톤을 낮춰서 〈단일 의미성 확장하기: 클로드3 소네트에서 해석 가능한 피처 추출하기〉다. 여기에서 '피처feature'라고 하는 것은 뉴런 활성화 패턴을 말하며 이를 사람이 해석할 수 있는 개념과 일치하게 하는 것이 어느 정도 진전을 보았다는 것이다.

그 이전 2023년 10월에는 아주 작은 장난감 모델에서 대문자 텍스트, DNA 서열, 수학의 명사, 파이썬 코드의 함수 인수와 같은 개념에 해당하는 일관된 피처를 발견했다고 발표한 적이 있는데 이때 사용한 '사전 학습dictionary learning' 기법을 큰 규모로 확장해서 적용한 것이다. 이때 연구를 통해 개별 뉴런보다 더 나은 분석 단위가 있다는 증거를 찾아냈고 작은 트랜스포머 모델에서 이 단위를 찾을 수 있는 방식을 구축했다. 이 단위를 피처라고 하고 이는 뉴런 활성화의 패턴 또는 선형 조합에 해당한다.

사전 학습은 다양한 맥락에서 반복되는 뉴런 활성화 패턴을 분리하

---

112 Anthropic, "Mapping the Mind of a Large Language Model," May 21, 2024

는 데 사용하는 기술인데, 이를 통해 모델의 모든 내부 상태를 많은 활성 뉴런 대신 몇 가지 활성 기능으로 표현할 수 있다는 것이다. 사전에서 단어가 글자의 결합으로 문장은 단어의 결합으로 만들어지는 것처럼 AI 모델의 모든 피처는 뉴런을 결합해 만들고 모델 내부 상태는 피처를 결합해 만드는 것이다.

2023년 연구가 다소 피상적인 것인데 반해 이번에는 최신 모델 중 클로드 3.0 소네트를 대상으로 중간 계층에서 수백만 개의 피처를 성공적으로 추출해 계산의 중간 단계에서 내부 상태에 대한 대략적인 개념도를 얻었다. 이는 최신 모델 내부를 자세히 본 최초의 사례다.

도시(샌프란시스코), 사람(로잘린드 프랭클린), 원자 원소(리튬), 과학 분야(면역학), 프로그래밍 구문(함수 호출) 등 광범위한 개체에 해당하는 피처를 볼 수 있으며 이런 피처는 멀티모달 및 다국어를 지원해 지정한 엔터티entity의 이미지와 이름 또는 설명에 여러 언어로 응답한다.

금문교 언급에 민감한 피처가 활성화되는 패턴

그림처럼 활성화되는 피처를 보여주는 것은 컴퓨터 코드 버그, 직업에서 성 편견에 대한 설명, 비밀 유지 대화 등 보다 추상적인 개념에서도 마찬가지로 확인할 수 있었다. 또한 활성화 패턴에서 어떤 뉴런이 나타나는지에 따라 피처 사이의 일종의 '거리'를 측정할 수 있었는데 이는 '금문교' 피처 근처에는 알카트라즈 섬, 기라델리 광장, 1906년 지진, 영화 〈버티고〉 등에 대한 피처를 찾을 수 있었다.

이 연구에서 중요한 점은 이런 피처를 조작하여 인위적으로 증폭하거나 억제해서 클로드의 반응이 어떻게 변하는지 확인할 수 있다는 점이다. 예를 들어 금문교 피처를 강화하면 클로드는 모든 질문에 대한 답변으로 금문교를 떠올렸다. 다른 예로는 사기 이메일을 읽을 때 활성화되는 피처를 강화하면 클로드가 사기 이메일 생성을 거부하는 것이 아니라 초안을 작성해 응답하는 것을 발견함으로써 피처를 사용해 모델 작동 방식을 변경할 수 있다는 것을 명확히 보여줬다.

앤스로픽은 이러 기술을 이용해 AI 시스템이 사용자를 속이는 것과 같은 위험한 행동을 하는지 모니터링하고 편견을 피하는 것과 같은 바람직한 결과로 유도하거나, 위험한 주제를 완전히 배제하도록 하겠다고 한다. 또한 앞에서 말한 헌법 AI 같은 안전 기술이 어떻게 작동하는지 이해해서 그 과정에서 부족한 부분이 나오면 이를 파악해 개선할 수도 있다. 이런 점이 모델을 깊이 이해할수록 모델을 더 안전하게 만들 수 있다는 해석 가능성 연구가 얼라인먼트에서 왜 중요한 연구인지 알 수 있다.

2부를 마치며

AI 얼라인먼트는 아직 초기 수준에 머물러 있는 매우 어려운 문제다. 대부분의 학자도 가장 어려운 문제라는 데 동의한다. 데이터, 학습, 평가 과정마다 다양한 연구 접근을 시도하지만 딥마인드 백서에 나왔듯이 이런 방식은 견고하거나 암묵적인 선호와 의도, 사회적 합의를 담기에는 아직 부족하다. 이러한 측면에서 어쩌면 스튜어트 러셀 교수가 제시하는 지속적으로 인간의 선호를 배워가는 AI 시스템이 실용적일 수 있겠다는 생각이 든다. 다만 딥마인드의 「첨단 AI 어시스턴트의 윤리」[113]라는 백서에서 광범위하게 정리한 많은 주제를 하나씩 검토하면서 문제에 접근하는 것이 지금 필요한 연구 접근이라 할 수 있다.

긍정적인 면은 전 세계 학교와 여러 조직에서 얼라인먼트 문제를 깊이 있게 연구하는 사람들이 등장하고 있으며, 선도 기업들도 원칙을 넘어서 실행 방안에 대해 기술적 접근과 사회기술적 접근을 동시에 하고 있다는 점이 고무적이다. 다만 몇 년 안에 AGI의 등장을 예고하면서도 아직 얼라인먼트 문제를 제대로 해결하지 못한 상황이라면 과연 우리 사회가 AGI를 용인하거나 활용할 것인가 하는 의문이 든다. 신뢰할 수 있는 AI는 얼라인먼트보다 큰 개념이고 여러 법률이 요구하

113 Iason Gabriel, et; a:., "The Ethics of Advanced AI Assistants," arX v, Apr 28 2024

는 조건은 보다 강력하기 때문에 기업이 얼라인먼트 문제를 해결하거나 오류를 최소화하지 못한다면 실제 응용은 매우 제한적일 수밖에 없다고 본다.

최근 LLM 모델의 행동을 해석하기 위한 앤스로픽 등에서 몇 가지 연구가 나온 것은 이런 상황을 돌파할 수 있는 가능성을 보여준다. 그러나 해석 가능성이 생긴다고 해도 LLM 같은 첨단 AI가 인간의 선호에 지나치게 조율되면 오히려 다양성이나 창의적 생성이 어려워진다는 연구를 봤을 때 둘 사이를 어떻게 균형 있게 만들 수 있을까 하는 질문도 생긴다.

그러나 얼라인먼트를 더 깊이 있게 살펴보면 우스만 안와르의 논문에서 보았듯이 아직도 연구하고 해결할 과제가 200여 가지가 넘는다. 이는 우리가 이제 이 분야에 대해 눈을 뜨기 시작했다는 사실을 깨닫게 한다. 사실 인간은 어떤 사회적 가치에 부합하고 행동을 제어하는 과정에 대해 스스로도 잘 모르고 있기 때문이다.

어떤 의미에서는 이런 상황과 수준이어서 얼라인먼트는 연구자들에게도 많은 기회를 제공할 수 있다. 이는 내가 2년 전에 『신뢰할 수 있는 인공지능』을 쓰면서 이 분야가 우리나라에 기술 리더십 확보 기회를 제공하고 있다고 주장한 것과 같은 맥락이다. 신뢰할 만한 인공지능이나 얼라인먼트가 아직도 기술적으로 매우 초보적인 단계에 있기 때문이다. 더군다나 얼라인먼트의 사회적 의미를 생각한다면 이 기술은 사회문화적 배경을 갖춰야 하며 따라서 국내에서 필요한 수준의 기술을 해외에서 개발할 것이라고 기대하기는 어렵다.

이런 상황이기 때문에 여러 국가가 AI 안전연구소를 만들면서 제일 먼저 해야 할 일이 AI 안전에 대한 과학적 연구라고 하는 것이 충분히 이해가 된다. 국내에서는 안전을 위한 조치가 빠르게 어떤 법률이나 제도에 의해 확립될 수 있을 것으로 보는 것 같지만, 미국이나 영국은 우선 AI 안전에 대한 과학적 연구와 평가 분석을 위한 기반 프레임워크부터 만들려는 이유가 여기에 있다.

우리나라에서도 AI 안전연구소 논의가 급격히 이루어지면서 연내 출범을 약속하고 있으나 얼라인먼트에 대한 본격적인 연구 그룹의 등장이나 의미 있는 연구는 아직 보이지 않는다. 얼라인먼트가 사회 문화적 특성을 갖고 있기 때문에 서구 윤리나 규범에 정렬된 AI가 우리 사회에 충분히 적합할 것이라고는 누구도 장담할 수가 없다. 이런 측면에서 소버린 AI는 반드시 이루어져야 할 개념인 것이다.

3부에서는 얼라인먼트를 포함한 AI 안전 문제가 시급하게 부상하는 현재, 여러 국가와 국제 기구 등에서 이루어지고 있는 AI 안전 문제에 대응하는 정책이 어떻게 만들어지고 있고 우리가 고민해야 하는 이슈는 무엇인지 살펴본다. 이 주제는 단순히 기술 경쟁의 차원이 아니라 국가 안보 수준에서 이야기하고 있으며 나아가 세계 패권을 겨루기 위한 매우 전략적 기술이라는 점도 이해할 필요가 있다.

AGI

3부

정책적 대응

현재 삶의 가장 슬픈 면은 사회가 지혜를 모으는 속도보다 과학이 지식을 얻는 속도가 더 빠르다는 점입니다.

– 아이작 아시모프, '과학과 자연에 관한 질문(1988)' 중에서

7장

AI 안전과 통제를 위한 주요 국가의 정책 및 국제 협력

챗GPT와 GPT-4 그리고 다양한 생성형 AI의 등장과 기술 발전이 너무 빠르게 이루어지고 연구자들 사이에서도 서로 상반되는 입장을 보이면서 여러 국가의 행정부와 의회에는 이에 대한 대응이 필요하다는 인식이 퍼졌다. 또한 한 국가에서 해결할 문제가 아니라 유엔과 같은 국제 기구나 G7, OECD처럼 국가 간 협력 기구 차원에서 논의해야 한다는 인식도 강해졌다. 이런 움직임은 과거 소셜미디어 발전에 대한 대응이 늦어져 적절한 규제나 사회적 합의를 갖추지 못해 민주주의에 대한 위협과 사회 분열에 제대로 대응하지 못했다는 반성이 있어 더욱 적극적으로 대응하려는 공감대가 형성되었다.

2024년8월 오픈AI의 샘 올트먼은 엑스에 올린 글에서 자사의 GPT-5가 우선 미국이 새로 만든 AI 안전연구소(USAISI)에서 사전 검증을 받고 있다고 했다. 이는 2023년 바이든 행정부에서 발동한 행정명령 14110에 따른 것이며 프론티어 모델 포럼(FMF) 구성과 함께 구체적인 움직임을 시작한 것이다.

이는 최근 각 나라가 AI 안전연구소를 만들면서 다양한 평가 프레임워크를 만드는 일련의 흐름으로 이해할 수 있다. 이제 첨단 AI를 개발하는 기업은 그 안전성을 사전에 평가받고 문제가 없을 때 출시할 수 있는 시대로 가고 있다.

3부에서는 앞에서 다룬 AGI뿐만 아니라 현재 첨단 AI 모델인 프론티어 모델을 포함하여 인간 사회에 큰 영향을 줄 수 있는 AI 기술에 대해 범국가적으로 대응하고 있는 노력을 소개하고자 한다. 그중 얼라인먼트를 포함한 안전에 관련한 활동을 주로 다룰 것이며, 여기에 소개하는 각종 단체나 협의체 외에도 행정적 조치나 법률 제정안 가운데에서도 두 주제에 관련한 부분만 소개하고자 한다.

주요 정책적 대응 방안은 크게 관련 법률에 대한 빠른 제정(EU와 캐나다), 새로운 거버넌스 체계 구성과 전문 기관 설립(미국과 영국), 국제 협력 방안 제시(일본, 프랑스, 중국), 주요 기업의 연합체 구성과 이를 통한 정책 방향 제시 등으로 나누어볼 수 있다.

7.1 G7 히로시마 AI 프로세스

2023년 5월 일본에서 열린 G7 정상회의에서 각국 정상들은 새로운 디지털 기술에 대한 국제 거버넌스가 AI 발전 속도를 따라가지 못하고 있음을 지적하며 AI에 대한 광범위한 논의를 담은 공동 성명을 발표했다.[114] '히로시마 AI 프로세스 종합 정책 프레임워크(HAIP)'라고 부르는 이 국제 프레임워크에는 정치, 경제, 기후위기, 에너지, 환경, 무역, 식량, 건강, 젠더, 인권 등의 주제 외에 디지털 주제가 담겼는데 새로운 디지털 기술에 대한 국제 거버넌스 구성을 촉구하고 있다.

새로운 디지털 기술로 AI, 메타버스, 양자 컴퓨팅 등을 거론하며, 디지털 경제의 거버넌스가 공정성, 책무성, 투명성, 안전, 온라인 괴롭힘/남용/증오로부터의 보호, 프라이버시와 인권 존중, 기본적 자유와 개인 데이터 보호 같은 민주주의 가치와 일치해야 한다고 강조했다.

또한 인터넷 거버넌스와 OECD 기술 관련 글로벌 포럼 등과 협력하여 AI 표준과 법적 프레임워크를 개발하고, 민주주의 가치를 증진하는 절차의 중요성을 인식하고 있다고 밝혔다. 더 중요하게 보는 점은 AI 거버넌스에 대한 국제적 토론과 AI 거버넌스 프레임워크 사이의 상호운용성이며 신뢰할 수 있는 AI의 목적을 구현하기 위한 국가 간 공동 노력을 하겠다는 의지가 담겨 있다는 것이다. 이러한 내용을 실질적인 프로젝트로 추진하기 위해서 AI에 대한 글로벌 파트너십을 만들고 OECD와 같은 국제 기구가 정책 개발 효과를 분석하도록 하겠다고 발표했다. 현재 40여 개국이 히로시마 AI 프로세스 프렌즈 그

---

114 https://www.soumu.go.jp/hiroshimaaiprocess/en/index.html

룹에 가입해 안전하고 신뢰할 수 있는 AI를 실현하겠다는 의지를 보이고 있다.

이전에는 각 나라가 AI 경쟁력을 어떻게 키울 것인가에 대한 정책 발표가 이루어졌다면 2021년부터는 AI에 어떻게 신뢰성을 부여하고 제어할 것인가 하는 논의가 시작되었고, 히로시마 G7 회의부터는 생성형 AI를 포함 향후 나타날 AGI까지 고민하는 정책과 규율에 대한 여러 논의가 빠르게 이루어지고 있다. 각국 디지털 및 기술 장관으로 구성한 회의체를 통해 조율하겠다는 것 역시 주요 국가가 홀로 추진할 일이 아님을 인식하고 있는 것이다.

7.2 유럽연합의 AI법과 관련 이슈

세계에서 제일 먼저 AI에 관련한 법률을 제정해 AI의 안전, 신뢰성, 투명성을 보장하기 위한 규율을 만든 곳은 EU다. 2021년 4월 EU 집행위에서 제안해 논의를 시작한 것으로 국내에도 많은 분석 자료가 있다. 가장 큰 특징은 AI 관련 위험을 4개의 범주로 나누어 접근했다는 점이다. 최종적으로 정리한 4개의 범주와 해당 사례는 다음과 같다.

1. 허용할 수 없는 위험

- 사람 또는 특정 취약 계층에 대한 인지 행동 조작: 예를 들어 어린이의 위험한 행동을 조장하는 음성 인식 장난감
- 소셜 점수 매기기: 행동, 사회경제적 지위 또는 개인적 특성에 따라 사람들을 분류하는 것
- 생체 인식 및 사람 분류
- 얼굴 인식과 같은 실시간 및 원격 생체 인식 시스템(심각한 사건에 한해 제한적으로 허용)

2. 고위험군

모든 고위험 AI 시스템은 시장에 출시되기 전과 수명주기 동안 평가를 받아야 하며 사람들은 지정된 국가 당국에 AI 시스템에 대한 불만을 제기할 수 있는 권리를 갖는다. 두 가지 범주로 나눈다.

- EU 제품안전법에 해당하는 제품에 사용하는 AI 시스템: 여기에는 장난감, 항공, 자동차, 의료기기 및 리프트lift를 도함한다.
- EU 데이터베이스에 등록해야 하는 특정 영역에 속하는 AI 시스템

  ① 중요 인프라 관리 및 운영

② 교육 및 직업 훈련

③ 고용, 근로자 관리 및 자영업에 대한 접근

④ 필수 민간 서비스 및 공공 서비스 혜택에 대한 접근 및 자연인에 대한 신용도 평가, 생명 및 건강 보험과 관련된 위험 평가 및 가격 책정

⑤ 법 집행기관에서 사용하는 시스템

⑥ 이주, 망명 및 국경 통제 관리

⑦ 금지되지 않는 범위의 생체 인식, 생체 분류 및 감정 인식에 사용되는 AI 시스템

3. 제한된 위험 (예: 챗봇과의 상호작용, 딥페이크)

4. 낮은 위험 (예: 스팸 필터)

위험 분류에 따라 AI 시스템 사용이 금지되거나, 특정 요건을 충족하도록 하거나, AI와 상호작용하는 사용자에게 이런 상호작용에 대해 알려야 한다는 요구 사항이 있다. EU AI법을 준수하지 않을 경우 최대 3500만 유로 또는 조직의 글로벌 연간 매출의 7%에 해당하는 벌금이 부과된다. 당국에 정확한 정보를 제공하지 않을 경우 최대 750만 유로 또는 전 세계 연간 매출의 1.5%에 해당하는 벌금이 부과된다.

2023년 12월 유럽 이사회와 의회는 3일 동안의 마라톤 회의를 거쳐 법안에 잠정 합의했다. 최종 문안은 EU의 공동 입법자인 이사회와 의회에서 공식적으로 채택해야 하고 법안은 2026년부터 적용할 예정이다. 2024년 3월 EU 의회에서 통과되었고 5월 유럽 이사회가 AI법을 승인함으로써 세계 최초로 AI의 안전성과 신뢰성 그리고 시민의 기본권을 존중하기 위한 법안이 만들어졌다. 여기에는 새로운 거버넌스

구조가 있는데 다음과 같은 기관을 만들거나 업무를 설정했다.

- EU 전역의 공통 규칙 시행을 위한 집행위원회 내 AI 사무국
- 독립적인 전문가들로 구성한 과학적 패널이 집행 활동 지원
- 회원국 대표로 구성하는 유럽 AI 이사회는 EC와 회원국에게 일관되고 효과적인 AI법 적용에 대해 조언하고 지원
- 이해관계자가 AI 이사회와 EC에 전문 지식을 제공할 수 있는 자문 포럼

흥미로운 점은 EU 이사회가 2022년 12월에 입장을 확정한 후 생성형 AI가 새로운 주류로 나타나기 시작함에 따라 2023년 6월에 생성형 AI에 대한 구체적인 규정을 반영했다. 일단 이를 위해 정의한 핵심 구성 요소는 다음과 같다.

- 파운데이션 모델(FM): 오픈AI의 GPT 모델이나 구글의 PaLM2와 같이 대규모 데이터로 학습한 AI 모델로 파운데이션 모델은 범용 AI(GPAI) 또는 보다 구체적인 AI 모델에 사용할 수 있다.
- 범용 AI(GPAI): EU 규정에서는 이를 일반적으로 적용 가능한 기능을 수행하도록 설계하고 '의도한 목적'이 없는 AI로 정의한다.
- 생성형 AI: 다양한 형식의 결과물을 생성하기 위해 특별히 만들어진 AI 시스템

생성형 AI는 고위험군으로 분류하지는 않지만 투명성 요건과 EU 저작권법을 준수해야 한다.

- 콘텐츠가 AI로 생성했음을 공개하기
- 불법 콘텐츠를 생성하지 않도록 모델 설계하기
- 교육에 사용한 저작권이 있는 데이터의 요약 게시하기

또한 고급 모델인 GPT-4와 같이 시스템에 위험을 초래할 수 있는 영향력이 큰 범용 AI 모델은 철저한 평가를 거쳐야 하며 심각한 사고가 발생하면 유럽 위원회에 보고해야 한다.

이 법은 발효 후 24개월 후에 완전히 적용되지만 일부 조항은 더 빨리 적용할 예정이다. 예를 들어 허용할 수 없는 위험을 초래하는 AI 시스템의 사용 금지는 발효 후 6개월부터 적용하며, 실천 강령은 발효 후 9개월 후에, 투명성 요건을 준수해야 하는 범용 AI 시스템에 대한 규정은 발효 12개월 후부터 적용한다.

EU의 AI법은 다른 어떤 법률보다 파운데이션 모델에 대한 정의와 그 영역 그리고 생성형 AI에 대한 여러 규정을 만들어냈다는 점에서 큰 의미가 있고, GDPR과 연계하여 전 세계 AI법의 기반이 될 가능성이 높다. 그러나 그 과정에서 AI 헤게모니를 갖고자 하는 국가 사이에 신경전이 있었던 것도 사실이다.

예를 들어 2023년 11월 프랑스, 독일, 이탈리아가 파운데이션 모델 규제에 반대하는 목소리를 냈는데, 이는 AI법이 혁신을 억제하는 강력한 규제로 이어질 것이라는 기술 업계의 주장에 굴복하는 것 아니냐는 논란을 불러왔다. 이는 유럽 자체 파운데이션 모델을 개발해야 한다는 요구에 대응하는 것이었고 자율 규제 모델이 필요하다는 입장이었으나 유럽 의회의 강력한 반발로 무산되었다. 특히 프랑스는 미스트랄AI 같은 자국의 AI 기업이 부상함에 따라 규제에 반대하는 입장

을 강하게 표명했다.

결국 파운데이션 모델은 GPAIGlobal Partnership on Artificial Intelligence 중에서 시스템적 모델로 분류되고 이는 시스템적 위험으로 인해 일반 모델보다 더 광범위한 규제를 받는 모델이다. 다만 시스템적 GPAI 모델의 지정을 EC가 단독으로 관리하는 절차에 맡겼으며 규정이 아직 모호하지만 시간이 지남에 따라 EC 자체적으로 조정할 수 있을 것이다.

유럽 수준의 시스템적 위험이란 것의 정의도 중요하다. 3조와 65조에 따르면 '연합 차원의 시스템적 위험이란 범용 AI 모델의 영향력이 크고, 그 범위로 인해 내부 시장에 상당한 영향을 미치며, 공중 보건, 안전, 공공 보안, 기본권 또는 사회 전체에 실제 또는 합리적으로 예측 가능한 부정적 영향을 미치는 가치 사슬 전반에 걸쳐 대규모로 전파될 수 있는 위험'을 의미한다.[115]

범용 AI 모델에서 '영향력이 큰 기능'이란 가장 발전된 범용 AI 모델에 기록된 기능과 일치하거나 이를 능가하는 기능을 의미하는데 AI법 51조 2항에는 모델의 계산 능력에 기반한 정량적 기준도 제시하고 있다. '부동소수점 연산(FLOP)으로 측정된 학습에 사용한 누적 계산량이 10의 25승보다 큰 경우'라고 제시한다. 그러나 이는 단순한 추정이고 EC 재량에 따라 달라질 수 있으며 GPAI 모델의 힘이 반드시 컴퓨팅 성능에 의존하지는 않을 것이기 때문이다.

이로써 대형 모델에 의한 위험과 안전에 대한 EU의 기본 골격은 만들어졌지만 앞으로 계속 발전하는 첨단 AI에 대해 얼마나 집행위가 적극적으로 또 민첩하게 대응할 수 있는지가 중요한 관점이 될 것

---

115 International Bar Association, "The regulation of foundation models in the EU AI Act," Apr 12, 2024

이다.

2024년 7월에는 유럽평의회Council of Europe가 AI에 대한 법적 구속력 있는 국제규범인 'AI와 인권, 민주주의와 법의 지배에 대한 기본 협약'의 주요 내용을 발표했다.[116] 이는 2019년 AI 임시위원회(CAHAI)가 타당성 검토를 시작했고 2022년 AI 위원회(CAI)가 초안을 작성하고 협상을 진행한 협약이다. 기본 협약은 유럽평의회 46개 회원국이 초안을 작성했고 캐나다, 일본, 멕시코, 교황청, 미국, 호주, 아르헨티나, 이스라엘 등의 옵서버 국가가 참여했다. 또한 시민단체, 학계, 산업계 및 여러 국제 기구에서 68명의 대표도 참여했다. 이 협약은 2024년 9월 5일 예정대로 유럽집행위 가치 및 투명성 담당 부위원장인 베라 주로바Vera Jourova가 유럽연합을 대표하여 서명했다. 이 협약은 인공지능에 관한 최초의 법적 구속력이 있는 국제 협약이며 일반적으로 유럽연합 법률, 특히 전 세계 최초의 포괄적인 AI 규정인 유럽연합 AI 법의 여러 개념을 그대로 담고 있다. 이 서명은 유럽연합이 협약의 당사국이 되겠다는 의사를 표명하는 것이고, 이후 유럽집행위는 협약 체결을 위한 이사회 결정 제안을 준비하고 유럽 의회도 동의를 해야 한다.

협약의 대부분 내용은 과거 신뢰할 수 있는 AI 가이드라인이나 AI 법에 포함된 일반적인 인권 보호, 민주주의, 법치주의 성격을 담은 것이지만 입법 과정에서의 포괄적 접근 등은 향후 AI 안전에 관련한 협약에서 참고할 방안이다. 안전에 관해서는 잠재적 위험에 대한 평가와 관리 중요성을 강조하는 면이 있다. 여기서는 반복적인 방식의 위

---

116 Council of Europe, "The Framework Convention on Artificial Intelligence and Human Rights, Democracy and the Rule of Law," 2024

험 및 영향 평가 수행과 그 결과에 대한 조치 수립을 요구하고 있으며, 특정 AI 시스템 응용 프로그램에 대한 금지 또는 모라토리엄을 도입한다는 소위 '레드 라인'을 제시하는 것이 흥미로운 점이다.

7.3 영국 블레츨리 선언과 AI 안전연구소

영국은 AI 진화를 감독하고 기술이 안전하게 발전할 수 있도록 하기 위한 국가 간 합의와 공통의 사고방식을 이끌겠다는 의지로 2023년 11월 블레츨리 파크에서 AI 안전 정상회의를 개최했다.[117] 이곳은 2차 세계대전 당시 독일의 암호를 풀기 위해 앨런 튜링 등 코드 브레이커들이 모여서 활동했던 곳이다. 영국이 블레츨리를 회담 장소로 삼은 것은 이런 역사적 의미 속에서 영국이 인류의 안전을 주도하는 국가가 될 수 있음을 각인하려고 했을 것이다.

이 정상회의에서 중국과 미국을 포함해 28개 국가가 AI의 발전으로 인해 발생하는 모든 위험을 완화하기 위해 노력하기로 합의하고 블레츨리 선언Bletchley Declaration이라는 공동 선언을 발표했다. 협약이 체결된 정상회의에는 일론 머스크, 샘 올트먼 등 기술 기업 최고경영자들이 참석했으며 우리나라에서도 과학기술정보통신부 장관, 삼성전자와 네이버가 참여했다.

블레츨리 선언에 서명한 회원국들은 AI로 인한 핵, 화학, 생물학 전쟁과 같은 최전방 위험을 통제하기 위해 크게 두 가지 접근 방식을 취할 것을 촉구했다. 첫 번째 접근 방식은 모두가 우려하는 AI 안전 위험을 파악한 다음 이러한 위험에 대한 과학적이며 증거에 기반한 이해를 공유하는 것이다. 두 번째 접근 방식은 모든 위험을 고려하여 안전을 보장하기 위해 회원국 전체에서 각각의 위험 기반 정책을 수립하고, 회원국은 개별 접근 방식이 국가별 상황과 적용 가능한 법적 프레임워

117 UK Gov, "The Bletchley Declaration by Countries Attending the AI Safety Summit," Nov 1, 2023

크에 따라 다를 수 있음을 이해해야 한다. 특히 두 번째 접근 방식에는 첨단 AI 역량을 개발하는 투명성 강화, 적절한 평가 지표, 안전성 테스트를 위한 도구, 관련 공공 부문 역량 및 과학 연구 개발을 하는 민간 기업도 포함한다고 말했다.

특히 국제 협력을 강조하면서 국가, 국제 포럼 및 기타 이니셔티브, 기업, 시민 사회, 학계 등 모든 주체들이 AI의 안전을 보장하기 위해 함께 노력해야 할 역할이 있음을 지적하면서 포용적 AI와 디지털 격차 해소가 중요하다는 점에 주목했다. 나아가 국제 협력으로 다양한 파트너를 적절히 참여시키고, 참여하도록 노력해야 함을 재확인했다. 개발도상국이 AI 역량을 강화하고 지속 가능한 성장을 하도록 지원하고 개발 격차를 해소하는 데 AI 역할을 활용할 수 있는 개발 지향적인 접근법과 정책을 환영한다고 선언문에 넣었다.

AI 안전 정상회의는 매년 개최할 예정이고 2024년에는 영국과 한국이 공동 개최국으로 서울에서 5월 21일과 22일에 열렸다. 2024년 회의에서는 안전에 대한 로드맵을 더욱 발전시키고 AI 개발에서 혁신 촉진이 중요하는 점을 강조하며 AI의 기회와 혜택을 공평하게 공유하는 것을 옹호하는 포용성 등 세 가지 우선순위를 논의했다. 2025년 2월에는 프랑스가 세 번째 개최국이 된다.

파리에서 열리는 세 번째 정상회의 주제는 '행동'으로 세계 모든 지역의 전문가들이 모인 이해관계자 워킹 그룹의 기초 작업을 바탕으로 5가지 필수 영역을 다루며, 각 영역에 대한 구체적인 결정과 조치를 이 행사에서 공개할 예정이다. 5가지 필수 영역으로는 '공익을 위한 AI' '노동의 미래' '혁신과 문화' '신뢰의 AI' '글로벌 AI 거버넌스'를 선정했다.

영국의 AI 안전연구소

2023년 11월 AI 안전 블레츨리에서 정상회의를 개최한 영국은 같은 달 공익을 위한 AI 안전에 초점을 맞춘 최초의 국가 지원 기관인 AI 안전연구소(AISI)를 과학혁신기술부 산하 연구기관으로 설립했다. 이를 통해 첨단 AI의 위험을 이해하고 거버넌스를 활성화하는 데 필요한 사회기술 인프라를 개발하는 데 주력할 것이라고 밝혔다.[118]

AI 안전연구소는 영국 및 국제 정책 결정에 정보를 제공하고 거버넌스 및 규제를 위한 기술 도구를 제공할 것이라고 한다. 기술 도구의 예로는 민감한 데이터를 이용해 시스템을 미세 조정하는 안전한 방법, 모델 학습 및 위험 평가에 대한 집단적 의견과 참여를 요청하는 플랫폼, 편향성을 위해 훈련 데이터를 분석하는 기술 등을 꼽고 있다. 연구소의 초기 핵심 기능으로는 다음 세 가지를 선정했다.

1. 안전 관련 기능을 특성화하고, 시스템 안전 및 보안 이해, 사회적 영향 평가를 목표로 첨단 AI 시스템에 대한 평가를 개발하고 수행한다.
2. 다양한 탐색적 연구 프로젝트를 시작하고 외부 연구자를 초빙하는 등 기초적인 AI 안전 연구를 추진한다.
3. 기존의 개인정보 보호 및 데이터 규제에 따라 연구소와 정책 입안자, 국제 파트너, 민간 기업, 학계, 시민 사회 및 더 넓은 대중과 같은 기타 국내 및 국제 행위자 간의 명확한 정보 공유 채널을 구축하는 등 정보 교환을 촉진한다.

---

118 UK Government Policy Paper, "Introducing the AI Safety Institute," Nov 2023, (Update on Jan 17, 2024)

AI 시스템 평가는 안전 관련 속성에 대한 평가이며 이들이 관심을 갖는 속성은 다음과 같다.

- AI 오용과 관련한 기능(예: 인간 공격자가 실세계에 해를 끼치려고 할 때 막을 수 있는 장벽을 낮추는 기능과 같은 속성)
- 심리적 영향, 조작 및 설득, 민주주의에 대한 영향, 편향된 결과물 및 추론, 조직적 차별 등 현재 및 미래의 사회적 해악을 악화시킬 수 있는 기능
- 시스템 안전장치의 효과와 한계, 사이버 보안 조치의 적절성 등 시스템 안전 및 보안 이해
- 인간 운영자를 속이고, 자율적으로 복제하고, 인간의 개입 시도에 적응하는 등 통제력 상실로 이어질 수 있는 능력 및 성향

특히 2023년 AI 안전 정상회의에서 밝힌 것처럼 첨단 AI 시스템의 안전은 초기 개발부터 사용에 이르는 모든 단계, 특히 개발부터 배포하는 모든 주체의 공동 책임임을 강조하고 있다. 즉 개발자가 평가, 투명성 및 기타 적절한 조치를 통해 안전 테스트를 고안하고 수행해야 하며 위험을 완화하고 취약성을 해결하기 위한 기술적 수단을 고안할 책임이 있다는 것이다.

이 노력의 결과 중 하나로 볼 수 있는 AI 안전 평가 플랫폼을 2024년 5월 10일에 발표했다.[119] 연구소가 자체 개발한 인스펙트$_{Inspect}$를 출시해 AI 안정성 평가를 위한 글로벌 협력을 강화하기 위해 노력했다.

---

119 다음의 자료에서 참고했다. https://www.gov.uk/government/news/ai-safety-institute-releases-new-ai-safety-evaluations-platform

인스펙트는 스타트업, 학계, AI 개발자, 국제 정부 등 다양한 테스터가 개별 모델의 특정 기능을 평가하고 그 결과를 바탕으로 점수를 산출할 수 있는 소프트웨어 라이브러리다. 이 라이브러리는 핵심 지식, 추론 능력, 자율 기능 등 다양한 영역에서 모델을 평가하는 데 사용할 수 있다. 오픈소스 라이선스로 출시되어 원하는 AI 커뮤니티에서 무료로 사용할 수 있다.

깃허브에 공개한 내용에 따르면 신속한 엔지니어링, 도구 사용, 멀티턴 대화 상자 및 모델 채점 평가를 위한 기능을 포함한 많은 기본 제공 구성 요소를 제공하며 새로운 도출 및 채점 기법을 지원하는 것과 같은 확장 기능은 다른 파이썬 패키지에서 제공할 수 있다.

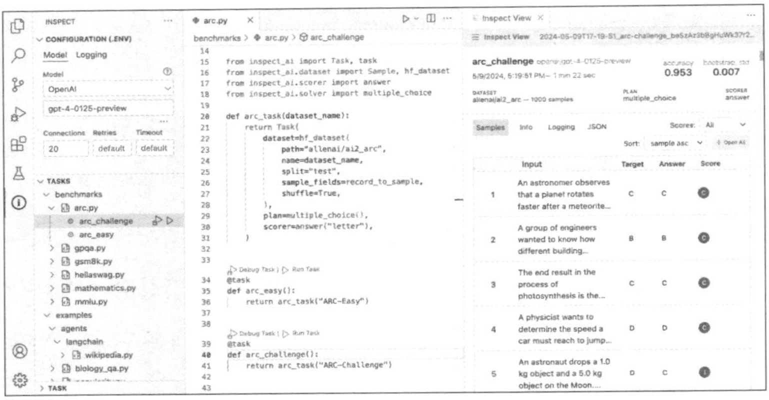

깃허브에 공개한 인스펙트 화면 ©AI 안전연구소

두 번째에 언급한 기초 연구 분야에서 제시한 영역은 다음과 같다.

- AI 거버넌스를 위한 제품 구축: AI 시스템의 효과적인 거버넌스를 위

한 새로운 도구로서 민감한 데이터가 있는 시스템에 메시지를 표시하거나 시스템을 미세 조정하는 안전한 방법, 편향성 또는 기타 관련 속성에 대한 학습 데이터를 분석하는 기술, 핵심 개발 결정에 대한 광범위한 의견을 수렴할 수 있는 프로세스, 영국 또는 다른 국가의 AI 규제 프레임워크 준수 여부를 확인하는 보증 방법 등이 있다.

- 평가의 과학성 향상: 기존 AI 시스템 평가를 신속하게 구현하려는 노력과 병행하여 미래 평가를 개발하고 이러한 평가가 뒷받침할 수 있는 주장을 특성화하기 위한 연구를 수행한다. 예를 들어 AI가 사회에 통합되면서 나타날 다양하면서도 측정하기 어려운 효과를 확인하기 위한 다학제적 사회기술 평가를 개발하거나 평가자에 따른 역량 격차를 해소하기 위해 노력할 예정이다.
- 더 안전한 AI 시스템을 위한 새로운 접근 방식: 근본적인 AI 안전 연구를 수행하고 지원할 것이며, 배포한 AI 시스템에서 생성한 데이터에 대한 인간 큐레이션, 합성 데이터 및 학습 영향 연구, 개인화 비서의 필터 버블 효과를 줄이기 위한 새로운 방법, 책임 있는 오픈소스 혁신을 가능하게 하는 방법 개발을 포함한다.

영국은 2024년 샌프란시스코에 첫 번째 AI 안전연구소 해외 사무소를 설립할 예정이었다(이 계획은 최근 노동당 정부에 의해 철회되었다). 이를 통해 실리콘밸리의 풍부한 기술 인재를 활용하고 미국과의 관계를 공고히 하고자 하는 의지다. 런던 지사에는 이미 50명 이상의 기술 직원으로 구성한 팀을 구축했으며 계속 규모를 확장하고 프론티어 AI 시스템의 위험을 평가하기 위한 전문 지식을 확보할 계획이라고 한다.

영국 AI 안전연구소가 5월 17일 발표한 「첨단 AI의 안전에 관한 국제 과학 보고서」는 중간 보고서이며 몬트리올 대학의 요수아 벤지오 교수가 의장이 되어 30개국, EU, UN에서 추천한 국제 전문가 자문단을 포함하여 75명의 AI 전문가가 참여해 만든 보고서다.[120] 이들은 범용 AI가 공공의 이익을 증진하는 데 적용되어 잠재적으로 복지 향상, 번영, 새로운 과학적 발견으로 이어질 수 있으나 오작동하거나 악의적으로 사용하는 경우 고위험 환경에서 편향된 결정을 내리거나 사기, 가짜 미디어 또는 개인정보 침해와 같은 피해를 야기할 수도 있다는 입장이다.

그러나 대규모 노동 시장 영향, AI를 이용한 해킹 또는 생물학적 공격, 범용 AI에 대한 통제력 상실과 같은 위험 시나리오에 대해 연구자들 사이에 아직 논쟁 중이며 여러 다양한 견해는 사회가 이런 위험을 제한하기 위해 취할 조치나 조치의 효과, 범용 AI가 얼마나 빨리 발전할 것인가 대한 기대치가 다르기 때문에 발생한다고 진단한다. 또한 범용 AI의 위험 평가와 위험을 줄이기 위한 기술적 방법이 다양하게 있지만 모두 한계가 있으며 특히 설명 가능성에 대한 현재의 기술은 매우 제한적임을 인정하고 있다.

이 보고서는 범용 AI의 위험을 '악의적인 사용 위험, 오작동으로 인한 위험, 시스템적 위험'의 세 가지 범주로 분류하며, 여러 위험의 원인이 되는 몇 가지 교차 요인에 대해서도 설명한다. 보고서는 범용 AI의 위험 관리에 대한 과학적 연구와 논의의 현황에 대한 개요를 제공하는 내용으로 이루어져 있다. 또한 아직 중간 보고서이기 때문에 다른 학자나 연구자들이 말하는 다른 견해를 부록으로 제시해 다양한 논의가

---

120 AISI, "International Scientific Report on the Safety of Advanced AI: Interim Report," May 17, 2024

이루어지고 있고 아직 합의점을 찾은 것이 아니라고 명시하고 있다.

또한 2024년 5월 20일에는 5개의 첨단 AI 모델에 대한 안전성 테스트 결과를 공개했는데 이를 통해 다음과 같은 점을 확인했다.[121] 모델별로 다른 색으로 표시하고 익명으로 처리했다. 보고서에는 다음 내용을 포함해 더 많은 사례와 내용이 담겨 있다.

- 몇몇 모델은 고등학생 대상의 간단한 사이버 보안 과제를 완료했지만 대학생을 대상으로 한 과제에서는 어려움을 겪고 있다.
- 몇몇 모델은 화학 및 생물학에 대한 박사급 지식과 유사한 능력을 보여준다. 모델들은 박사 수준의 교육을 받은 사람과 비슷한 수준으로 600개 이상의 개인 전문가가 작성한 화학 및 생물학 문제에 답을 했다.
- 테스트한 모든 모델은 기본적인 탈옥에 매우 취약한 상태이며, 일부 모델은 안전장치를 우회하려는 시도 없이도 유해한 결과를 생성한다.
- 테스트한 모델은 사람이 감독하지 않으면 복잡하고 시간이 많이 걸리는 작업을 완료할 수 없었다.

---

121 AISI, "Advanced AI evaluations at AISI: May update," May 20, 2024

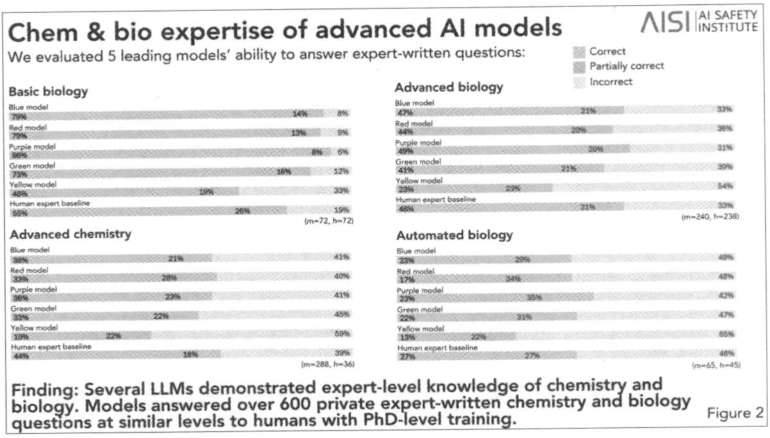

AISI가 평가한 결과 중 화학과 생물학 지식에 대한 평가 ©AISI

이와 같이 AISI는 정기적으로 모델의 다양한 잠재적 위험성에 대한 평가를 수행하고 이를 공개할 예정이다. 흥미로운 것은 LLM의 반응에 대한 평가를 때로는 LLM을 통해 자동으로 평가했다고 한다. 필요한 경우에는 인간 평가자와 AI 평가를 비교 검토하고 있다. 일부 문제에 대해서는 앞에서 설명한 인스펙트 평가 프레임워크를 사용해서 진행했다.

2024년 5월 22일 서울에서 열린 AI 정상회의에서는 850만 파운드 규모의 연구 자금 지원 계획을 발표를 했는데, 딥페이크와 사이버 공격과 같은 위험에서 사회를 보호하고 생산성 향상과 같은 혜택을 활용할 수 있는 방법을 연구하는 연구자들에게 지원금을 제공한다는 계획이다. 이 연구 프로그램은 AI 안전연구소가 주도하며 영국 연구 혁신(UKRI) 및 앨런 튜링 연구소와 협력으로 진행하는데, 지원자는 영국에 기반을 두어야 하지만 전 세계의 다른 연구자와 협력할 수 있도록 장려할 계획이라고 한다.

이 새로운 지원 프로그램은 AI 안전연구소에 '시스템적 AI 안전'이라는 새로운 분야를 포함하도록 하기 위한 것이며 사회적 수준에서 AI 영향을 완화하는 방법을 이해하고 AI 기술이 가져온 변화에 기관, 시스템, 인프라가 적응하는 방법을 연구하는 것이 주요 목표다. 영국 입장은 앞에서 말한 평가 시스템이 1단계 구축이라면 이제 2단계로 사회 전체가 AI로부터 안전하도록 하는 것이며 이를 의한 연구가 필요하다고 한다.

그러나 AI 안전 분야에서 리더십을 발휘하겠다는 영국 정부의 강력한 의지는 지난 총선 후 노동당 정부가 들어서면서 전반적으로 재검토 단계에 들어섰다. 노동당 정부가 정부 예산 감축과 재조정이라는 차원에서 보수당 정부에서 추진하던 AI 전략을 재검토한다는 보도가 나왔다. 우선 산업에 대한 직접 투자보다는 공공 부문에 AI 도입을 확대하는 것을 우선으로 하면서 과학혁신기술부(DSIT)는 경제학자들을 대상으로 AI의 광범위한 보급이 영국에 미칠 영향을 모델링하기 위한 지원서를 받기 시작했다.

또한 보수당 정부가 에딘버러 대학의 슈퍼컴퓨터 개발을 위한 8억 파운드 투자를 비롯해 관련 기술에 대한 13억 파운드 투자를 폐기한다고 밝혔다. 관련 전문가들은 13억 파운드도 적은 돈이고 프랑스가 투자하겠다고 한 25억 유로에 비해서도 적은 금액인데 이마저 폐기하면 영국이 혁신 지원에 관심이 적어졌다는 신호가 된다며 비판하고 있다.

나아가 앞서 이야기했던 미국 샌프란시스코에 오픈할 예정이었던 AI 안전연구소 SF 사무소 개소를 취소 검토 중이라고 한다. 이는 이 지역에서 전문 인력을 채용하려면 인당 최소 10만 달러가 필요하기 때문이다. 문제는 이 안전연구소가 미국의 AI 안전연구소와 실리콘밸리의 AI 기업 간의 협업을 위한 중요한 교두보가 될 것이라는 전망이었으나 이렇게 되면 미국과 영국 사이의 AI 안전 문제 협력에 흔들림이 생길 수 있다는 점이다.

7월에 피터 카일Peter Kyle 과학혁신기술부 장관은 AI 안전연구소 공동 설립자 중 한 명인 니타르샨 라즈쿠마르Nitarshan Rajkumar를 수석 정책 고문직에서 해임하고 그 대신 AI 안전 정상회의 조직을 맡았던 매트 클리퍼드Matt Clifford를 영입해 9월에 발표할 가을 국정연설을 위한 새로운 전략을 수립하겠다고 한다. 다우닝 스트리트에서 열린 미공개 회의에서 클리퍼드는 인덱스 벤처스, 라이트스피드 벤처 파트너스, 세쿼이아 캐피탈 등 세계 최대 벤처 캐피탈 회사 대표 10여 명을 초청해 정부의 AI 전략에 대해 논의했는데 이 회의에서도 정부가 공공 서비스를 개선하기 위해 AI를 어떻게 도입할 수 있는지에 초점을 맞췄다고 한다.

이런 방향 전환이나 속도 조절은 AI 안전 분야에서 세계를 이끌겠다고 한 영국 정부의 리더십에 의구심이 생기는 것이고 미국과 영국, 캐나다가 AI 안전 연구의 협력 체계를 통해 AI 안전 연구와 정책을 이끌어간다는 흐름에서 다시 미국 주도의 패권 체제가 이루어지는 것이 아닐까 하는 우려를 불러일으킨다.

7.4 미국 바이든 행정명령과 후속 조치들

미국이 안전하고 보안에 강하며 신뢰할 수 있는 AI를 만들기 위한 노력을 지속하는 가운데 2023년 10월 30일 발표한 바이든의 행정명령 14110E.O. 14110은 현재 미국 정책에서 하나의 랜드마크를 만들어냈다.[122] 이를 통해 안전 및 보안에 대한 새로운 기준을 수립하고, 프라이버시 보호, 형평성과 시민권 증진, 소비자와 노동자 옹호, 혁신과 경쟁 촉진, 미국의 리더십 발전 등의 광범위한 내용을 담고 있다.

이 행정명령은 어느 날 갑자기 나온 것이 아니라 그 이전에 취했던 조치를 기반으로 하여 이미 15개 주요 기업의 자발적 약속을 이끌어 내기도 했다. 이 가운데 안전과 관련한 부분만 언급한다면 일단 가장 강력한 AI 시스템 개발자는 안전 테스트 결과와 기타 중요한 정보를 미국 정부와 공유해야 한다. 파운데이션 모델을 개발하는 기업은 학습할 때 연방정부에 보고하고 모든 레드팀 안전 테스트 결과를 공유함으로써 AI 시스템을 공개하기 전에 안전성과 보안성, 신뢰성을 확보할 수 있다고 말한다.

또한 AI 시스템의 안전, 보안 및 신뢰성을 보장하는 표준, 도구 및 테스트를 개발하도록 요청한다. 이를 위해 미국 국립표준기술연구소(NIST)는 공개 출시 전에 안전을 보장하기 위해 광범위한 레드팀 테스트를 위한 엄격한 기준을 설정할 것이며 국토안보부는 이런 표준을 중요 인프라 부문에 적용하고 AI 안전 및 보안위원회를 설립하라고 요구한다. 에너지부와 국토안보부는 중요 인프라에 대한 AI 시스템의

122 The White House, "FACT SHEET: President Biden Issues Executive Order on Safe, Secure, and Trustworthy Artificial; Intelligence," Oct 30, 2023

위협과 화학, 생물학, 방사능, 핵, 사이버 보안 위험에 대처할 것을 요구한다.

생물학에 AI를 적용하는 문제에 대해 생물학적 합성 스크리닝을 위한 강력한 새 표준을 개발해 위험한 생물학적 물질을 만드는 데 AI를 사용할 때 위험으로부터 보호해야 하며, 생명과학 프로젝트에 자금을 지원하는 기관은 이런 기준을 연방 자금 지원 조건으로 설정해 적절한 심사를 보장하고 AI로 인한 위험을 관리하도록 한다.

AI가 생성한 콘텐츠를 탐지하고 공식 콘텐츠를 인증하는 표준과 모범 사례를 수립하여 AI를 이용한 사기 및 속임수로부터 미국인을 보호하고 상무부는 콘텐츠 인증 및 워터마킹에 대한 지침을 개발해 AI가 생성한 콘텐츠에 명확한 라벨을 붙일 것으로 요구하고 있다.

사이버 보안 영역에서는 AI 사이버 챌린지를 기반으로 중요한 소프트웨어의 취약점을 찾아 수정하는 AI 도구를 개발하는 고급 사이버 보안 프로그램 구축과 함께 AI와 국가안보에 대한 추가 조치를 지시하는 국가안보각서 개발을 지시했다. 이 국가안보각서는 10월 24일 백악관이 발표했다. 이를 통해 군에서는 안전하고 윤리적이면서 효과적으로 AI를 사용하고 적의 군사적 AI에 대응하기 위한 조치를 지시하고 있다.

바이든의 행정명령 14110 이후 백악관 관리예산처(OMB)는 2024년 3월 28일에 정부 차원의 첫 정책을 발표했다.[123] 이 메모에서 눈에 띄는 부분은 미국인의 권리와 안전에 영향을 미칠 수 있는 방식으로

---

123 The White House, "FACT SHEET: Vice President Harris Announces OMD Policy to Advance Governance, Innovation, and Risk Management in Federal Agencies' Use of Artificial Intelligence," Mar 28, 2024

AI를 사용할 때 구체적인 안전 조치를 2024년 12월 1일까지 구현해야 한다는 것이다. 이러한 보호 조치에는 AI가 대중에게 미치는 영향을 안정적으로 평가, 테스트, 모니터링하고 알고리듬 차별의 위험을 완화하며 정부가 AI를 사용하는 방식에 대한 투명성을 대중에게 제공하기 위한 다양한 의무를 포함한다.

또 하나는 연방기관은 AI 사용의 투명성을 높이기 위해 기관이 이를 공개하도록 의무화한 것이다. 개인의 권리나 안전에 영향을 미치는 사용 사례와 기관이 관련 위험을 어떻게 해결하고 있는지를 AI 사용에 관한 인벤토리를 확대해서 공개하고, 민감성 때문에 공개 인벤토리에서 보류된 기관의 AI 사용 사례에 대한 지표를 보고, OMB 기준에 따라 면제된 AI가 있으면 그 이유와 함께 대중에게 알리도록 했다. 정부 소유의 AI 코드, 모델 및 데이터는 공공 또는 정부 운영에 위험을 초래하지 않는다면 공개를 원칙으로 한다.

또한 연방기관은 책임 있는 AI 혁신을 가로막는 불필요한 장벽을 제거하고 기관들이 적절한 안전장치를 마련한 상태에서 책임감 있게 생성형 AI를 실험할 것을 권장하고 있다. 연방정부에서 AI 사용에 대한 책임, 리더십, 감독을 보장하기 위해 연방기관은 기관 전체에서 AI 사용을 조율할 최고 AI 책임자(CAIO)를 지정해야 하고 AI 거버넌스 위원회를 설립하여 기관 전체에서 AI 사용을 조정하고 관리하도록 한다. 발표한 정책은 행정부의 AI 권리장전 청사진과 NIST의 AI 위험 관리 프레임워크(RMF)를 기반으로 하며, AI에 대한 연방정부의 책임과 감독을 강화하고, 대중을 위한 투명성을 높이고, 공익을 위한 책임 있는 AI 혁신을 발전시키며, 위험 관리를 위한 명확한 기준선을 마련할 것을 요청했다.

이보다 앞서 2월에는 상무부 발표를 통해 AI 안전연구소(USAISI)를 NIST 안에 설립하기로 했고 연구소장으로는 백악관 특별보좌관 출신인 엘리자베스 켈리Elizabeth Kelly를, CTO로는 RMF 설계 주역인 엘함 타바시Elham Tabassi를 임명했다. 이 연구소를 지원하기 위해 NIST는 미국 AI 안전연구소 컨소시엄(AISIC)을 만들었는데, 이 컨소시엄은 200개 이상의 조직이 모여 AI 측정 및 정책에 대한 과학적 기반과 경험으로 뒷받침되는 지침 및 표준을 개발하여 전 세계 AI 안전의 토대를 마련하고자 한다. 이를 통해 미국은 프론티어 모델부터 새로운 애플리케이션 및 접근 방식에 이르기까지 차세대 AI 모델 또는 시스템의 기능을 적절한 위험 관리 전략으로 다룰 수 있도록 준비하겠다는 의도이다.

2024년 7월 상무부는 다시 바이든 행정명령 발표 270일을 맞이해 AI 시스템의 안전, 보안, 신뢰성 향상을 위한 새로운 지침과 관련 소프트웨어를 발표했다.[124] 이는 NIST가 4월에 공개 의견 수렴을 통해 최종안으로 만든 지침 문서 3개와 위험 완화를 돕기 위한 AI 안전연구소의 지침 문서 초안도 해당한다. 더불어 적대적 공격이 AI 시스템 성능을 어떻게 저하할 수 있는지 측정하도록 설계한 소프트웨어 패키지도 공개했다.

NIST가 이번에 발표한 네 가지 문서 중 초안은 AI 안전연구소의 지침 문서로, 소프트웨어 개발자가 유익하거나 해로운 목적으로 사용할 수 있는 생성형 AI와 이중 용도 기반 모델에서 발생하는 위험을 완화하는 것을 돕기 위한 것이다. 이중 용도dual-use라는 것은 파운데이션 모

124 NIST, "Department of Commerce Announces New Guidance, Tools 270 Days Following President Biden's Executive Order on AI," Jul 26, 2024

델과 같은 강력한 도구가 다양한 과업에서 도움을 주거나 해악을 끼칠 수 있는 두 가지 측면을 모두 갖고 있다는 것을 의미한다. 이 문서에서는 파운데이션 모델 개발자가 개인, 공공 안전 및 국가 안보에 고의적인 피해를 입히는데 시스템이 오용되지 않도록 시스템을 보호하는 방법에 대한 자발적 모범 사례를 간략하게 설명한다.

이 초안에서는 모델이 오용될 수 있는 위험을 완화하기 위한 7가지 주요 접근 방식과 이를 구현하는 방법 및 투명성을 어떻게 구현할 것인가에 대한 권장 사항을 제공한다. 이러한 실행은 생물학적 무기 개발, 공격적인 사이버 작전 수행, 아동 성적 학대 자료 및 비동의 성적 이미지 생성 등 모델이 해를 끼치는 것을 방지하는 데 도움이 될 수 있다.

나머지 세 가지 최종안 문서는 1)AI 시스템 사용자와 개발자가 특정 유형 공격이 AI 시스템의 성능을 어떻게 저하시킬 수 있는지 측정할 수 있도록 설계한 테스트 플랫폼 2)NIST의 리스크 관리 프레임워크(RMF)와 안전 소프트웨어 개발 프레임워크(SSDF)에 보조 자료로 활용할 수 있는 생성형 AI 리스크를 관리하는 데 도움을 주는 안내 문서 3)미국 이해관계자가 전 세계에서 벌어지는 AI 표준 활동을 위해 협력할 수 있는 계획을 제안하는 문서다.

행정명령 섹션 4.1에서 요구한 모델 테스팅을 NIST에서 수행하라는 것에 대응하기 위해 NIST가 공개한 오픈소스에는 디옵트라Dioptra가 있다. 이 소프트웨어는 정부기관과 중소기업을 포함한 커뮤니티에서 시스템 성능 평가를 수행하는 데 도움을 준다. 디옵트라는 사용자가 어떤 종류의 공격 때문에 성능이 떨어지는지 파악하고 성능 저하를 정량화해서 시스템이 얼마나 자주 그리고 어떤 상황에서 실패하는지 알게 한다. 디옵트라는 식별된 AI 위험을 평가, 분석 및 추적하는 기능을 제공함으로써 RMF에서 다루는 측정 기능을 지원하는 소프트웨어다. NIST는 이를 깃허브에 공개했으며 주요 특성이 다음과 같다고 설명하고 있다.[125]

- 재현 가능: 자동으로 리소스 스냅숏을 생성하여 실험을 재현하고 검증할 수 있다.
- 추적 가능: 실험의 전체 내역과 입력값을 추적할 수 있다.
- 확장 가능: 플러그인 시스템을 통해 기능 확장 및 기존 파이썬 패키지 가져오기를 지원한다.
- 상호 운용 가능: 플러그인 간 상호운용성을 촉진한다.
- 모듈형: 새로운 실험은 간단한 YAML 파일의 모듈식 구성 요소로 구성할 수 있다.
- 보안: 디옵트라는 곧 출시될 인터랙티브 액세스 제어를 통해 사용자 인증을 제공한다.
- 상호작용: 사용자는 공유 및 재사용이 가능한 직관적인 웹 인터페이스를 통해 디옵트라와 상호작용할 수 있다.
- 공유 가능과 재사용: 사용자가 구성 요소를 공유하고 재사용할 수 있도록 멀티테넌트 환경에 배포할 수 있다.
- 디옵트라는 REST API를 제공하며 이는 직관적인 웹 인터페이스, 파이썬 클라이언트 또는 임의의 REST 클라이언트 라이브러리를 통해서 제어할 수 있다.

---

125 깃허브 주소는 다음과 같다. https://github.com/usnistgov/dioptra?tab=readme-ov-file

미국 국립표준기술연구소 AI 안전연구소와 AI 안전연구소 컨소시엄

행정명령 14110에 따라 먼저 국립표준기술연구소(NIST) 안에 AI 안전연구소를 설립했는데, 이는 영국 정부가 AI 안전연구소를 설립한 다음에 나온 조처다. NIST AI 안전연구소는 국가 안보, 공공 안전, 개인의 권리 등에 관련한 다양한 위험에 대한 AI 안전에 필요한 내용을 연구하고 그에 필요한 조치를 실천할 것이며, 행정명령 14110에서 NIST에 요구한 우선순위에 초점을 맞춰 진행할 것이다. 여기에는 AI 안전을 위한 연구 및 측정 과학 발전, 모델 및 시스템의 안전성 평가 수행, 콘텐츠 인증 및 합성 콘텐츠 탐지를 포함한 평가 및 위험 완화를 위한 지침 개발을 포함한다.

연구소장으로는 엘리자베스 켈리가 선임되었는데 그녀는 백악관 국가경제위원회에서 경제 정책을 위한 대통령 특별보좌관을 역임했다. 예일대 로스쿨과 옥스퍼드에서 비교사회정책을 전공하고 금융과 핀테크 분야에서 일한 그녀를 AI 안전연구소 소장으로 임명한 것은 백악관 경험을 통해 경제 정책과 소통하는 AI 안전 이슈를 이끌라는 의미로 해석할 수 있다.

서울에서 AI 정상회의가 열리는 5월 21일에는 미 상무부 장관이 AISI의 전략 비전을 발표했다. AI 안전 기관 및 기타 정부 지원 과학 기관이 함께해서 AI 안전을 위한 글로벌 과학 네트워크와 협력하기로 했다. 글로벌 네트워크에는 한국을 포함해 영국, 일본, 캐나다, 싱가포르의 AI 안전 기관, 유럽 AI 사무소 등과 협력을 강화 및 확장하고 AI 안전 과학 및 거버넌스에 대한 새로운 국제 공조를 촉진할 것이라고 한다. 이 협력을 강화하기 위한 첫 번째 행동으로 2024년 11월 샌프란시스코에서 각 나라의 AI 안전 기관 및 기타 이해관계자들이 모여서 AI 안전연구소 국제 네트워크 회의를 열기로 했다.

AISI의 전략 비전은 철학, 사명, 전략적 목표를 설명하고 있다. 유익한 AI는 AI 안전에 달려 있다는 것과 AI 안전은 과학에 달려 있다는 두 가지 핵심 원칙에 뿌리를 둔다고 하면서 세 가지 주요 목표를 제시했다.

1. AI 안전에 대한 과학을 발전시킨다.
2. AI 안전의 관행을 명확히 설명하고, 시연하고, 전파한다.
3. AI 안전과 관련한 기관, 커뮤니티 그리고 이들 사이의 조정을 지원한다.

AISI는 프론티어 AI에 대한 표준화된 지표 부족, 미개발 테스트 및 검증 방법, AI 안전 문제에 대한 제한된 국가 및 글로벌 조정 등 주요 과제를 해결하는 것을 또 다른 목표라고 명시하고 있다.

2024년 5월에 이루어진 또 다른 발표에서 AI에 대한 사회기술적 테스트 및 평가를 발전시키는 새로운 프로그램인 ARIA(Assessing Risks and Impacts of AI)를 선보였다. ARIA는 NIST가 2023년 1월에 출시한 RMF를 확장하는 형태로 전 세계 기술 개발자가 제출한 모델과 시스템을 평가한다. ARIA는 모델 테스트, 레드팀 테스트, 필드 테스트의 세 가지 평가 수준을 지원하며 시스템 성능과 정확성에 중점을 두는 것에서 나아가 기술적 사회적 견고성에 대한 측정치를 제공하겠다는 점이 독특하다.

이 프로그램은 조직이 AI 기술을 설계, 개발, 출시하거나 사용하기 위한 거버넌스 및 의사결정 프로세스의 일부로 시스템 안전성을 평가

하는 데 사용할 수 있는 지침, 도구, 방법론 및 지표를 제공한다. 현재 0.1 버전이고 파일럿 작업으로 진행하며 LLM과 관련된 위험과 영향에 초점을 맞춘다. 향후에 멀티 모달 생성 AI 기술과 추천 시스템이나 의사결정 지원 도구와 같은 다른 형태의 AI를 고려할 예정이다. 2024년 6월 5일에는 ARIA 파일럿 평가 계획을 발표했다.

이런 흐름에서 8월 29일 발표한 오픈AI, 앤스로픽과 신규 모델에 대한 위험 평가와 위험 안화 방안에 대한 공동 연구를 하겠다는 말은 이제 기업이 새로운 모델 출시 전에 NIST AI 안전연구소의 평가 검증을 받는 프로세스가 정식으로 이루어질 수 있음을 보여준다. 평가 결과 피드백은 영국 AI 안전연구소에도 전달할 예정이다.

2024년 2월 미국 상무부는 NIST에 AI 안전연구소 컨소시엄(AISIC)을 설립한다고 발표했다. 이는 AI 개발사, 사용자, 학계, 정부 및 업계 연구자, 시민사회단체 등 200여 개 조직을 하나로 아우르는 조직이고 레드팀, 역량 평가, 위험 관리, 안전 및 보안, 합성 콘텐츠 워터마킹에 대한 가이드라인 개발 등에 기여할 계획이다. 이 컨소시엄에는 구글과 오픈AI, 마이크로소프트, 아마존, 메타 외에 애플, 엔비디아, 인텔, IBM 등 AI 산업과 연관되는 글로벌 기업 대부분이 참여했다. 더 나아가 JP모건, 웰스파고, 뱅크오브아메리카, 뱅가드 등 금융계도 대거 참여하고 있다.

컨소시엄은 미국 AI 안전연구소(USAISI)에 소속되는데 지금까지 설립한 테스트 및 평가팀 중 가장 큰 규모이며 AI 안전에 대한 새로운 측정 과학의 토대를 구축하는 데 중점을 둘 예정이라고 한다. AISIC에서는 회원 간의 협업을 통해 지식과 데이터를 공유하고, 학제 간 연구, AI가 사회와 미국 경제에 미치는 영향을 효과적으로 이해할 수 있는 연구 및 평가 요건과 접근 방식, AI 기능을 식별하고 평가하기 위한 지침 및 벤치마크 개발, 생성형 AI를 위한 안전한 개발 관행을 통합하는 접근, 위험 식별 및 관리, 시험, 평가, 확인 및 검증(TEVV), 도메인별 전문성을 포함한 AI 인력 기술에 대한 지침과 기준을 개발 등 다양한 목표를 갖고 있다.

선정된 참가자는 NIST와 컨소시엄 CRADA(협력 연구 및 개발 계약)을 체결해야 하며 체결할 수 없는 단체는 별도의 비 CRADA 계약에 따라 컨소시엄에 참여하도록 허용한다. 현재 600개가 넘는 기업과 단체에서 참가 신청을 했다고 한다.

캘리포니아 법 SB 1047

미국 캘리포니아주는 가끔 연방정부에 앞서 IT 산업에 영향을 주는 법안을 만들곤 했는데 EU가 법을 만든 이후 미국 연방이 아직 법을 만들기 전에 '프론티어 AI 모델을 위한 안전한 혁신 법Safe and Secure Innovation for Frontier AI Models Act'을 2024년 2월에 스콧 위너Scott Wiener 주 상원위원이 발의해 지금까지 8번 개정을 거친 후 상하원을 통과했다. 이 법안 작성을 도와준 곳은 AI 안전센터(CAIS)다. 이 법이 9월 30일 안에 개빈 뉴섬Gavin Newsom 주지사가 승인하면 미국에서 가장 먼저 AI 안전에 관한 법이 제정되는 것이다. 이미 이전에도 캘리포니아 주의회는 2020년 사용자 데이터 수집을 제한하는 개인정보보호법과 2022년 아동온라인안전법을 통해 미국 기술 소비자 보호를 강화했다.

SB 1047법에 따르면 기업은 강력한 AI 기술을 대중에게 공개하기 전에 안전성을 테스트해야 하며, 해당 기술로 대규모 재산 피해나 인명 피해와 같은 심각한 피해가 발생할 경우 캘리포니아 법무장관이 기업을 고소할 수 있다.

법안이 나온 뒤 위너 상원의원은 오픈AI, 메타, 구글, 앤스로픽 같은 기업의 비판과 제안을 받아들이기 위해 의견을 수렴했다. 이에 따라 AI 안전을 위한 새로운 기관을 설립하는 대신(연방정부가 이미 USAISI를 만들기도 했고), 기존 캘리포니아 정부 기관에 업무를 이관하기로 했으며, 피해가 발생해야 기업을 처벌할 수 있도록 했다. 이전 법안에는 피해가 발생하지 않아도 안전 규정을 준수하지 않은 기업을 처벌할 수 있었다.

SB 1047을 적용하는 AI 모델은 개발에 최소 1억 달러의 비용이 들고 학습에 10의 26승 FLOPS(부동소수점 연산)를 사용하는 대규모 AI 모델 이상이다. 이는 엄청난 연산과 비용이지만 오픈AI의 샘 올트먼은 GPT-4의 학습 비용과 연산이 이 정도라고 말했다. 이 임계값은 바이든 행정명령 14110과 궤를 같이 하는 것이지만 필요에 따라 더 높일 수 있다. 오픈소스 모델과 그 파생물의 경우 다른 개발자가 원래 모델의 파생물을 만드는 데 1천만 달러를 추가로 지출하지 않는 한 원래 개발자에게 책임이 있다고 규정했다.

법안은 또한 전체 AI 모델을 종료하는 '비상 정지' 버튼을 포함하여 해당 AI 제품의 오용을 방지하기 위한 안전 프로토콜을 요구하고 있으며, 개발자는 AI 모델로 인한 위험을 다루는 테스트 절차를 만들어야 하고 매년 제3자 감사관을 고용하여 AI 안전 관행을 평가해야 한다.

22606 섹션을 보면 위법 상황에 대해서는 2026년 1월 1일 이후 위반이 생기면 민사 벌금으로 '첫 번째 위반의 경우 허당 모델을 훈련하는 데 사용된 컴퓨팅 성능 비용의 10%를 초과하지 않는 금액으로, 훈

련 당시 클라우드 컴퓨팅의 평균 시장 가격을 사용하여 계산하고 이후 위반의 경우 해당 값의 30%를 초과하지 않는 금액'을 부과할 수 있다. 이는 학습 비용이 1억 달러인 모델의 경우 첫 번째 위반 시 최대 1천만 달러, 이후 위반 시 3천만 달러의 벌금을 부과할 수 있다는 의미다.

또한 '해당 모델 및 개발자가 관리하는 모든 해당 모델 파생물의 수정, 전면 종료 또는 삭제 명령을 포함하되 이에 국한되지 않는 금지명령 또는 선언적 구제'를 할 수 있으며 민법에 따른 징벌적 손해배상도 가능하다. 그러나 다음 항에 '법원은 다른 사람의 사망 또는 신체적 상해, 재산상의 피해, 재산의 도난 또는 유용을 초래하거나 공공 안전에 대한 급박한 위험 또는 위협을 초래한 경우에만 이 조항에 따라 구제를 명령할 수 있다'라고 해서 명확한 위험 발생에 제한한다는 것을 밝히고 있다.

앞으로 캘리포니아의 새로운 기관인 프론티어 모델 위원회가 이 법안 준수 여부를 감독할 것이며 SB 1047의 기준을 충족하는 모든 새로운 공공 AI 모델은 개별적으로 인증을 받아야 한다. 프론티어 모델 위원회는 캘리포니아 주지사 및 입법부가 임명하는 AI 업계, 오픈소스 커뮤니티 및 학계 대표를 포함한 9명의 위원으로 구성할 예정이며 캘리포니아 법무장관에게 SB 1047의 잠재적 위반 가능성에 대해 조언하고 AI 모델 개발자에게 안전 관행에 대한 지침을 제공할 계획이다.

그럼에도 구글, 오픈AI 같은 기업은 여전히 우려가 존재한다고 하고 앤스로픽은 변경된 내용을 리뷰 중이라고 한다. 흥미로운 것은 AI의 유력 인사들이 이 법안에 대해 찬성과 반대로 입장이 갈렸다는 점이다. 찬성하는 사람들은 요수아 벤지오, 제프리 힌턴, 스튜어트 러셀, 로렌스 레식 교수 등이고 반대하는 사람들은 YC 컴비네이터, 얀 르쿤 교수, 페이페이 리 교수 등이다.

반대하는 사람들의 주장 중 하나는 이 법이 오픈소스를 통한 코드 공유를 못하게 할 것이며 소규모 AI 스타트업의 발전을 가로막을 것이라고 한다. 이에 따라 스타트업을 지원하고자 하는 샌프란시스코 같은 곳에서는 우려를 표하고 있다. 또한 이런 법은 주의회가 아니라 연방 차원에서 고려해야 한다는 주장도 나오고 있지만 캘리포니아의 특성상 연방정부보다 빠르게 법안을 만들 것이고 오히려 연방정부가 이에 영향을 받을 가능성이 있다. 주의회의 입장은 혁신과 안전을 모두 발전시킬 수 있으며 이 두 가지가 배타적이지 않다는 것이다.

이 법안을 제정한 주가 캘리포니아라는 점에서 실리콘밸리의 AI 기업 모두가 적용 대상이라 상당한 논란을 불러일으켰다. 찬반 의견이 팽팽히 맞섰으나 의회에서는 하원에서 찬성 41 대 반대 9로 상원에서 찬성 29 대 반대 9로 쉽게 통과했다. 이는 의회 상당수가 첨단 AI에 대해서 명확한 규율을 정해야 하고 안전을 위한 프로세스가 더 명확해야 한다는 의견을 갖고 있다는 것을 나타낸다.

최종적으로 이 법안은 게리 뉴섬 주지사가 거부권을 행사했는데, 그 이유는 컴퓨팅 규모나 들어간 자금으로 대상 모델을 정한다는 것이 불합리하고 더 작은 모델에서도 사회적 문제를 일으킬 수 있는 점을 고려하지 않았다는 것이다. 또한 AI 시스템이 위험이 높은 환경에 배포되는 문제, 민감한 데이터의 사용 여부 등을 고려하지 않은 점도 지적했다. 뉴섬은 앞으로 이 문제를 더 깊이 있게 연구해 '상식적인 가드레일'을 만들 워킹 그룹을 구성한다고 했는데 이 그룹은 페이페이 리 교수가 끌고 나갈 예정이다.

그러나 거부권에는 보다 복합적인 정치적 배경이 있고 뉴섬이 차기

대통령 후보로 떠오르면서 실리콘밸리 테크 기업이나 투자자들에게 환심을 사야 한다는 문제도 있었다. 이를 통해 AI 안전이나 얼라인먼트에 관련된 거버넌스, 예산, 법안을 제대로 만들려면 정치인들의 입장과 기업의 이해관계를 고려해야만 한다는 점을 알 수 있다.

영국 및 유럽과 협력

2023년 11월 블레츨리 선언 이후 2024년 4월 미국 상무부와 영국의 기술부가 최첨단 AI 모델에 대한 테스트를 공동을 개발한다고 발표했다.[126] 이 파트너십을 통해 양국은 과학적 접근 방식을 조정하고 AI 모델, 시스템 및 에이전트에 대한 강력한 평가를 가속화하고 신속하게 반복하기 위해 긴밀히 협력할 것이라고 한다.

미국과 영국 양국의 AI 안전 기관은 AI 안전 테스트에 대한 공통 접근 방식을 구축하고 역량을 공유할 계획을 세웠는데, 두 기관은 공개적으로 접근 가능한 모델에 대해 최소 한 차례의 공동 테스트 연습을 수행할 계획이다. 또한 각 기관 간 인적 교류를 모색하여 집단적 전문지식 풀을 활용할 계획이다.

양국은 AI 모델 및 시스템과 관련된 기능 및 위험에 대한 중요한 정보를 공유할 뿐만 아니라 AI 안전 및 보안에 대한 기초적인 기술 연구도 진행할 예정이다. 이를 통해 대서양 양안과 전 세계 연구자들이 공통의 과학적 토대를 중심으로 협력할 수 있도록 AI 안전 테스트에 대한 공통의 접근 방식을 뒷받침할 것이라고 발표했다.

이는 각자 주도권 경쟁을 하면서 서로 상대방 연구진이 필요함을 느

---

126 U.S. Department of Commerec, “U.S. and UK Announce Partnership on Science of AI Safety,” Apr 1, 2024

낀 것이고, 나아가 전 세계 표준을 끌어나가는 데 두 나라가 힘을 합치는 것이 유리하다는 판단을 했다고 생각한다. AI 안전 문제를 말하지만 결국 AGI로 가는 길에서 AI 안전에 대한 기술적 정책적 헤게모니를 누가 쥘 것인가에 대한 주요 국가의 민감한 입장과 힘을 합쳐서라도 절대로 우위를 놓지 않겠다는 자세로 보인다. 특히 이 협력이 단순히 기술 협력이나 인적 교류가 아닌 과학적 접근을 조율하겠다는 것은 보다 본질적인 연구를 하겠다는 의미로 해석할 수 있어서 더 주목할 필요가 있다.

유럽과의 관계 측면에서는 2024년 7월 11일, 미국 상무부 표준 및 기술 담당 차관 로리 E. 로카시오Laurie E. Locascio와 유럽연합 집행위원회 통신 네트워크, 콘텐츠 및 기술 총국(DG Connect) 사무총장 로베르토 비올라Roberto Viola가 유럽 AI 사무국(EUAIO)과 미국 AI 안전연구소(USAISI) 간의 기술 대화를 시작했다고 발표했다. 워싱턴 D.C. 상무부에서 열린 이 회의는 AI에 대한 양측 간 협력을 강화하고 EU와 미국 간 AI 관련 과학 정보 교류를 촉진하는 것을 목표로 하며, 제6차 미국-EU 무역기술위원회 장관급 회의의 일부로 이루어졌다.[127]

USAISI 엘리자베스 켈리 소장과 EUAIO 루칠라 시올리Lucilla Sioli 대표가 AI와 관련된 모범 사례, 주요 위험 및 기타 핵심 질문에 대한 기술 토론을 했는데 합성 콘텐츠의 워터마킹과 콘텐츠 인증, 정부 컴퓨팅 인프라, 사회적 공익을 위한 AI라는 세 가지 주요 주제에 초점을 맞췄다. 토론에서 EUAIO와 USAISI는 워터마킹 및 콘텐츠 출처 증명에 대한 모범 사례와 도구를 탐색하고, 각자의 활동 내에서 이러한 도구

127 NIST, "U.S. AiSafety Institute and European AI Office Hold technical Dialogue," Jul 12, 2024

를 홍보하며, 합성 콘텐츠로 인해 발생하는 위험을 해결하기 위해 AI 안전 및 신뢰에 대한 과학적, 기술적 교류를 강화하는 데 공동의 관심을 표명했다. 공익 목적의 대화에서는 시뮬레이션과 예보를 가능하게 하고 환경 재해를 예측하는 데 핵심이 되는 날씨 모델링에 초점을 맞췄다.

양 기관은 AI 서울 정상회의에서 밝힌 바와 같이 AI 안전 과학의 발전을 가속화하기 위해 주요 파트너 간의 국제 네트워크를 개발하겠다는 공동의 포부를 다시 한번 강조했다. 이런 움직임은 미국이 영국과의 전략적 관계를 넘어서 EU와도 AI 기술 협력과 안전 영역에서의 교류를 강화하겠다는 의지를 보여주며 동시에 서로가 리더십을 가지려는 경쟁 의지도 엿볼 수 있다.

7.5 프랑스, 중국, 캐나다 등 여러 국가의 움직임

프랑스와 중국은 시진핑 중국 국가주석의 2024년 5월 프랑스 국빈 방문 기간 중 AI 글로벌 거버넌스에 관한 공동성명을 발표했다.[128] 두 국가 정상은 '안전하고 신뢰할 수 있는 AI'를 촉진하기 위해 AI 위험 해결, 협력 강화 및 AI의 글로벌 거버넌스를 위한 조치를 취하는 데 합의했다. 이 선언에서 중국과 프랑스는 개발과 혁신에서 AI의 중요한 역할과 급속한 발전의 심대한 영향 그리고 이 기술과 관련된 잠재적 및 현존하는 위험을 충분히 인식하고 있다고 언급했다.

두 나라는 빠른 기술 발전에 필요한 유연성을 고려하는 동시에 개인 데이터, 사용자 권리, AI에 의해 사용되는 저작물을 만드는 사용자 권리를 보호하는 데 필요한 조치를 취하기로 합의했다. 또한 '선을 위한 인공지능AI for good'이라는 원칙을 준수하여 안전하고 믿을 수 있으며 신뢰할 수 있는 인공지능 시스템을 촉진할 것을 약속했다.

이번 선언은 2023년 4월 7일 중국-프랑스 공동선언 합의에 따른 추가 합의다. 양국은 유네스코의 'AI 윤리에 관한 권고안'과 유엔 사무총장의 AI 자문기구 등 다양한 AI 거버넌스 프레임워크와 이니셔티브 간의 상호운용성을 강화하는 것을 목표로 하고 있다.

양국은 AI 거버넌스 국제 협력이 유엔 차원에서 수행하는 작업을 기반으로 할 것이라는 입장을 표현한 것이고 개발도상국과의 네트워크 강화를 통해 디지털 격차를 줄이고 AI 역량을 함께 키워가자는 입장이다. 이는 미국과 영국이 주도하는 흐름에서 프랑스와 중국이 협

---

128 Global Times, "China, France release joint declaration on AI governance, agreeing to work closer," May 7, 2024

력하고 이를 기반으로 유엔에서의 입지와 기타 국가와의 협력을 강화하겠다는 의미로 해석할 수 있다. 중국이 2023년 블레츨리 선언에 참여한 20여 개국 중 하나라는 점을 생각하면 AI 선진국들의 움직임에서 빠지지는 않겠다는 생각과 함께 유엔을 중심으로 AI에 뒤쳐진 국가들을 지원해 우군으로 삼겠다는 의지도 보인다.

2024년 3월 유엔총회는 각국이 인권을 보호하고, 개인 데이터를 보호하며, AI의 위험을 모니터링하도록 장려하는 최초의 글로벌 인공지능 결의안을 만장일치로 채택했다. 이 결의안은 미국이 제안하고 중국과 120개 이상의 국가가 공동 후원하지만 구속력은 없는 결의안이다. 내용에는 AI 시스템의 부적절하거나 악의적인 설계, 개발, 배포 및 사용은 인권과 기본적 자유를 보호, 증진, 향유하는 것을 저해하는 위험을 초래할 수 있다고 명시하고 있다. 이런 움직임은 블레츨리 선언 등 여러 국가의 참여를 통해 만들고 있는 AI 규율에 대해 유엔 차원에서 보편적 기준을 만들려고 하는 의지로 보인다. 미국 유엔 대사는 덧붙여 193개 유엔 회원국이 하나의 목소리를 내는 것이고 AI가 우리를 지배하는 것이 아니라 우리가 AI를 관리하겠다는 의지를 표명했다고 평가했다.

제78차 유엔총회에서는 중국이 주도한 국제 협력 강화 결의안을 채택하고 140여 개국이 찬성했다. 이는 국제 AI 협력에서 중국이 중추적인 역할을 하겠다는 의지를 표명하는 것이며, 개발을 우선시하면서도 평등, 상호 이익, 무결성 및 혁신에 기반한 사람 중심의 접근 방식에 따라 결의안의 적극적인 후속 조치와 이행을 위해 노력할 것이라고 푸 콩Fu Cong 유엔 주재 중국 상임대표가 강조한 대로 유엔을 활용하겠

다는 전략이다.[129]

특히 포용적이며 공평하고 지속 가능한 AI 개발을 달성해 유엔의 2030 지속가능개발 의제 이행에 기여하겠다는 입장을 언급했다. 그러면서 동시에 AI의 급속한 발전이 지속가능개발 목표 달성을 위한 새로운 기회를 가져올 뿐만 아니라 잠재적인 위험과 도전을 초래할 수 있으므로 안전 문제를 소홀히 하지 않겠다는 의지도 보였다.

이 유엔 결의안은 AI 역량 강화를 위한 국제 협력을 요구하는 유엔 최초의 결의안이며 유엔 회원국, 특히 개발도상국의 기대에 부합해 다자주의와 인류 미래를 공유하는 공동체 개념을 강조하고 있다. 이는 미국, 영국, 캐나다로 이어지는 서방 주도의 AI 협력에 중국이 단독으로 대응하기보다는 소외감을 느끼는 여러 개발도상국의 지지를 얻어 글로벌 이니셔티브에서 우위를 차지하려는 중국의 전략적 방향을 나타낸다.

캐나다는 2024년 4월 저스틴 트뤼도Justin Trudeau 총리가 나서서 캐나다 AI 부문 강화를 위해 약 24억 캐나다 달러를 투자하겠다고 발표하면서 그 가운데 5천만 달러는 캐나다 AI 안전연구소를 설립하는 데 사용할 것이라고 말했다.[130] 물론 20억 달러는 주로 컴퓨팅 역량과 기술 인프라에 투입하고 2억 달러의 스타트업과 중소기업 지원과 인력 지원 프로그램이 있지만 AI 안전연구소 설립을 중요한 예산으로 다루었다는 것이 의미 있다.

2024년 5월에는 영국과 캐나다가 AI 안전 파트너십을 맺었다. 이는

129 Xinhua, "China leads global AI cooperation as 140 nations co-sponsor UN resolution," Jul 2, 2024

130 Prime Minister of Canada, "Securing Canada's AI advantage," Apr 7, 2024

블레츨리 선언 이후 영국이 AI 주도 국가와 적극적인 협력 네트워크를 구축하려는 전략에서 비롯한 것으로 보인다. 이 협약으로 양국은 기존 검사 및 평가 업무를 강화하고 연구 협력을 위한 다른 우선순위 분야를 공동으로 찾기로 했다. 이를 위한 전문가 교류 및 파견, 컴퓨팅 자원의 활용 및 공유를 하며 영국의 AI 연구 자원에 대한 우선 접근 기회를 캐나다 AI 안전연구소에 제공한다. 이후 상세한 양해 각서를 추진하면서 세부 내용을 구체화하기로 했다. 나아가 AI를 도입하는 사회 시스템을 안전하게 보호하는 '시스템적 AI 안전' 분야를 촉진하기 위해 미국 AISI와도 협력해 3국 협력 체제를 만들어갈 예정이라고 한다.

앞으로 영국과 캐나다가 함께 진행할 일은 AI 안전 과학 국제 보고서 발간, 첨단 AI 시스템의 안전과 관련한 표준 개발, 수립 및 이행에 관한 정보를 정기적으로 교환하고 관련 국제 포럼에 참여, 표준 기관 및 기타 전문가들과 함께 지식 공유 및 조율 등이라고 제시하고 있다. 사실 중국을 제외하면 AI의 리더국은 미국 영국 캐나다라는 점에서 이 세 나라의 연합은 AI 안전 분야의 기술과 표준에서 리더십을 갖추고 세계를 이끌어 가겠다는 것으로 해석할 수 있다.

일본은 아직 자체 기술로 만든 LLM이 없음에도 AI 안전연구소를 2024년 2월 14일에 설립했다. 이는 독립행정법인인 정보처리추진기구(IPA) 산하에 있는 조직으로 안전성 평가에 관한 조사, 기술 검토, 안전성 평가 수행 방법 검토, 다른 나라 관계 기관과의 국제 협력에 관한 업무를 수행할 예정이며 IPA의 CDO와 DX 추진본부장을 역임한 무라카미 아키코Murakami Akiko가 소장으로 취임했다.

일본 AI 안전연구소는 관계 부처와 연락 회의를 개최하였고 AI 사업자 가이드라인, 미국 NIST의 RMF의 일본어 번역판을 7월 4일에 발행했다. 아직은 다른 나라의 활동과 결과에 대한 조사, 평가와 테스트를 검토하는 수준이지만 한국보다 빨리 설립했다는 점에서 시사하는 바가 있다. 지난 5월 서울 AI 정상회의에도 무라카미 소장이 참석했다.

일본은 2023년 5월 G7 회의에서 히로시마 AI 프로세스(HAIP)를 제시한 후 2024년 5월 2일 히로시마 AI 프렌즈 그룹(HFG)을 결성했다. 프렌즈 그룹 회원국과 일본은 국제 지침 원칙과 행동 강령을 이행하기 위해 노력하여 전 세계 사람들이 안전하고 신뢰할 수 있는 AI 사용의 혜택을 누릴 수 있도록 협력을 증진할 것이라고 한다. 즉, 일본은 자국의 AI 기술과 첨단 모델이 없음에도 불구하고 G7 지위를 활용해 프레임워크를 설계하고 이를 다양한 국가의 협력을 이끌어내겠다는 의지인데, 미국-영국-캐나다가 주도하는 그룹과 프랑스가 추진하는 소버린 AISovereign AI, 중국이 개발도상국을 끌어들이는 상황에서 자체적인 리더십을 발휘할 수 있을지는 의문이다.

한국은 영국의 블레츨리 AI 안전 정상회의 후 6개월 만에 서울에서 AI 정상회의를 개최함으로써 AI에서 글로벌 회의를 주최하는 수준이라는 모습을 보였다. 서울에서는 블레츨리 선언에 대한 지지뿐만 아니라 G7의 히로시마 프로세스를 지지하고, AI 기업이 특정 위험 기준을 넘는 최첨단 모델의 개발을 중단하도록 할 수 있음에 동의하게 했다. 서울에서 미국, 유럽, 아시아 태평양 10개국 정상과 EU 정상이 합의해 발표한 서울 선언에서는 다양하게 펼쳐지고 있는 AI 거버넌스 조직 간의 국제 협력과 상호운용성의 중요성을 인식한다는 점을 들면서 글로벌 협력 체계의 필요성을 강조했다. 또한 기존 안전 중심에서 포용과 혁신, 지속 가능성을 추가했고 사회문화적, 언어, 성별 다양성 등을 강조해 소버린 AI가 주장하는 키워드를 포함한 것에 큰 차이가 있다.

그러나 한국의 위상이 높아지고 있음에도 다른 나라에 우리 강점을 이해시키고 이를 기반으로 협력 대상이 될 수 있음을 명확히 보여주는 데는 아직 미흡한 상황이다. 글로벌 거버넌스 체계에서 안전 외에도 다양한 주요 의제가 있다는 점을 강조한 것은 성과지만, 이러한 이슈에서 우리가 어떤 기술력이나 리더십으로 기여할 수 있는지를 명확히 보여주는 것이 앞으로의 과제다.

7.6 프론티어 모델 포럼과 AI 얼라이언스

프론티어 모델 포럼Frontier Model Forum은 2023년 7월 마이크로소프트, 앤스로픽, 구글, 오픈AI가 중심이 되어 만든 포럼으로 프론티어 AI 모델의 안전을 보장하고 책임 있는 개발을 하기 위한 활동이다. 이 포럼의 목표는 1)책임감 있는 프론티어 모델의 개발을 촉진하고 잠재적 위험을 최소화하기 위해 AI 안전 연구를 발전시키고 2)프론티어 모델의 안전 모범 사례를 파악하며 3)정책 입안자, 학계, 시민사회 등과 지식을 공유하여 책임 있는 AI 개발을 발전시키고 4)기후 변화 완화 및 적응, 암 조기 발견 및 예방, 사이버 위협 대응 등 사회의 최대 과제를 해결하기 위해 AI를 활용하려는 노력을 지원하는 것이다.

전략과 우선순위를 가이드할 자문위원회가 있으며, 프론티어 모델을 개발하고 배포하는 조직과 프론티어 모델 안전에 강력한 의지를 갖고 있는 조직에게 열려 있다고 밝혔다. 반대로 다른 조직에 포럼의 이름으로 가입하기도 하는데 G7, OECD, 미국-EU 무역기술위원회 프로세스에 참여하고 2024년 2월에는 미국 NIST가 만든 AI 안전연구소 컨소시엄(AISIC)에 창립 멤버로 참여했다. 그 외에도 AI 파트너십(PAI)과 MLCommmons의 작업을 지원하는 등 글로벌 관점을 취하고 있다. 2024년 5월 20일에는 아마존과 메타도 이 포럼의 회원이 되었다.

그러나 프론티어 모델 포럼은 미 행정부와 의회가 AI 안전에 대해 관심과 우려를 표하는 것에 대응해 무엇인가 하는 모습을 보여주기 위해 급조했다는 평가를 받기도 한다. 아직 의미 있는 보고서나 활동에 대한 발표 내용이 없는 것을 보면 큰 기대를 하기는 어려운 조직이 될 수도 있다.

프론티어 모델 포럼이 첨단 LLM을 만드는 빅테크들의 클럽이라고 하면 오픈 사이언스와 오픈 기술을 중심으로 뭉치는 기업과 학교, 단체들의 연합으로 AI 얼라이언스AI Alliance가 있다. 2023년 12월 4일 IBM과 메타는 AMD, 애니스케일, CERN, Cerebras, 클리블랜드 클리닉, 코넬 대학교, 다트머스 대학교, 델 테크놀로지스, EPFL, ETH, 허깅페이스, 임페리얼 칼리지 런던, 인텔, INSAIT, 리눅스 재단 등 전 세계 50개 이상의 창립 회원사 및 협력사와 함께 AI 얼라이언스를 출범했다. 여기에는 MLCommons, 보스턴 대학교와 하버드 대학교가 운영하는 MOC 얼라이언스, NASA, NSF, 오라클, 파트너십 온 AI(PAI), 레드햇, 로드젠, 서비스나우, 소니 그룹, 스테이블리티 AI, 캘리포니아 버클리 대학, 일리노이 대학교, 노트르담 대학교, 도쿄 대학교, 예일 대학교 등도 참여했다. 우리나라에서도 카카오가 2024년 4월 AI 얼라이언스에 가입했다.

이들은 AI 얼라이언스를 통해 개방과 혁신을 이루겠다는 새로운 AI 혁신 물결에 동참하고자 하는 개별 기업, 스타트업, 연구자, 정부 등이 많지만 더 많은 협업과 정보 공유를 통해 커뮤니티가 더 빠르고 포괄적으로 혁신하고 제품을 세상에 내놓기 전에 특정 위험을 식별하고 그 위험을 완화하고자 하는 목적을 갖고 있다.

또한 AI 얼라이언스는 행동 지향적인 국제 조직으로 사회의 요구와 복잡성을 더 잘 반영하는 방식으로 AI의 진화를 형성할 수 있는 다양한 기관을 통해 모든 곳에서 기회를 창출할 수 있도록 설계했다고 말하고 있다. AI 얼라이언스는 구체적으로 다음과 같은 목표를 달성하기 위한 프로젝트를 시작하거나 강화할 계획이다.

- 검증된 안전, 보안, 신뢰 도구 카탈로그를 만드는 등 글로벌 규모의 AI 시스템을 책임감 있게 개발하고 사용할 수 있는 벤치마크와 평가 표준, 도구, 기타 리소스를 개발 및 배포한다. 모델 및 애플리케이션 개발을 위해 개발자 커뮤니티와 함께 이러한 도구의 옹호 및 활성화를 지원한다.
- 기후, 교육 등 사회 전반의 문제를 해결하는 데 도움이 될 수 있는 고기능 다국어, 멀티모달, 과학적 모델 등 다양한 방식으로 개방형 재단 모델의 생태계를 책임감 있게 발전시킨다.
- 필수 지원 소프트웨어 기술에 대한 기여와 채택을 촉진하여 활기찬 AI 하드웨어 가속기 생태계를 조성한다.
- 글로벌 AI 기술 구축 및 탐색적 연구를 지원한다. 학술 커뮤니티에 참여하여 연구자와 학생들이 필수적인 AI 모델 및 도구 연구 프로젝트에 대해 배우고 기여할 수 있도록 지원하도록 한다.
- 교육 콘텐츠와 리소스를 개발하여 AI의 혜택, 위험, 솔루션, 정밀 규제에 대한 대중의 담론과 정책 입안자에게 정보를 제공한다.
- 안전하고 유익한 방식으로 AI의 개방형 개발을 장려하는 이니셔티브를 시작하고, AI 사용 사례를 탐색하고 얼라이언스 회원사가 AI의 개방형 기술을 책임감 있고 선한 목적으로 사용하는 방법을 소개하는 이벤트를 개최한다.

AI 얼라이언스를 구성하는 기관은 AI 교육, 연구, 개발 및 배포, 거버넌스 등 다양한 기업이나 조직이다. 이 기구에 참여하는 주요 조직은 다음과 같은 그룹으로 구성했다고 설명하고 있다.

- AI 벤치마킹 도구, 신뢰와 검증 지표, 모범 사례, 애플리케이션을 만드는 개발사들. MLPerf, 허깅페이스, 랭체인, 라마인덱스를 포함해 설명 가능성, 프라이버시, 적대적 공격에 대한 견고성, 공정성 평가를 위한 오픈소스 AI 툴킷을 만드는 조직
- 다음 세대 AI 과학자 및 엔지니어를 교육하고 지원하며 오픈 사이언스를 통해 AI 연구의 지평을 넓히는 대학과 과학 기관
- 필요한 GPU부터 맞춤형 AI 가속기 및 클라우드 플랫폼에 이르기까지 AI 교육 및 애플리케이션을 지원하는 하드웨어와 인프라를 구축하는 조직
- 파이토치, 트랜스포머, 디퓨저, 쿠버네티스, 레이, 허깅페이스 텍스트 생성 추론, 파라미터 효율적 미세 조정 등 플랫폼 소프트웨어를 구동하는 주요 프레임워크
- 라마2, 스테이블 디퓨전, 스타코더, 블룸 등을 포함하는 현재 가장 널리 사용하는 오픈 모델을 만드는 조직

AI 얼라이언스가 현재 추진하는 핵심 프로젝트로는 AI 신뢰와 안전을 이해하기 위한 지속적 가이드, 모델 평가를 위한 포괄적이고 신뢰할 수 있고 안정적인 도구 개발과 신뢰와 안전을 위한 커뮤니티 노력에 대한 인식 증진, 국가 통신 및 정보 관리국(NTIA)의 요청에 대한 답변이나 캘리포니아 SB 1047 법안에 반대 의견 제출 등 정책 활동 등이 있다. 즉, 여러 기본 자료를 만드는 것 외에 정책 집단으로 활동을 하겠다는 의지를 보이고 있다.

두 조직을 비교하면 프론티어 모델 포럼은 대형 모델을 만드는 기업의 연합이지만 활동을 위한 목표나 움직임이 별로 없어 보인다. 개

방과 공유를 중심으로 모인 AI 얼라이언스는 매우 적극적인 행동 목표를 갖고 있는 것으로 볼 수 있다. 현재 폐쇄형 모델과 오픈형 모델의 성능 차이가 6개월에서 10개월 정도 차이가 있다고 평가하는데, 최근 중국의 딥시크DeepSeek 코더 2.0이 GPT-4 터보, 클로드3 오퍼스, 제미니 1.5 프로보다 성능이 낫다는 발표를 해서 매우 흥미로운 상황이 벌어졌다. 오픈소스로 제공하는 모델의 성능이 점차 폐쇄형 모델의 성능에 근접하는 경쟁이 벌어진다는 것은 거대 AI 기업과 오픈소스 진영의 경쟁이 본격화하는 것으로 보이며 이 두 조직의 움직임에 좀 더 관심을 가질 필요가 있다.

3부를 마치며

많은 정부가 AI 전략과 정책을 발표한 것이 지난 5년간 벌어진 일이라면 이제 세계는 AI 안전에 눈을 돌리면서 이 문제가 한 나라의 노력으로만 되는 것이 아니라는 인식을 갖고 있다. 물론 대부분의 첨단 AI 모델을 갖고 있는 미국의 입장은 전 세계 리더십을 잃지 않겠다는 의지로 바이든 행정명령 발표 이후 필요한 스텝을 하나씩 실천하고 있는 중이다. 특히 의회까지 나서서 2021년 NSCAI 보고서에서 요청한 향후 3년간 320억 달러의 긴급 예산 편성을 지지하고 나오면서 절대로 우위를 놓치지 않겠다는 모습을 보이고 있다.

유럽은 GDPR을 통해 세계 개인정보 보호의 표준 프레임워크를 만들었다는 자부심을 가지고 있으며 AI 분야에서도 전 세계에 통용되는 규율 프레임워크를 만들겠다는 의지로 누구보다 먼저 AI 법안을 통과시켰다. 그러나 이는 미국 빅테크들의 반발을 불러오고 있고 프랑스 같은 나라는 자국이 프론티어 모델을 소유할 수 있음을 시사하자 이 법안에 소극적인 자세를 취하고 있다.

오히려 전 세계 AI 안전의 표준을 끌어가겠다는 것은 영국이고 2023년 11월 블레츨리 선언을 이끌어낸 AI 안전 정상회의 주최국으로 앞으로도 이 이니셔티브를 놓지 않겠다는 의지가 보인다. 적어도 앨런 튜링의 나라이고 딥마인드가 있는 곳이라 AI의 주도권에서 밀리지 않겠다는 모습이다. 가장 먼저 국가 주도로 AI 안전연구소를 설립했으며 오히려 미국이 뒤따라 두 번째로 연구소를 설립했다. 연구소의 인력과 생산하는 보고서, 도구들도 수준급이다.

사실 G7의 히로시마 AI 프로세스 발표 후 일본이 이런 역할을 하겠다고 나섰지만 누구도 일본의 리더십을 인정할 수 없는 분위기였고 영국이 나선 것에 큰 반발이 없는 상황이다. 게다가 영국은 미국과 AI 안전 분야에서 전략적으로 협력하겠다고 하고 미국에 영국 AI 안전연구소 지역 사무소까지 열겠다고 발표했다. 그러나 노동당 정부가 들어서면서 전체 계획을 재조정하고 있는 상황이라 영국의 리더십이 후퇴하고 다시 미국 주도로 변화할 수 있는 가능성이 보인다.

이러한 상황을 프랑스가 그대로 받아들일 수 없기 때문에 중국과 연합을 띄우기 시작한 것이 흥미로운 점이다. 동시에 프랑스는 불어권 국가를 중심으로 소버린 AI를 들고 나와 언어 문화적 독립성을 강조하고 있고 여러 아프리카 국가에 협력을 요청하고 있다. 중국은 유엔을 통해 개발도상국가와 협력 체계를 내세우고 있으나 자국의 AI에도 정치적 제약을 가하는 나라라는 특성상 AI 안전에서 리더십을 갖추기 어려울 수 있다.

AGI의 출현 가능성이 연구 전문가와 주요 기업 대표들로부터 (의도적이든 아니든) 쏟아져 나오는 상황에서 각 나라는 새로운 거버넌스와 안전 문제에 눈을 돌리기 시작했으며, 이 책에서 말한 얼라인먼트나 신뢰성 문제는 이제 '안전'이라는 거대 담론으로 변했다. 또한 AI 안전은 단순한 첨단 기술의 안전 문제를 넘어서 국가 안보라는 보다 예민하고 세계 질서 재편을 가져올 수 있을 정도로 중대한 주제로 전환되고 있기 때문에 이제는 인류를 위한 안전 문제보다 자국의 안전을 도

모하면서 문화권 간의 경쟁과 충돌 가능성이 생기고 있는 상황이다.

국가 차원에서 AI 안전에 대한 분명하고 실천적인 과제들이 만들어져야 하는 가운데 한국 정부도 ETRI 안에 AI 안전연구소를 만들겠다고 했는데 중요한 과제는 영국처럼 수십 명의 전문 인력을 확보할 수 있을 것인가 하는 점이다. 네이버와 KT도 최근 AI 안전 문제를 다룰 센터를 만들었고, 네이버의 경우 AI 안전 프레임워크(ASF)를 2024년 6월 17일 발표한 것은 고무적이라고 생각한다. 그러나 무엇보다도 국제 협업에 적극 참여하면서 이 이슈를 함께 이끌 수 있는 국가적 역량이 더욱 필요한 시점이다.

지금까지 이 책을 통해 AGI에 대한 다양한 전문가들의 의견, 그 개념의 확산에 있는 개발자와 사업가들의 신념과 철학적 배경을 살펴보았고, 위험과 관련한 핵심 기술인 얼라인먼트가 중요한 기술임에도 불구하고 연구 단계가 매우 초보적인 단계에 있다는 점을 강조했다. 그럼에도 AGI가 가진 인류 문명에서의 분기점 같은 의미 때문에 전 세계 국가가 AI 안전이라는 이름으로 첨단 AI 기술의 확보 못지 않게 이에 대한 통제와 위험 완화를 위한 새로운 프로세스와 프레임워크 정립이라는 주제에 관심을 갖고 빠르게 움직이고 있음을 알렸다.

이 책을 쓴 이유는 미디어에서 혼란스럽게 떠도는 AGI 이야기를 명확하게 이해할 수 있도록 돕기 위함이며, 인간의 능력에 도전하는 AGI가 왜 문제가 될 수 있는지를 얼라인먼트라는 핵심 기술을 통해 설명하고자 했기 때문이다. 나아가 우리 사회와 정부가 AI 안전이라는 핵심 주제에 제대로 대응하지 못하면 AI 패권 국가들에 의해 그 방향과 전략이 휘둘릴 수밖에 없음을 경고하고 싶었다. 내가 생각하는 가장 큰 문제는 정부나 공공 기관에서 주요 용어가 구호로만 등장하고, 실질적인 행동이 뒤따르지 않는다는 점이다. 이는 단지 문서상으로만 무언가 하고 있는 것처럼 착각하게 만든다. 이 주제가 얼마나 시급하고 중요한 과제인지를 정부, 의회, 시민단체, 기업 모두가 인식하고 각자의 역할을 신속히 찾아서 인류 문명의 변곡점이 될 이 시기에 현명한 대처가 이루어지기를 바란다.

AGI